すぐに役立つ
366日記念日事典

［第4版］ 下巻

（7月～12月）

一般社団法人 日本記念日協会 編

加瀬清志 著

創元社

本書の構成と使い方

本書の構成

- 1年366日の記念日を日付順に解説しています。記念日の表記は一般社団法人日本記念日協会に正式登録されているものを中心に、社会の認知度などを勘案して掲載しています。
- 年によって日付が移動するもの(たとえば、成人の日：1月第2月曜日)はその月の末尾に記載してあります。ただし、二十四節気と雑節は平均的な日付に基づいて日付順に並べています。これらに関連づけられている記念日も同様です（巻末に令和2～6年までの二十四節気と雑節の日付を掲載しています)。
- また、「あずきの日(1日)」などのように毎月ある記念日、1年間に離れて複数日ある記念日は、12月以降にまとめて記載しています。由来文は日本記念日協会ホームページの内容をもとに記載しています。
- 毎月の扉には陰暦の月名やその語源、誕生石、誕生花などを記載しています。また、各所に記念日を横断的にみるコラムを設けています。
- 一般社団法人日本記念日協会と記念日の登録申請については、巻末で紹介しています。

使い方

記念日という日々の日付にこだわった内容は、仕事や勉学、日常生活の話題、雑学、歳時記などに幅広く活用できます。記念日を通して日々の暮らしに潤いを与え、日常生活にアクセントを付けていただければ幸いです。
たとえば、こんな使い方。

- 友人、知人の誕生日が、どのような記念日なのかを知り、ふさわしいプレゼントを贈るなど、人間関係を円滑にすることに役立てられます。毎日の話のネタにも困りません。
- 記念日を知ることで新しいビジネスチャンスを広げたり、自ら記念日を制定することでPR効果を高めることができます。
- 記念日を学習の自由研究の参考資料とすることができます。どんな分野に記念日が多いのか、どんな歴史があるのか、この本を調べ物のきっかけにしてみてください。

contents

7月 July の記念日 …… 5
8月 August の記念日 …… 37
9月 September の記念日 …… 87
10月 October の記念日 …… 125
11月 November の記念日 …… 177
12月 December の記念日 …… 233
毎月ある記念日 …… 251
1年間に複数日ある記念日 …… 269

＊　＊　＊

コラム
5 今後、注目される記念日　86
6 社会に役立つ記念日　176
7 記念日、その三つの大きな効用　232
8 記念日、その日付の決め方　268

資料編
人生の節目の行事　276
結婚記念日一覧　278
賀寿（長寿祝い）一覧　279
二十四節気および雑節の日付　280
二十四節気と七十二候一覧　282
索引　286
日本記念日協会の記念日登録制度について　309

※本書のデータは、2020年3月1日現在のものを記載しています。

第４版の刊行にあたって

2009年４月に第１版を刊行して以来、11年の年月を重ねて第４版を刊行することになりました。

それは、この間にさらに多くの人が記念日に関心を持ち、企業や団体などが記念日の有用性に気づき、毎年、数多くの記念日が協会に登録されるようになったからです。

夏休みの自由研究に記念日を書き込んだ手帳を作った中学生。記念日を卒論のテーマに選んだ大学生。記念日をテーマにしたテレビのクイズ番組。自社商品に記念日を制定して売り上げを大きく伸ばした企業。活動内容に関連した記念日を制定して社会にアピールする団体。記念日を設けることで仲間の気持ちをひとつにしたグループなど、記念日があることで人生や社会を豊かにしたい、人とのつながりを大切にしたいと思う人が増えました。

本書では第３版に掲載後から2020年３月１日までに協会に新たに登録された約850件も含めて、2300件以上の記念日を掲載。記念日の数が多いので１月から６月までの上巻と、７月から12月までの下巻の二巻に分けての刊行です。

記念日は生活の中にあるものから、ビジネスに役立つもの、社会に貢献するものなど、さまざまなジャンルに制定されていますので、本書を身近に置いて日々の暮らしの中の話題や楽しみ、仕事のヒント、学習の参考など、多目的に活用していただければ幸いです。

一般社団法人日本記念日協会　代表理事　加瀬清志

旧　暦　文月（「ふづき」とも）
語源：書道など技芸の上達を祈る七夕で、詩歌を献じたりしたことに由来する。

英　名　July
語源：ローマ末期に活躍したガイウス・ユリウス・カエサル（Gaius Julius Caesar）に由来する。ユリウス暦を導入した際、7月に自らの家門名を付した。

異　名　七夕月／秋初月／七夜月／文披月／愛合月／蘭月／涼月

誕生石　ルビー（紅玉）

誕生花　ユリ／トルコ桔梗／蓮

星　座　蟹座（～7/22頃）／獅子座（7/23頃～）

「波の日」「ポニーテールの日」「ビーチの日」「水上バイクの日」など、7月は夏をイメージした記念日が多い。国民の祝日の「海の日」が毎年日付を移動するようになってから注目度を落としているのは残念だが、5月の「母の日」、6月の「父の日」に続き、7月には「親子の日」が制定され、注目を集めつつある。また、「土用の丑の日」のうなぎのように、二十四節気の「大暑」を「天ぷらの日」として天ぷらを食べる習慣が生まれている。

蓮

アマタケサラダチキンの日

岩手県大船渡市に本社を置き、「南部どり」「岩手がも」など、鶏肉や鴨肉を使った加工品の製造販売を手がける株式会社アマタケが制定。健康意識が強まる中、ヘルシーな食肉として2001年にサラダチキンを商品化した同社。記念日を通してサラダチキン市場を盛り上げていきたいとの思いが込められている。日付は、同社の工場が東日本大震災で被災した後に復興したのが2011年7月1日であったこと。サラダチキン専用工場の竣工がその5年後の2016年7月1日であったことから。

モラエス忌

徳島県徳島市のモラエス研究会が制定。1929年7月1日に徳島でその生涯を閉じたポルトガルの文人、ヴェンセスラウ・ジョゼ・デ・ソーザ・モラエス。彼を偲び、その功績をたたえる意味からモラエス翁顕彰会（現・NPO法人モラエス会）を中心に、90年もの長きにわたり毎年命日の7月1日に法要を営んでいる。このことを記念日として後世に伝えたいとの思いが込められている。

ポイ活の日

ポイントサイト「ECナビ」を運営する株式会社VOYAGE GROUP（ボヤージュグループ）が制定。インターネット上のポイントサービスを利用してポイントを貯める活動の「ポイ活」は、新しい節約術として注目を集めており、これをさらに広めるのが目的。日付は「ECナビ」のサービスが開始された2004年7月1日から。

さしみこんにゃくの日

群馬県甘楽町に本社を置き、「こんにゃくパーク」の運営でも有名な、こんにゃくメーカーの株式会社ヨコオデイリーフーズが制定。同社の人気商品のひとつ「さしみこんにゃく」をPRするのが目的。日付は同社が1999年（卯年）の7月1日に「月のうさぎおさしみこんにゃく」を発売したことから。

ファシリティドッグの日

認定特定非営利活動法人「シャイン・オン・キッズ」が制定。病院などの医療施設に常勤して、入院中の子どもやその家族に心の安らぎを与えるために特別に訓練された犬「ファシリティドッグ」の存在と意義を広めるのが目的。日付は「ファシリティドッグ」が日本で初めて静岡県立こども病院で導入された2010年7月1日から。

童謡の日

1918（大正７）年のこの日、童話と童謡を創作する最初の文学運動として、鈴木三重吉が児童雑誌『赤い鳥』を創刊したことにちなみ、日本童謡協会が1984（昭和59）年に制定したもの。

壱岐（いき）焼酎の日

1995年７月１日、国税庁の地理的表示を保護する法律によって、壱岐焼酎が地理的表示の産地に指定された。その10周年となる2005年に壱岐酒造協同組合が制定。壱岐焼酎のおいしさをアピールしていく。

井村屋あずきバーの日

昔ながらの製法で無着色、無香料を守り製造している井村屋グループ株式会社の「あずきバー」。夏に健康によいあずきを使ったあずきバーを食べて多くの人に元気になってもらいたいと同社が制定。日付は暑さが増す７月の初日であることと、古くから毎月１日にはあずきを食べる習慣があったことにちなむ。

弁理士の日

1899（明治32）年に「特許代理業者登録規則」が制定されて弁理士制度が発足したことから、日本弁理士会が1997年に制定。

じゅんさいの日

秋田県三種町の「三種町森岳じゅんさいの里活性化協議会」が制定。じゅんさいとは古くからある貴重な水性植物で「幻の農産物」とも言われる。日付は英語で６月を意味する「ジューン」から「じゅん」と、31で「さい」と読む語呂合わせで６月31日。しかし、６月31日は存在しない「幻の日」なので、６月30日の次の日の７月１日とした。

テレビ時代劇の日

1953（昭和28）年７月１日に、日本で初めて時代劇テレビシリーズ「半七捕物帖」がNHKで放送されたことから、時代劇だけを放送する日本で唯一のチャンネル「時代劇専門チャンネル」が制定。テレビ時代劇の魅力を多くの人に知ってもらうのが目的。また、この日は「時代劇専門チャンネル」の開局記念日（1998年７月１日）でもある。

ナビの日

詳細な地図データを基にしたさまざまなコンテンツサービスを提供する株式会社ゼンリンデータコムが制定。快適で安全なドライブには最新版の地図データを適用したカーナビやスマホのナビが欠かせないことから、正確に案内をするナビの重要性についてあらためて認識してもらうのが目的。日付は長距離ドライブの機会が増える夏休みやお盆休み前で、語呂も良いことから７月１日に。

7/2

半夏生（はんげしょう）

［年によって変わる］雑節のひとつ。「半夏」という生薬のもとになるカラスビシャクが生えるころ。

カラスビシャク

全国なまずサミット・なまずの日

なまずを活用してまちおこしを行っている全国の自治体などで開催する全国なまずサミットが制定。なまずの魅力を全国に向けて発信することで、関連産業の発展と観光文化の振興を図り、地域の振興に寄与するのが目的。日付は７月２日を0702と見立て、その702を「な（７）ま（０）ず（２）」と読む語呂合わせから。

真ん中の日

神奈川県横浜市で食品や化粧品の販売、食文化の提案やイベント企画などを手がけるアッカープランニングが制定。１年365日のちょうど真ん中の日を「半分」「シェア」「折り返し」「真ん中」などのキーワードで、みんなで笑顔でお祝いするのが目的。日付は１月１日からも12月31日からも数えて183日目の真ん中になる７月２日に。

谷川岳の日

1920年７月１日、藤島敏男・森喬（日本山岳会）の２名が、土樽の案内人・剣持政吉を伴い土樽村から入って仙ノ倉山に至り。三ノ沢に下降。翌２日に矢場尾根から茂倉岳・谷川岳に至り天神峠から谷川温泉に下った。この日本登山史に残る谷川岳初登頂の日を記念日としたのは、谷川岳の麓に位置する群馬県みなかみ町。町のシンボル谷川岳をアピールする日。

柿渋の日

青い未熟の渋柿を圧搾してできた果汁を発酵させた柿渋は、防腐・防水効果にすぐれ、古くから塗料や染料などに使われてきた。環境問題が叫ばれる今、その自然素材は世界的にも注目を集めている。柿渋を扱う大阪市の株式会社柿多富（かきたふ）が柿渋の素晴らしさをPRするために制定。日付は７月２日頃が暦の上の「半夏生」にあたり、この頃になると山里に山柿が小さな青い実を付け始めて柿渋造りの準備に入ることと、夏季７月２日を「かきしぶ」と読む語呂合わせから。

たわしの日

「亀の子束子(たわし)」を中心に掃除用品などを製造している株式会社亀の子束子西尾商店が、自社のたわし製品の販売促進を目的に制定。「亀の子束子」は丈夫で長持ち、機能的な形と洗い心地の良さから多くの家庭で愛用されている。「亀の子」の名は、形が亀に似ていること、亀は長寿で縁起が良く、水に縁があることなどによる。日付は1915(大正4)年7月2日に「亀の子束子」が特許を取得したことから。

7/3

塩と暮らしの日

公益財団法人塩事業センターが制定。人が生きていくのに欠かせない「塩」について、食や文化を含めて楽しく賢く付き合っていく「塩と暮らしを結ぶ運動」(くらしお)のPRの一環。日付は7と3で塩の原材料である海水が作り出す波で「な(7)み(3)」の語呂合わせから。

涙の日

ドライアイの研究促進、治療の質の向上と普及活動を行うドライアイ研究会が制定。パソコン、携帯電話の普及により急増しているドライアイの症状と関係の深い「涙(なみだ)」に着目して、ドライアイの正しい理解を社会に広げていくのが目的。日付は7と3を「な(7)み(3)だ」と読む語呂合わせから。

波の日

7月3日の語呂合わせから、海やサーフィンに対してもっと関心をもってもらおうと、株式会社サイバードが制定。サイバードは海に向き合うサーフィンの魅力を知ることができるサーフィン&波情報サイト「なみある?」を開いているモバイルコンテンツ企業。

渚の日

「日本の渚百選」に選ばれ、ホノルルのワイキキビーチと友好姉妹浜ともなっている和歌山県白浜町の白良浜。その土地の地ビールメーカーとして全国的に知られるナギサビール株式会社が制定。この日にはナギサビールで乾杯をして、これから始まる夏を楽しむとともに、南紀白浜の美しい渚の魅力をより多くの人に知ってもらうのが目的。日付は7と3を三代続く屋号でもある「ナギサ」と読む語呂合わせから。

オロナミンCの日

「子供から大人まで、いつでもどこでもおいしく飲める炭酸栄養ドリンク」をコンセプトに、1965(昭和40)年の発売以来「元気ハツラツ!」

というメッセージのもと、世代を超えて多くの方に愛され続けているオロナミンCドリンク。日本中に「元気」をあふれさせたいとの思いから、大塚製薬株式会社が制定。日付は7と3でオロナミンCのナミの語呂合わせから。

七味の日

きな粉、唐辛子、青のりなどの食品製造メーカー、株式会社向井珍味堂（大阪市、1947年創業）が制定。七味はうどんだけでなく、いろいろな料理に合う日本を代表するスパイス。同社では原料からこだわった香りが命の手作り七味を手がけ、いつまでも愛される製品を目指している。珍味堂とは「他にない珍しい、うまい味のものを創る会社」の意味で、記念日の日付は7と3で「七味」と読む語呂合わせから。

7/4

滝修行の日

全国各地で滝修行を行っている富山県高岡市在住の都市交通政策技術者の善光孝氏が制定。禊（みそぎ）や武道の修行だけでなく、自身を変えたい、体験したいなどの思いで滝修行を行う人が増えていることから、記念日を通じてさらに滝修行の歴史や文化を広く知ってもらうのが目的。日付は7を滝から流れ落ちる水の姿に、4を手を合わせて滝に打たれる人の横からの姿に見立て7月4日に。また、滝修行体験などが行いやすい夏の始まりの時期であることも由来のひとつ。

ファッションお直しの日

アパレルのファッションリフォーム、リペアサービスなどを手がけるリフォームスタジオ株式会社が制定。資源を大切にし、環境にやさしい企業として、「お直し」によって大切な洋服や靴をいつまでも大事にする心を広めるのが目的。日付は7月4日を0704とし、「お直し」と読む語呂合わせから。

「なんしょん？」の日

岡山放送（岡山県岡山市）が制定。月曜日から土曜日まで生放送している同局の人気情報番組「なんしょん？」を多くの人に知ってもらうのが目的。日付は「なん（7）しょん（4）」と読む語呂合わせから。テレビ番組名がそのまま記念日名になった初めてのケース。

ナナシーの日

パチンコ遊技機の設計・開発・製造および販売を手がける豊丸産業株式会社（愛知県名古屋市）が制定。自社のパチンコ機「ナナシー」シリーズのPRが目的。「ナナシー」は1996年に初代を発売して以来、かわいらしいオリジナルキャラクターとわかりやすいゲーム性で多くのパチンコファンに愛されてきた機種。日付は7と4で「ナナシー」と読む語呂合わせから。

パソコンお直しの日

中古パソコンの販売や、パソコンの修理などを行う株式会社松陰（千葉県市川市）が制定。「もったいない」という考え方や、壊れたものを直す「修理」という考え方を広めることが目的。子どもから大人までを対象にノートパソコンの修理教室などを行う。日付は704で「なおし」と読む語呂合わせから。

シーザーサラダの日

マヨネーズソースやドレッシングなどさまざまな食品を製造販売するキユーピー株式会社が、シーザーサラダの消費拡大を目的に制定。日付は1924年7月4日にメキシコ・ティファナのホテル「シーザーズプレイス」で、シーザーカルディニ氏がロメインレタスをメインにパルメザンチーズやクルトンなどの材料をかき集めて即興で作ったサラダが評判となり、これが「シーザーサラダ」の起源と言われることから。

恩納もずくの日

恩納村漁業協同組合（沖縄県恩納村）と、海産加工品の製造を手がける株式会社井ゲタ竹内（鳥取県境港市）が制定。恩納村でしか採れない「恩納もずく」のおいしさを多くの人に知ってもらうのが目的。日付は2011年7月4日に「恩納もずく」が農林水産省で、もずくやワカメなどの褐藻類として初めて品種登録されたことから。

7/5

穴子の日

エビ、穴子、サバ、タコ、イカなど、水産加工品の食品卸売を手がけるハンワフーズ株式会社が制定。穴子にはうなぎと同様にビタミンA、ビタミンB類が豊富に含まれており、夏バテや食欲減退防止などの効果が期待できることから「土用の丑の日」のように「穴子を食べる日」として定着させることが目的。日付は7と5で穴子の「な（7）ご（5）」の語呂合わせから。

江戸切子の日

伝統工芸として名高い江戸切子。10数種類ある代表的なカットパターンの中に、魚の卵をモチーフにした魚子(ななこ)という文様がある。職人の技量が試される難しいカットパターンの魚子を7と5と読む語呂合わせから、江戸切子を手がける江戸切子工業協同組合が制定。職人技の思いと、江戸切子を多くの人に知ってもらうのが目的。

セコムの日

日本で初めての警備保障会社として1962年に創業、日本に「安全産業」を創出したセコム株式会社が、創立50周年の2012年に制定。「安全、安心」の代名詞となっている同社の、企業や家庭、個人に「安全、安心」について考え、意識を高めてもらいたいとの願いが込められている。日付は社名のセコムにちなみ、7月5日、6日を「7(セ)」「5(コ)」「6(ム)」と読む語呂合わせから。

プラチナエイジの日

一般社団法人プラチナエイジ振興協会が制定。60歳からの世代をプラチナのように永遠に輝き続ける世代として「プラチナエイジ」と呼び、イキイキとした人生を送ってもらうのが目的。新しい還暦祝いのスタイルとして「プラチナエイジ式」を提案している。日付は7月5日の誕生石がプラチナとされていることから。

7/6

ナンの日

ピザのパイオニアとして知られる「デルソーレ」ブランドを展開する株式会社ジェーシー・コムサが制定。ピザづくりで培った生地づくりの技術と経験を活かして、同社提供の小麦粉を原料とした主食「小麦ごはん」のひとつ「ナン」のおいしさをPRするのが目的。日付は需要の高まる夏の始まりの時期であり、7と6を「ナン」と読む語呂合わせから。

公認会計士の日

1948(昭和23)年7月6日、第2次世界大戦後、アメリカの制度にならって「公認会計士法」が制定された。このことを記念して日本公認会計士協会が1991年に制定した。

サラダ記念日

1987(昭和62)年に歌人の俵万智氏が発表した歌集「サラダ記念日」(河出書房新社)の一首から生まれた日。この日は、記念日という言葉を広く定着させもした。

ワクチンの日

1885年のこの日、フランスの細菌学者のルイ・パスツールが開発した狂犬病ワクチンが少年に接種されたことにちなみ、医療技術の世界的企業Becton Dickinson社（アメリカ）の日本法人である日本ベクトン・ディッキンソン株式会社が制定。ワクチンの大切さを知ってもらうのが目的。

セコムの日

⇨７月５日の項を参照。

7/7

小暑（しょうしょ）

［年によって変わる］二十四節気のひとつ。この頃から夏らしい暑さになる。

七夕

牽牛と織女が天の川を渡って年に一度だけ会うことができたという中国の伝説に登場するのが７月７日。この伝説が日本に伝えられたのは奈良時代だが、それが日本の「たなばたつひめ」信仰と結びついて、年中行事の七夕へと発展したといわれる。

ソサイチ（７人制サッカー）の日

一般社団法人日本ソサイチ連盟が制定。南米発祥の７人制サッカー「ソサイチ」の普及が目的。フットサルコートのほぼ３面分のコート、オフサイドなし、交代自由などのルールの「ソサイチ」は、11人制に比べてメンバーが揃いやすく全員がボールに触れる機会が多いなど、サッカーの醍醐味を親しみやすく味わえるのが特徴。2017年に関東、関西、東海、北海道で地域リーグがスタートした。日付は７人対７人で試合することから数字の７が重なる７月７日に。

橋本会計の安心会計の日

東京都港区芝に事務所を置き、歯科医院専門の会計事務所として知られる税理士法人橋本会計が制定。1996年にお客様が安心して会計業務を任せられる「安心会計宣言」を行った同法人。その思いを経営セミナーや開業セミナーなど、日々の研鑽につなげていくことが目的。日付は信頼し任せられ、末永いお付き合いのためには良い出会いが大切との思いから、年に一度、織姫と彦星が出会う「七夕の日」を記念日としたもの。

特撮の日

福島県須賀川市に事務局を置く、特撮文化推進事業実行委員会が制定。「特撮」は日本で独自に発展した文化であり、誇るべき文化として後世に受け継ぎ、より多くの人にその魅力を知ってもらうのが目的。日付は「特撮の神様」とも称される同市出身の円谷（つぶらや）英二監督の誕生日（1901年７月７日）から。

みんなで土砂災害の減災を願う日

徳島県小松島市の民間の有志で結成された「７月７日『みんなで土砂災害の減災を願う日』記念日推進会」（発起人・澤内健司氏）が制定。2018年７月３日から８日にかけて西日本や東海地方を中心に記録的な大雨となり、溜池が決壊するなど各地で土砂災害が発生した。自分たちの地域の溜池や崖などの存在やその危険性を知ることで、少しでも土砂災害が減ることを願う日にとの思いが込められている。日付は2018年７月７日に想定外の土砂災害が多発したことと、七夕に大地を踏みしめて安全に夜空を見上げられることを祈って７月７日に。

恋そうめんの日

古くから七夕の日には、そうめんを食べて無病息災を願う風習がある。また風水では麺類は「恋愛運を高める食べ物」とされている。この七夕の日とそうめんと恋愛のステキな関係を結びつけて、自社製品の「恋そうめん」のPRにも役立てようと記念日を制定したのは株式会社三輪そうめん山本。

笹かまの日

宮城県の蒲鉾店で構成される宮城県蒲鉾組合連合会と、水産練り製品を製造、販売をする株式会社紀文食品が共同で制定。笹かま（笹かまぼこ）の全国的な普及推進から練り製品市場の活性化を図ることが目的。日付は七夕に「笹の節句」という呼び名があることから。なお「笹かまぼこ」の名称は宮城県仙台市の蒲鉾メーカーが仙台藩主伊達氏の家紋「竹に雀」にちなんで命名したもの。

赤しその日

日本国内での「赤しそ」を使用した加工食品としてシェア・ナンバーワンの「赤しそふりかけ ゆかり®」を所有する三島食品（広島市）が「赤しそ」を尊ぶ日にと制定。日付はこの頃に赤しその収穫が最盛期を迎えることと、しそは「紫蘇」と書くように蘇るものに由来する伝承があり、七夕の織姫と彦星伝説の１年に１度蘇ることに通じるとの思いから。

カルピスの日

日本初の乳酸飲料「カルピス」が誕生した1919（大正８）年７月７日を記念して、カルピス株式会社が制定。カルピスは「カラダの健康」だけでなく、おいしさがもたらす笑顔が象徴する「こころの健康」も目指す世界的な人気飲料。日付はその誕生日から。

びっくりぱちんこの日

パチンコ機器メーカーの京楽産業.株式会社が自社製品機種の「びっくりぱちんこ」をPRする目的で制定。「CRびっくりぱちんこあしたのジョー」などの人気機種がある。日付は「７」という数字は確率変動図柄やチャンス図柄で大変縁起の良い数字であり、この日は７が重なるゾロ目の日であることから。

メリーのサマーバレンタインデー

古くから「七夕」の伝説により夏の愛の日とされるこの日を、家族や恋人や友だちなどに愛情や友情、感謝の気持ちなどを伝えるためにスイーツを贈る日にと株式会社メリーチョコレートカムパニーが提案。同社は1958年に「２月14日にチョコレートを贈る」というバレンタインデーの習慣を提唱し、素敵なコミュニケーションの機会を社会に与え続けてきた企業であることから、記念日名に「メリーの」と冠されている。

糸魚川・七夕は笹ずしの日

一般社団法人糸魚川（いといがわ）青年会議所（新潟県糸魚川市）が制定。糸魚川には代々伝えられてきたさまざまな郷土料理があり「笹ずし」もそのひとつ。糸魚川の伝統文化である「笹ずし」を地域が一体となって発信していくのが目的。「糸魚川笹ずしグランプリ」なども開催している。日付は７月７日の七夕が「笹の節句」と言われていることから。

アルティメットの日

フライングディスクを投げ、パスをつないで相手のエンドゾーンでキャッチをすると得点になるニュースポーツのアルティメット。その競技の魅力と楽しさ、認知度の向上などを目的に特定非営利活動法人日本フライングディスク協会が制定。日付はアルティメットが７人対７人で行う競技であることと、WFDF2012世界アルティメット＆ガッツ選手権が2012年７月７日から大阪府堺市で開催されたことから。

高菜の日

全国各地の漬物協同組合、製造業、卸売業などの団体で構成される全日本漬物協同組合連合会が制定。高菜漬けにしてよく食べられる高菜の需要の拡大が目的。高菜漬けは古くから伝わる漬物で、塩漬けにして乳酸発酵させたり浅漬けにして食べる。油で炒めた「高菜炒め」「高菜チャーハン」などが有名。日付は「菜（7）っ葉」と「高菜（7）」の２つの言葉の掛け合わせから。

ドリカムの日

日本を代表するアーティストのDREAMS COME TRUE（中村正人、吉田美和）。その二人が所属するユニバーサルミュージック合同会社が制定。アーティスト名のDREAMS COME TRUEが示すように一年に一度「夢が叶う」日にとの願いが込められている。日付は「七夕」の日は「夢が叶う」日にとの思いから。

ムーニーちゃんのお誕生日

紙おむつの人気ブランド「ムーニー」を製造、販売するユニ・チャーム株式会社が制定。小さな女の子のナナちゃんの誕生日にママが作ってくれたクマのぬいぐるみ「ムーニーちゃん」。赤ちゃんの気持ちを大好きなママに伝える役目を持っている「ムーニーちゃん」のことを多くのママと赤ちゃんに知ってもらうのが目的。日付はナナちゃんの誕生日が７月７日なので「ムーニーちゃん」も同じ７月７日に。

ポニーテールの日

健康的でさわやかな髪形のポニーテール。その魅力などを研究している日本ポニーテール協会が1995年に制定。日付は数字の７を二つ並べるとポニーテール姿の横顔に似ていることから。

7/8

生パスタの日

生めん類の製造業者の団体である全国製麺協同組合連合会が制定。素材の風味、味、コシなど、生パスタの魅力を多くの人に知ってもらうのが目的。日付は７と８で「生（7）パスタ（8）」と読む語呂合わせから。同連合会では毎月７日と８日も「生パスタの日」としている。

チキン南蛮の日

宮崎県延岡市の延岡発祥チキン南蛮党が制定。昭和30年代頃に延岡市祇園町にあった洋食屋「ロンドン」で修業した料理人たちがまかない料理にヒントを得て開発した「チキン南蛮」。2011年７月８日にご当地グルメとして「チキン南蛮」をPRする同党が発足。マップの作製や給食のメニューにするなどの活動を通し、地域の食文化としてのチキン南蛮を広く知らせるのが目的。日付は７と８で「チキン南（7）

蛮（8）」と読む語呂合わせから。

七転八起の日

熊本県阿蘇市でキクイモ商品をはじめ、縁起を担ぐ「くまモンの起き上がりこぼし」などを販売する阿蘇壱番屋が制定。熊本地震からの復興の気持ちを込めて、何度でも起き上がる心意気を表す「くまモンの起き上がりこぼし」で多くの人に勇気と励ましを送るのが目的。日付は7と8で「七（7）転八（8）起」の数字にちなんで。

防犯カメラの日

防犯カメラの開発、販売、アフターサービスまで手がける株式会社日本防犯システムが制定。防犯カメラの必要性、重要性を多くの人に考えてもらう機会を作り、防犯カメラの認知度を高めるのが目的。日付は7と8を「な（7）くなれ犯（8）罪」と読む語呂合わせから。

なはの日

ラジオ沖縄の人気番組「那覇が好き」のリスナーグループ「那覇が好き友の会」が制定。那覇市を愛する人々が心をひとつにして手づくりのまちおこしを考える日で、現在では官民一体となって活動している。日付は7と8で「那覇（なは)」と読む語呂合わせから。

中国茶の日

中国にその起源をもち、世界中に伝わった「茶」は、ほとんどの国の言葉でも中国語の「茶」を語源としている。飲み物として、文化としての「中国茶」をより広い視野で考える日をと「NPO CHINA日本中国茶協会」が制定。日付は中国語の「チ＝7」日本語の「ヤ＝8」の組み合わせから。

ナイスバディーの日

「心も体もきれいで健康で、毎日を自分らしく生き生きと生きること」を多くの人たちと約束し合う日をと、パーソナルトレーナーの大西仁美氏が制定。日付は7と8で「ナイス（7）バディー（8)」と読む語呂合わせから。

「なわ」の日

「なわとび」の全国一の売上高、シェアを誇る愛知県。その愛知県名古屋市に本部を置き、なわとびの普及促進活動を行う、特定非営利活動法人「日本なわとびプロジェクト」が制定。なわとびを使って人々の基礎体力向上を図ることが目的。日付は7と8で「なわ」と読む語呂合わせで。また、なわとびは両手で持って跳ぶため、10月２日を「『跳び』の日」に制定し、二つの記念日により両方の手が「なわを持つ」イメージを表すことで、その定着を目指している。

7月

豆乳で作ったヨーグルトの日

ポッカサッポロフード＆ビバレッジ株式会社が制定。1997（平成９）年７月８日にデザートやホイップクリームなどの製造、販売で知られるトーラク株式会社が「豆乳で作ったヨーグルト」を発売。豆乳を乳酸菌で発酵したこの植物性ヨーグルトは、血清コレステロールが低下する効果から2003年には特定保健用食品に認められている。2015年10月より同商品はポッカサッポロフード＆ビバレッジ株式会社に。日付は最初の発売日にちなんで。

7/9

ジェットコースター記念日

1955（昭和30）年のこの日、東京・後楽園遊園地が開園し、ジェットコースターが登場したことに由来。1500メートルのコースを最高時速55キロで疾走するその姿を見ようと、近くの道路には人垣ができたという。

7/10

オイルフィルターの日

自動車用のオイルフィルターなどの製造販売会社や関連会社などで構成される日本フィルターエレメント工業会が制定。自動車の適正な整備状態を保つための機能部品であるオイルフィルターの定期的な交換の必要性を自動車に乗るすべての人に知ってもらい、定期的な交換をしてもらうことが目的。日付は710という数字を180度回転させることで英単語のOIL（オイル）となることから。

Stop!迷惑メールの日

一般財団法人日本データ通信協会「迷惑メール相談センター」が制定。近年、架空請求メール、詐欺メールなどの迷惑メールが増加し犯罪被害が拡大していることから、その予防のために利用者のリテラシーの向上と、防止技術の普及と促進を図るのが目的。日付は同センターが開設された2002年７月10日から。

日本なまずの日

鹿児島県東串良町の日本なまず生産株式会社が制定。一部の地域でかば焼きにして食べられているなまず。なまずを食べると産後の肥立ちが良いとも言われ、暑い夏のスタミナ食としてふさわしいことから日本固有の真なまず（日本なまず）を幅広い世代に食べてもらうのが目的。日付は７と10で「な（７）まず（10）」と読む語呂合わせから。

岡山県牛窓産 冬瓜の日

７月と８月に生産される岡山県の野菜の中で出荷量ナンバーワンを誇る夏野菜の冬瓜。その主生産地である瀬戸内市の「JA岡山 牛窓冬瓜・そうめん南瓜部会」が制定。おいしい牛窓産の冬瓜をより多くの人に食べてもらうことが目的。日付は７と10で「夏（なつ＝７）は冬瓜（とうがん＝10）」の語呂合わせから。

ウルトラマンの日

ウルトラマンのテレビ初登場が1966（昭和41）年７月10日であることから、ウルトラマンシリーズの制作を手がける株式会社円谷プロダクションが制定。

潤滑油の日

潤滑油は産業活動から家庭生活まで広く使われている基礎資源。適切に使用すれば省エネ・省資源効果も期待できることから、潤滑油についての知識の普及浸透を図ろうと全国石油工業協同組合が制定。日付は潤滑油の通称OIL（オイル）を半回転させると710＝７（月）10（日）となることから。

ブナピーの日

2002年のこの日、ブナシメジを品種改良したホワイトぶなしめじ「ブナピー」が、きのこのトップメーカー、ホクト株式会社から発売されたことを記念して同社が制定。「ブナピー」はその食感の良さとほのかな甘みで、サラダや和え物、炒め物、味噌汁、カレーなど、いろいろな料理に合うのできのこの苦手な子どもにも人気がある。

くにさき七島藺（しっとうい）の日

畳表や加工品の材料として生産される七島藺（しちとうい）。その全国唯一の生産地である大分県国東半島に位置する国東市が制定。耐久性はイ草の数倍と言われ、若草のような優しい香りを持つ七島藺を広くPRして産地の振興を図ることが目的。生産者、大分県、国東市などで「くにさき七島藺振興会」を設立して、生産農家の拡大や広報活動などを行っている。日付は七島藺を国東地方では「しっとう」と呼ぶことから７（しっ）10（とう）の語呂合わせから。

ナオトの日

南米インカの言葉で「太陽の祭り」を意味する「インティライミ」をアーティスト名に冠するシンガーソングライターのナオト・インティライミ。2010年のメジャーデビュー以来、多くのファンに愛されている彼は2011年から毎年７月10日に「ナオトの日」と題した完全ノープランのワンマンライブを行っている。その特別なイベントをさらに心に深く残るイベントにと所属事務所の株式会社エンジンが制定。日付は７と10で「ナオト」と読む語呂合わせから。

ドットわん・犬の納豆の日

ペット向け自然食の企画、製造、販売を手がける株式会社ピュアボックス（岡山県岡山市）が制定。自然食品の納豆を犬に与えることで、愛犬の健康には人間同様に食が大切であることに気づいてほしいとの思いが込められている。日付は７と10で「なっ（７）とう（10）」と読む語呂合わせから。

クリエイトの日

求人広告のパイオニアとして知られる株式会社クリエイトが、1968(昭和43）年７月10日に東京都千代田区に設立されたことから同社が制定。「奉仕」「積極進取」「創意」の経営理念のもと、新聞折込求人紙「クリエイト求人特集」、転職求人サイト「ジョブターミナル」などをはじめ、人材育成ビジネスや宣伝広告業など幅広い事業を手がける自社のPRが目的。日付は創業日にちなんで。

7/11

セブン-イレブンの日

株式会社セブン・イレブン・ジャパンが制定。日本全国にコンビニチェーンを展開するセブン-イレブンはその抜群の認知度と、社名がそのまま日付に置き換えられる明解さで、毎年７月11日に話題となることから、記念日登録でさらなる情報発信をするのが目的。日付は７と11で「セブン（７）イレブン（11)」と読む語呂合わせから。

ロコモコ開きの日

ハワイ州観光局が制定。暑い日本の夏を乗り切るために、疲労回復、スタミナアップに役立つハワイの料理「ロコモコ」を、この日をきっかけにより多くの人に食べてもらうのが目的。日付は７と11で「夏(７)のいい（11）日」の語呂合わせから。ロコモコはご飯の上にハンバーグ、目玉焼きなどを乗せ、肉汁を元にしたソースなどをかけた人気料理で、ハワイ州観光局の公認メニュー。

UDF(ユニバーサルデザインフード)の日

日本介護食品協議会が制定。介護食品を「ユニバーサルデザインフード（UDF)」と命名した同会の会員企業が､共通してこの名称と「UDFロゴマーク」を製品に使用することで、利用者に安心して選んでもらうのが目的。日付は2003年７月11日に「ユニバーサルデザインフード(UDF)」の名称と、「UDFロゴマーク」が商標登録を受けたことから。

ラーメンの日

一般社団法人日本ラーメン協会が制定。ラーメン産業の振興・発展とともに、日本独自のラーメン文化を支えるのが目的。日付は７と11の７をレンゲに、11を箸に見立てたことと、ラーメンを最初に食べた人物とされる水戸黄門（水戸光圀公）の誕生日（新暦1628年７月11日）から。

アルカリイオン水の日

アルカリイオン整水器の製造・販売メーカー各社で構成されたアルカリイオン整水器協議会が制定。アルカリイオン水やアルカリイオン整水器をより身近なものに感じてもらうのが目的。日付は７月11日を「0711」として「お（０）な（７）かにいい（11）水」と読む語呂合わせから。

7/12

人間ドックの日

公益社団法人日本人間ドック学会が制定。より多くの人に「人間ドック」の受診を促すことで病気の早期発見につなげ、国民の健康増進に寄与することが目的。はじめは「短期入院精密身体検査」と呼ばれていたが、新聞記事が「人間ドック」（船を修理するための設備であるdockから）と伝えたことからこの呼び方が定着した。日付は1954年７月12日に国立東京第一病院（現・国立国際医療研究センター病院）で初めての人間ドックが行われたことから。

デコレーションケーキの日

誕生日やウェディングなどで登場するデコレーションケーキの普及や技術の向上、ケーキデコレーター、ケーキデザイナーの育成、活躍の場を広げることなどを目指す一般社団法人日本ケーキデコレーション協会が制定。デコレーションケーキの美しさ、楽しさ、おいしさを広めるのが目的。日付は同協会が設立された2013年７月12日から。

ひかわ銅剣の日

1984年７月12日、島根県斐川町（現・出雲市）の荒神谷から弥生時代の銅剣が発見された。その数は全国最多の358本に達し、そのすべてが国宝に指定されたことから斐川町が制定した記念日。

洋食器の日

代表的な洋食器のナイフ（712）の語呂合わせからこの日を「洋食器の日」としたのは日本金属洋食器工業組合。洋食器の優れた機能や役割を広くPRし、感謝の意味を込め、産地の新潟県燕市などでイベントを行う。

宇佐からあげの日（USA☆宇佐からあげ合衆国建国記念日）

からあげ専門店発祥の地として知られる大分県宇佐市で、2006年11月に結成された「宇佐市からあげ探検隊」が2012年７月12日に「USA☆からあげ合衆国」を建国。その日を記念して「宇佐からあげ」をさらに広めようと制定。「宇佐からあげ」は各店独自の秘伝のタレを使って調理し、できたてアツアツを提供、冷めてもおいしいと人気。発祥の地に記念碑である「からあげ石」を建立、「宇佐からあげ」の商標登録など「からあげによるまちづくり」を進めている。

ドゥーワップの日

アメリカ生まれのコーラス・スタイル「ドゥーワップ」をこよなく愛する人々「クログロドゥーワップ団」が制定。「ドゥーワップ」の魅力とその名称を次の世代につなげていくのが目的。日付は「第１回ジャパンドゥーワップカーニバル」が開催された1981（昭和56）年７月12日から。このイベントにはシャネルズ、キングトーンズなどが出演した。

7/13

ナイススティックの日

パン、和洋菓子などさまざまな食品を製造販売する山崎製パン株式会社が制定。1977年に誕生した同社を代表するロングセラー菓子パン「ナイススティック」。約30センチの長さに濃厚なミルククリームを端までたっぷりと挟んだ、魅力たっぷりの同商品をさらに多くの人に知ってもらうのが目的。日付は７と13で「ナ（７）イ（１）ス（３）スティック」の語呂合わせから。

盆迎え火

家を浄めるとともに先祖の霊に家のありかを知らせるのが目的の迎え

火。苧殻(おがら)を門口で燃やし精霊が来臨するのを助けるもの。13日の夕方に行うのが習わし。

もつ焼の日

食肉や牛、豚などのもつホルモンを扱う株式会社丸協食産(長崎県佐世保市)が制定。もつ焼のおいしさ、動物からもたらされる資源の有効活用などを広めるのが目的。日付は７と13で「内臓（ナイゾウ)」の語呂合わせから。また、11月７日は「もつ鍋の日」となっている。

水上バイクの日

日本海マリンクラブ（新潟県新潟市）が制定。同クラブではクルージングやツーリング、講習会などを通して海難事故の防止や社会奉仕事業を行っている。記念日には水上バイクの乗船会などを予定。日付は７と13で「な（７）み（３）＝波」の間に「／（１)」で「波を切る」と読み、水上バイクの爽快感を表している。

イーサン・ハントの日

世界中で人気のスパイアクション映画シリーズ「ミッション：インポッシブル」。その配給元パラマウントピクチャーズジャパンが制定。2015年８月７日に公開の「ミッション：インポッシブル／ローグ・ネイション」のPRが目的。日付は「ミッション：インポッシブル」の第一作目が日本で公開された1996年７月13日にちなんで。また、13日はトム・クルーズが演じる主人公のイーサン・ハントの「イー（１）サン（３)」の語呂合わせともなっている。

7/14

内視鏡の日

内視鏡は1950（昭和25）年に日本で、世界で初めて胃カメラによる胃内撮影に成功して以来、医学の各分野で高く評価され、診断・治療に役立てられてきた。その内視鏡医学のさらなる発展と普及を願い、財団法人内視鏡医学研究振興財団が制定。日付は７と14で「内視」と読む語呂合わせから。

ゼラチンの日

ヨーロッパで生まれ、さまざまな用途で使われるゼラチンの特性を広く認識してもらおうと、日本ゼラチン工業組合が制定。日付はゼラチンがフランス菓子と料理によく使われることからフランス革命の日とした。また、この時期はゼラチンやゼリーの消費が増えることもその理由のひとつ。

ゼリーの日

ゼラチンで作ったゼリーのおいしさ、作る楽しさをより多くの人に知ってもらおうと日本ゼラチン工業組合が制定。日付は「ゼラチンの日」である７月14日に。

月でひろった卵の日

「果子乃季」の屋号で山口県内各地で和洋菓子の販売を行っている、あさひ製菓株式会社（山口県柳井市）が制定。日付は1987（昭和62）年７月14日に第１号店がオープンし、メイン商品の「月でひろった卵」が販売されたことから。「月でひろった卵」は蒸しカステラの中からクリームがとろけるまろやかで優しい味わいの山口銘菓。

しんぶん配達の日

毎日、さまざまなニュースを届け、文字・活字文化の一端をになう新聞の戸別配達制度。その制度を支えて、早朝から雨の日も雪の日も新聞を定時に配達するために汗を流している新聞配達所の所長、従業員にスポットライトを当てたいと、公益社団法人日本新聞販売協会が制定。日付は1977（昭和52）年のこの日､日本初の気象衛星「ひまわり」が打ち上げられたことにちなみ、気象衛星が地球を回って情報をもたらすことと、新聞の配達が戸別に回って社会の知識、情報を提供することの共通のイメージから。

7/15

中元

中元の習慣は中国から伝わったもので、正月15日を上元、７月15日を中元、10月15日を下元とする三元からきたもの。日本では盂蘭盆（うらぼん）と重なり、祖先を供養し、両親らに食べ物を贈る風習が、現在のような形になったという。上司、恩人などに贈り物をし、日頃の感謝を表す日。

盆

盂蘭盆会（うらぼんえ）の略で、昔から正月に次ぐ行事として行われてきたもので、祖先の霊を慰めるために行う。祭壇にきゅうりや茄子で牛や馬の形を作り供えるが、これは先祖の霊が馬に乗り、牛に荷物を引かせて帰ってくるという信仰による。

うらかわ夏いちごの日

牧場とサラブレッドで有名な北海道浦河町が制定。町の特産品である「夏いちご（品種・すずあかね）」を、より多くの人に知ってもらうのが目的。浦河町の「夏いちご」はブランドいちごとして主に首都圏に出荷され、有名菓子メーカーやケーキ店で使用されている。日付は7と15で「夏（7）いちご（15）」と読む語呂合わせから。

世界ありがとうの日

Q&Aサイト「OKWave」をはじめとして、FAQソリューションや各種のQ&Aサービスで知られる株式会社オウケイウェイヴが制定。同社の企業理念である「世界中の人と人を信頼と満足でつないで、ありがとうを生み出していく」を実践し、世界中を感謝の気持ちでつないでいくのが目的。日付は同社の創業日である1999年7月15日から。

ホッピーの日

麦芽を使った麦酒様清涼飲料水「ホッピー」を製造販売するホッピービバレッジ株式会社が制定。「ホッピー」は「生よりうまいホッピービア」と言われるほど、70年以上にわたり多くのファンを獲得しているミキサードリンク（アルコール飲料と割って飲む清涼飲料水）の代表的存在。日付は製造販売を開始した1948（昭和23）年7月15日にちなんで。

内航船の日

島国日本の国内物流で重要な役割を果たしている内航船（ないこうせん）。その業務を担う人々で結成された「全日本内航船員の会」が制定。内航船の存在を広く社会にアピールするとともに、海上勤務の船員からも陸上社会とのつながりを大切にして、海上物流の社会的な意義を再確認するのが目的。日付は内航船を応援したいという人々からインターネット内で提案された7と15を内航船の「内航（ナイコウ）」と読む語呂合わせから。

7/16

ZEPPET STOREの日

X JAPANのギタリストのhide氏により、その音楽センスを高く評価されたバンドZEPPET STORE（ゼペット・ストア）。2019年の結成30周年を記念して、ファンがバンドへのお祝いと感謝の気持ちを込め、クラウドファンディングを活用して記念日を贈ろうと立ち上げたバンド公認のナナイチロクプロジェクトが制定。日付はhide氏がZEPPET

STOREを世に送り出すために設立したレーベル、LEMONed（レモネード）からリリースされたアルバム「716」にちなんで。

長瀞観光の日

埼玉県秩父郡長瀞（ながとろ）町の観光事業の発展と振興を図る一般社団法人長瀞町観光協会が制定。四季折々に魅力的な観光を楽しめる長瀞町の素晴らしさを広め、より多くの人に訪れてもらうことが目的。日付は７と10と６で「なが（７）と（10）ろ（６）」の語呂合わせから。

からしの日

日本からし協同組合が制定。代表的な香辛料の「からし」の認知度をさらに高め、その豊かな活用方法を広めるのが目的。日付は日本からし協同組合の前身である全国芥子粉工業協同組合が設立された1957年７月16日から。

盆送り火

７月13日に迎えた精霊を送り出すためのもの。焚いた送り火の煙に乗り、精霊が帰るとされる。また、祭壇に供えた物は、精霊舟に乗せて川や海に流す。なお、同じ仏教でも浄土真宗では、死者はすべて極楽に往生しているとして、迎え火、送り火などの行事は行わないという。

虹の日

７と16で「ナナイロ＝七色」と読む語呂合わせと、梅雨明けのこの時期には空に大きな虹が出ることが多いことから、この日を人と人、人と自然などが、七色の虹のように結びつく日にしようとデザイナーの山内康弘氏が制定。先輩世代が後輩世代をサポートする日にとの意味合いもあり、音楽を中心としたイベントなども展開する。

7/17

セントラル浄水器の日

群馬県桐生市に本社を置く株式会社アクアス総研が制定。同社は1990年に家中の水道水をまるごと浄水するセントラル浄水器を開発。セントラル浄水器のパイオニアとしてその良さを広めることが目的。日付は同社の設立日である1990年７月17日から。

理学療法の日

1966（昭和41）年７月17日に有資格理学療法士110名により、日本理学療法士協会が設立されたことから同協会が制定。理学療法とは、病気、けが、高齢、障害などによって運動機能が低下した状態にある人々に対し、運動機能の維持・改善を目的に運動、温熱、電気、水、光線などの物理的手段を用いて行われる治療法のこと。

7/18

光化学スモッグの日

1970（昭和45）年のこの日、東京・杉並区の高校で、グラウンドにいた生徒が次々と倒れた。東京都公害研究所は原因を光化学スモッグによるものと推定、光化学スモッグ予報を出すこととなった。気温が高く風のない日に自動車の排気ガスなどの大気汚染によって起こるとされる。

7/19

おいしいラーメン 神座の日

奈良県広陵町に本社を置き、大阪と東京を中心にラーメンレストランを展開する株式会社どうとんぼり神座（かむくら）が制定。門外不出の秘伝のスープに、こだわりの白菜と豚バラ肉を加えてあみ出した唯一無二の「おいしいラーメン」をより多くの人に味わってもらうのが目的。日付は同社が創業し、１号店の道頓堀店がオープンした1986年７月19日から。

サイボーグ009の日

萬画家・石ノ森章太郎の代表作であり、ライフワークでもあり、今も多くのファンを獲得している「サイボーグ009」。この作品が「週刊少年キング」で連載を開始した1964（昭和39）年の７月19日を記念して株式会社石森プロが制定。2009年は「サイボーグ009YEAR」としての数々の企画が行われた。

やまなし桃の日

全国一の生産量を誇る山梨県の桃をアピールしようと社団法人山梨県果樹園芸会が制定。日付は「百百」をモモと読み、１月１日から数えて200日目（百が２つで二百）に当たることの多い７月19日としたもの。またおいしい桃の出荷時期にも当たる。

愛知のいちじくの日

⇨「１年間に複数日ある記念日」の項を参照。

カープ黄金時代の幕開けの日

広島東洋カープ球団公認の出版物やその他メディアプロデュースなどを手がける株式会社ザメディアジョン（広島県広島市）が制定。1975（昭和50）年７月19日に阪神甲子園球場で行われたオールスターゲームで、山本浩二選手と衣笠祥雄選手が二打席連続アベックホームランを放ち、これを機にカープは初優勝へと突き進んでいった。まさに「カープ黄金時代」の幕開けとなったのがこの日であるとの思いから7月19日を記念日としたもの。同社からは『Carp-0719 ～カープ黄金時代の幕開け～』が出版されている。

7/20

ハンバーガーの日

1971（昭和46）年7月20日東京・銀座にマクドナルドの日本第1号店がオープンしたことを記念して、日本マクドナルド株式会社が、その25周年にあたる1996年7月20日に制定。

夏割りの日

和酒、洋酒を炭酸や好きな飲み物などで割って、夏にふさわしいドリンクを多くの人に楽しんでもらいたいとキリンビール株式会社が制定。「夏割り」という名称は夏の時期らしい爽快な飲み方を思い起こすことから。日付は7と20で「夏割り」と読む語呂合わせ。

7/21

ナツイチの日

株式会社集英社が制定。「ナツイチ」とは集英社文庫が「夏休みに一冊、中高生にも文庫を手に取ってほしい」と毎年行っているキャンペーンで読書習慣を普及するのが目的。日付は7と21で「ナ（7）21（ツイチ)」と読む語呂合わせと、キャンペーン期間中であることから。

烏骨鶏の日

「薬膳食材の王様」といわれる烏骨鶏を手がける4社、岐阜県大垣市の株式会社デリカスイト、株式会社烏骨鶏本舗、香川県東かがわ市の東かがわ烏骨鶏ファーム株式会社、香川県さぬき市の有限会社松本ファームが制定。美容・健康に良く、栄養価に優れている烏骨鶏の魅力をより多くの人に知ってもらうのが目的。日付は烏骨鶏が1942（昭和17）年7月21日に大分、三重、広島などの主産地で天然記念物として指定されたことから。

日本三景の日

江戸時代の儒学者・林鵞峰（春斎）が『日本国事跡考』で絶賛した3つの景観「松島」「天橋立」「宮島」を日本三景と呼ぶ。いずれも海に面していて、海とともに松の深い緑の景観が美しい。この日本三景をさらに広くPRするために日本三景観光連絡協議会が制定。日付は青い海と深い緑が際立つ夏の時期でもある鷲峰の誕生日（1618〈元和４〉年）から。

宮島　厳島神社

ウェディングビデオの日

日本で最も歴史があり、国内最大のウェディング映像会社の日本綜合テレビ株式会社が制定。この日に懐かしいウェディングビデオを夫婦や家族で見ることで、絆を深めて幸せや感動を再発見してもらうことが目的。日付は日本綜合テレビ株式会社が1976年７月21日に設立されたことから。

7/22

夏ふーふースープカレーの日

北海道札幌市に本社を置き、ラーメン、焼肉のたれ、鍋つゆなど、さまざまな食品の製造販売を手がけるベル食品株式会社が制定。同社のスープカレー商品の最需要期である夏に、ふーふー汗をかきながらスープカレーを食べてもらい、そのおいしさを知ってもらうのが目的。日付は７と22で「夏（７）ふーふー（22)」の語呂合わせから。スープカレーは札幌発祥のご当地メニュー。

ディスコの日

MCとミキシングの両方をこなすDISCO DJのスペシャリスト「DJ OSSHY（DJオッシー)」が制定。レコードで音楽を流しダンスを踊る空間として、1970年代から若者の人気を集めてきたディスコの魅力を広めるのが目的。日付はディスコブームのきっかけとなった映画「サタデー・ナイト・フィーバー」が日本で初公開された1978年７月22日にちなんで。

ONE PIECEの日

少年漫画『ONE PIECE』を連載する「週刊少年ジャンプ」の発行元の株式会社集英社が制定。尾田栄一郎氏原作の『ONE PIECE』は、日本の漫画の最高発行部数など数々の記録を持つ国民的漫画。その連載20周年を記念するとともに、作品の魅力をさらに多くの人に伝えるのが目的。日付は連載開始の日（1997年７月22日）にちなんで。

げたの日

下駄の生産業者などで結成された全国木製はきもの業組合連合会が、伝統的なはきものの下駄のよさを見直してもらおうと設けたもの。下駄の寸法に「七寸七分」など7の数字がよく使われること、雪道を下駄で歩くと漢字の二の字に似た跡が残ることから7月22日とした。

7/23

大暑（たいしょ）

［年によって変わる］二十四節気のひとつ。夏の暑さが盛りを迎える頃にあたる。夏の土用から立秋の前日までの期間が暑中。

鮮度保持の日

愛知県名古屋市に本社を置き、野菜の鮮度を長持ちさせる高鮮度保持フィルム「オーラパック」の製造、販売などを手がける株式会社ベルグリーンワイズが制定。食品の鮮度を保つことは安全性や栄養価、味と香りの保持など、さまざまな利点があることをアピールするのが目的。日付は生鮮品の鮮度が落ちやすい1年でいちばん暑い時期の「大暑」となることが多い7月23日に。

天ぷらの日

［大暑・年によって変わる］夏の暑さにバテないために、大暑の日に天ぷらを食べて元気に過ごそうというもの。

カシスの日

大暑の頃に収穫される果実のカシス。その成分であるカシスポリフェノールには末梢血流の改善作用があるという。人々の健康に寄与するカシスへの関心を高めてもらおうと、日本カシス協会が2006年に制定。日付は大暑となることが多い7月23日に。

7/24

セルフメディケーションの日

薬局、ドラッグストアなどで販売されているOTC医薬品（一般用医薬品）のメーカーの団体である日本OTC医薬品協会が制定。「セルフメディケーション」とは日常生活で起こる体の不調やケガの中で、自己判断可能な軽い症状を自らOTC医薬品を使って手当てすること。その意識と行動を多くの人に促すのが目的。日付はこの取り組みは1日24時間、1週間では毎日7日間行うことから、7月24日に。

スポーツアロマの日

特定非営利活動法人日本スポーツアロマトレーナー協会が制定。スポーツアロママッサージを通して、スポーツをする子どもたち、競技者、スポーツ愛好家の人たちのケガの予防、スポーツケアの大切さを普及させるのが目的。日付は延期となったが2020年7月24日に予定されていた「東京オリンピック」開幕日から。

7/25

ナブコの日

建物・産業用自動ドア、プラットホームドア、福祉機器などを手がけるナブテスコ株式会社 住環境カンパニーが制定。自動ドアの国内ナンバーワンシェアを持つ自動ドアブランドの「NABCO（ナブコ）」をより多くの人に知ってもらうのが目的。日付は7と25で「ナ（7）ブコ（25）」の語呂合わせから。

さいたま2020バスケの日

さいたまバスケットボールレガシー2020プロジェクト実行委員会が制定。埼玉県さいたま市のさいたまスーパーアリーナが東京オリンピックのバスケットボール競技の会場となることから、オリンピック・パラリンピックの気運の醸成を図るとともに、レガシーとして埼玉県内のバスケットボールコートの充実とバスケットボール大会を数多く開催することで、バスケットボール界の発展に寄与するのが目的。日付は「東京オリンピック」でバスケットボール競技の開始予定日となっていた2020年7月25日から。

知覚過敏の日

歯の健康のために知覚過敏の改善に取り組んでいるグラクソ・スミスクライン株式会社のブランドである「シュミテクト」が制定した日。この日は7と25で夏氷と読める「かき氷の日」とされることから、冷たい物に歯の痛みを感じたら知覚過敏対策をとこの日付に。

はんだ付けの日

「はんだ」と呼ばれる合金を熱で溶かして固めることで、電気的にを接合する技術のはんだ付け。その素晴らしい技術を広く認知してもらうことを目的に「NPO日本はんだ付け協会」が制定。日付は「はんだ」の7つの成分元素、Sn（錫）・Pb（パラジウム）・In（インジウム）・Ag（銀）・Cd（カドミウム）・Bi（ビスマス）・Sb（アンチモン）で7月。最適な合金属を形成する温度の250度で25日。

うま味調味料の日

東京帝国大学（現・東京大学）の池田菊苗博士が昆布だしのおいしさの素がグルタミン酸にあることを突き止め、この味を「うま味」と名付けた。これを家庭でも手軽に使えるようにしたのがうま味調味料で、記念日を制定したのは日本うま味調味料協会。うま味についての正しい理解とその調味料の普及を目的としている。日付は博士が「グルタミン酸塩を主成分とする調味料製造法」で特許を取得した1908年7月25日にちなんで。

7/26

うな次郎の日

新潟県新潟市に本社を置き、水産練り製品の製造販売などを手がける一正蒲鉾株式会社が制定。うなぎの蒲焼きをイメージした魚のすり身で作った練り製品の「うなる美味しさうな次郎」をより多くの人に味わってもらうのが目的。日付は0726で「う（0）な（7）次（2）郎（6）」と読む語呂合わせから。夏の土用の丑の日も近く、同商品を食べて精をつけてもらいたいとの願いも込められている。

ナプロアースの日

福島県伊達市、山形県高畠町などに工場を構え、自動車および自動車部品の販売、使用済み車輌の適正処理などを手がける株式会社ナプロアースが制定。同社は福島第一原子力発電所の事故で在庫などを失い、本社を福島県浪江町から伊達市梁川町に移転しているが、残った社員と新しい社員で復興を果たしたこの日を、事故と昔の社員の功労を忘れない日とした。また、それは会社創業の原点に戻る日であり、7と26で社名の「ナプロ」にもなっている。

7/27

ニキビケアの日

夏はとくにニキビのできやすいシーズンであることから、ニキビケアを見直し、肌トラブルを無くす正しい手入れの方法を啓蒙する目的で、ニキビ対策、ニキビ予防のスキンケア商品「薬用アクネコントロールシリーズ」を展開する株式会社ディーエイチシーが制定。多くの女性にニキビの無い肌で毎日を楽しく過ごしてほしいとの同社の願いが込められている。日付は7と27で「しっかりと（7）ニキビを（2）なくそう（7）」の語呂合わせから。

7/28

なにやろう？自由研究の日

「進研ゼミ」の通信教育や出版事業などを行う株式会社ベネッセコー

ポレーション（岡山県岡山市）が、夏休みの宿題の定番である自由研究に取り組むきっかけの日にしてほしいと制定。日付は７と28で「な（７）にや（28）ろう？」の語呂合わせと、夏休みの前半であることなどから。

7/29

白だしの日

白しょうゆに「だし」を加えた調味料「白だし」を日本で初めて開発した愛知県安城市の七福醸造株式会社が制定。「白だし」は1978年から販売されている。日付は７と29で「ヒチフク」と読む語呂合わせから。

福神漬の日

福神漬などの漬け物、総菜、調味料などを製造販売する食品メーカー、株式会社新進が制定。日付は福神漬という縁起の良い名前は七種類の野菜が使われていることから七福神との結びつきがあり、７と29で「七福（しちふく）」と読む語呂合わせと、カレーに添えられている福神漬を食べて夏バテを防いでもらおうとの願いから。

永くつながる生前整理の日

一般社団法人生前整理普及協会（愛知県名古屋市）が制定。幸せなエンディングを迎えるための片づけから始めるあったかい生前整理を広めることが目的。今まで歩んだ人生を振り返りながら物・心・情報を整理することで、家族と永くつながってほしいとの願いが込められている。日付は「永（７）くつ（２）なぐ（９）」と読む語呂合わせと、同協会の設立日が2013年７月29日であることから。

七福神の日

群馬県前橋市に前橋本店、東京都中央区に銀座本店を構える株式会社幸煎餅が制定。せんべい造り100年を超える同社の人気商品「七福神せんべい」「七福神あられ」「銀座七福神」を多くの人に味わってもらうのが目的。日付は７と29で「七福（しちふく）」の語呂合わせから。

7/30

生サーモンの日

サケ、マス類を中心にさまざまな魚の養殖、加工、販売などを手がける株式会社モウイジャパンが制定。同社の「モウイ・サーモン」は最高品種のノルウェー産アトランティックサーモンのブランド魚。一度も冷凍されることなく、生のまま日本に届けられるこの絶品サーモンのおいしさをより多くの人に知ってもらうのが目的。日付は7と30で「生（7）サーモン（30）」の語呂合わせから。

ターザンの日

映画「ターザン：REBORN」の配給元であるワーナーブラザースジャパン合同会社が制定。ジャングルの王「ターザン」を主人公としたこの映画を観て、夏の盛りに頑張っている人々に勇気と元気と希望を持っもらうのが目的。日付は公開日（2016年7月30日）から。

梅干の日

7月30日は土用干の梅干が終わり、新物の梅干が食べられることから、日本有数の梅干の産地、和歌山南部川村の東農園が制定。梅干は健康に良いため、古くから「難が去る」と言われ、7と30で「ナンガサル」の語呂合わせにもなっている。

7/31

ビーチの日

特定非営利活動法人日本ビーチ文化振興協会が制定。海に囲まれた島国の日本は古来海の恩恵を受けてきた。その海と陸の境目であるビーチ（砂浜）が通年で利用され活性化につながるように、ビーチの大切さを多くの人に知らせるのが目的。日付はビーチは波によって砂が形成され、また浄化されることから、7と31で「波（73）がい（1）い」と読む語呂合わせから。

クールジャパンの日

外国人から見たかっこいい日本をテーマにして人気のNHK BS1の番組「クールジャパン」。日本の良さ、かっこ良さを再認識してもらう日として、番組を制作する株式会社クリエイティブネクサスが制定。日付は第1回の放送日（2005年7月31日）から。

土地家屋調査士の日

土地や建物の調査、測量を行い、図面の作成や不動産登記の申請手続きなどを行う、登記の専門家である土地家屋調査士。国家資格者として「不動産に係る国民の権利の明確化」に寄与するその社会的使命と、制度のPRを目的に日本土地家屋調査士会連合会が制定。日付は1950（昭和25）年7月31日に土地家屋調査士法が施行されたことから。

トゥインクルレースの日

1986（昭和61）年７月31日に、日本国内初のナイター競馬として「トゥインクルレース」が開催されたことから、その主催者である特別区競馬組合が制定。東京・品川区にある大井競馬場（愛称・「東京シティ競馬（TCK）」）で行われるトゥインクルレースはその迫力と美しさでデートコースとしても人気を集めている。

菜の日

⇨「１年間に複数日ある記念日」の項を参照。

年によって日付が変わる記念日

７月第３月曜日

海の日

1876（明治９）年の７月20日、明治天皇が東北巡行を終え、船で横浜に着いたことから設けられた「海の記念日」。その後、1996年に「海の日」として国民の祝日になるが、2003年の祝日法改正により７月の第３月曜日となった。

発泡スチロールの日

「海の日」と同じ日付をこの記念日としたのは、発泡スチロール再資源化協会。発泡スチロールは日本の食生活に欠かせない海の恵である魚介を運ぶ容器として活躍していることから「海の日」と同じ日としたもの。発泡スチロールの効用を広くアピールする日。

マドレーヌの日

有限会社高原のパンやさん（長野県小海町）が制定。小海町の町名にちなみ、貝の形をした日本一大きなマドレーヌ「小海の玉手箱」を製造販売している同店の、「海の日」に家族でこのマドレーヌを食べて、健康で笑顔になってもらいたいとの願いが込められている。

夏チョコの日

夏でも溶けないと人気のチョコレート、焼きチョコ「BAKE（ベイク）」を2003年から発売している森永製菓株式会社が制定。本格的な夏の幕開けともいえる７月の第３月曜日（「海の日」）を、焼きチョコ「BAKE」などの夏向けチョコレートの季節の到来を告げる日としてPRを行う。つまりこの日は「夏チョコ開きの日」。

7月第３火曜日

ゆとりうむの日

ゆとりうむ事務局が制定。暮らしを見直し、工夫することで「生活にゆとりを生む」に由来した「ゆとりうむ」。日常の家事には工夫次第で時間を生み出す「時産」のチャンスがいっぱいあることをより多くの人に知ってもらい、生み出したゆとりの時間を楽しんでもらうのが目的。日付は子どもの夏休みが始まり、ますます家事が忙しくなる時期にあわせて「海の日」の翌日の７月第３火曜日に。

7月第４日曜日

親子の日

親と子の関係を見つめ、生をうけたことを感謝できる社会を築こうと、長年親子の姿を撮影し続けてきた写真家のブルース・オズボーン氏と井上佳子氏が提案して生まれた日。５月の第２日曜日が「母の日」、６月の第３日曜日が「父の日」であることから、７月の第４日曜日をその記念日とした。

7月最終金曜日

システム管理者感謝の日

コンピュータのシステム管理者に日頃の感謝の意を表わす日。アメリカ・シカゴのシステム管理者Ted Kekatos氏が提唱した日で７月の最終金曜日。「ITシステム運用を支えている人達を応援します。」というスローガンを掲げる株式会社ビーエスピーが制定。

土用丑の日

土用丑の日

江戸時代、夏場に鰻が売れないと嘆いていた鰻屋のために、平賀源内が「土用の丑の日に鰻を食べると精がつく」という宣伝文句を考案したという説が有名。もともと土用の日に「う」がつくものを食べると夏バテしないという民間伝承をヒントにしたものとされるが、鰻はビタミンB類が豊富であるため実際そうした効果も期待できるのだろう。土用の期間は18日または19日であるのに対し、丑の日は12日に１回あるので「土用の丑の日」が土用の期間に２回ある場合もある。一般には、夏の土用の最初の丑の日を「土用の丑の日」としている。

AUGUST

旧　暦　葉月（はづき）

語源：落葉の時期であることから「葉月」になったというが、異説もあり。

英　名　August

語源：ローマ帝国の初代皇帝アウグストゥス（Augustus）にちなむ。アウグストゥスがユリウス暦を修正した際に自分の名前を冠した。

異　名　萩月（はぎづき）／秋風月（あきかぜつき）／草津月（くさつつき）／桂月（けいげつ）／木染月（こそめつき）／素月（そげつ）／月見月（つきみつき）

誕生石　ペリドット（橄欖石）／サードオニキス（紅縞瑪瑙）

誕生花　ヒマワリ／ユリ

星　座　獅子座（～8/22頃）／乙女座（8/23頃～）

８月はお盆の月。広島と長崎の原爆忌や終戦記念日もあり、鎮魂の意味合いを持つ記念日が少なくない。また、数字の８は「は」「ば」「パ」などと読めるために語呂合わせに使いやすく、さまざまな記念日が生まれている。「バナナ」「ハンコ」「はも」「橋」「はしご車」「パイナップル」「野球」など。とくに８日は８と８の語呂合わせや形、音などから「葉っぱの日」「プチプチの日」「そろばんの日」「ベーグルの日」など数多く制定され、記念日が１年の中でもとても多い特異日となっている。

ヒマワリ

コンケンの日

岡山県岡山市に本社を置き、建築物の解体工事から廃棄物の最終処分までを手がけ、「環境価値創造企業」を目指す株式会社コンケンが制定。日付は同社の創業記念日（1968年８月１日）であり、子会社の藤クリーン株式会社が環境活動への取り組みを開始した日に由来する。創業日を迎えられることに感謝し、地元に対して何が貢献できるかを考える日と位置づけている。また、藤クリーンリサイクルセンターの敷地内の産業廃棄物を再利用したコンケンガーデン、セラピーガーデンを通じて、多くの人に環境のことについて知ってもらう日とすることも目的。

配置薬の日

富山県富山市に事務局を置き、「おきぐすり」の発展、研究で保健衛生水準の向上を目指す一般社団法人全国配置薬協会が制定。配置薬はセルフメディケーションの先駆けとして、医薬の普及が十分ではなかった江戸時代から300年以上にわたり地域の人々の健康維持・増進を支えてきた。「先用後利」という有用性、利便性、経済性に優れた配置薬をさらに普及拡大することが目的。日付は８と１で「は（８）いち（１）」と読む語呂合わせから。

ハイビスカスの日

宮古島あかばなぁ（ハイビスカス）産業化協議会が制定。沖縄県宮古島で育ったハイビスカスを農産物として展開するためにその認知度を高めるのが目的。日付はハイビスカスは夏に最盛期を迎えることと、８と１で「ハイビスカス」の「ハ（８）イ（１）」の語呂合わせで、気持ちも「ハイ」になるイメージから。同協議会では宮古島のハイビスカスの花びらから抽出したエキスを使用したドリンク、食品、化粧品などの販売を行っている。

ゲーム・オブ・スローンズの日

世界的に大ヒットしているテレビドラマシリーズ「ゲーム・オブ・スローンズ」を手がけるワーナーブラザースジャパン合同会社が制定。ひとつの玉座を巡ってさまざまな人間が画策し争奪する壮大なスケールのファンタジー小説を映像化した「ゲーム・オブ・スローンズ」。その魅力をさらに多くの人に知ってもらうのが目的。日付は原作の「A Game of Thrones」（George. R. R. Martin著）が初めてイギリスで出版された1996年８月１日から。

リゾ婚の日

国内外のブライダル事業を手がけるワタベウェディング株式会社が制定。リゾ婚（リゾート地でのウェディング）の魅力をより多くの人に知ってもらうのが目的。日付は温かい気候やバカンス休暇などリゾートのイメージを想起する８月の最初の日であり、同社のリゾ婚のメインエリアであるハワイから「ハワイ（８）いい（１）」の語呂合わせで。「リゾ婚」は同社の商標登録。同社は８月１日を「リゾートウェディングの日」としても記念日登録している。

ホームパイの日

「ミルキー」「ルック」「カントリーマアム」などの人気菓子をはじめとして、洋菓子などの製造販売で知られる株式会社不二家が制定。サクサクとした食感が魅力のパイ・ナンバーワンブランドの「ホームパイ」をより多くの人に味わってもらうのが目的。日付は８と１で「パ（８）イ（１）」と読む語呂合わせから。

リゾートウェディングの日

国内外のブライダル事業を手がけるワタベウェディング株式会社が制定。リゾート地でのウェディング（リゾ婚）の魅力をより多くの人に知ってもらうのが目的。日付は温かい気候やバカンス休暇などリゾートのイメージを想起する８月の最初の日であり、同社のリゾートウェディングのメインエリアであるハワイから「ハワイ（８）いい（１）」の語呂合わせで。同社は８月１日を「リゾ婚の日」としても記念日登録している。

バイキングの日

1958（昭和33）年の８月１日、帝国ホテルが新しいレストラン「インペリアルバイキング」をオープンさせたことにちなみ、2008年４月に株式会社帝国ホテルが制定。その店名は社内公募され、当時上映中だった映画「バイキング」の宴会シーンが新しいレストランの食のスタイルのイメージにふさわしいことから名付けられたという。

水の日

「限りある資源を大切にしよう」と国土庁が1977（昭和52）年に設けた日。８月は１年の間でも水の使用量が多い月なので、この日から１週間を「水の週間」として節水を呼びかけている。現在は国土交通省が実施。

ドール・スウィーティオパインの日

糖度が高く栄養価もすぐれたドール・スウィーティオパインをアピールするために、株式会社ドールが制定。日付は、「パ（8）」「イン（1）」の語呂合わせから。

ハイチオールの日

シミ、そばかすを飲んで治す医薬品「ハイチオールC」の発売35周年を記念して、発売元のエスエス製薬株式会社が2007年に制定。シミ、そばかすのない美肌づくりを応援するキャンペーンなどを展開。日付は8と1でハイチオールの「ハイチ」の語呂合わせから。また、美肌に関心が高まる夏の日でもあることもその理由のひとつ。

宮島水族館の日

厳島神社などの世界遺産の島として知られる広島県廿日市市（はつかいちし）の宮島。この島に2011年8月1日に「みやじマリン」の愛称でグランドオープンした宮島水族館の魅力をより多くの人に伝えたいと廿日市市が制定。同館は瀬戸内海の魚をはじめとして、スナメリ、アシカ、ペンギンなどの水生動物を多数展示する中国地方最大級の水族館。日付はグランドオープンした日に由来する。

カフェオーレの日

丁寧に焙煎された香り高いコーヒーと、まろやかな風味のミルクの割合が50対50のバランスで作られている「カフェオーレ」を製造販売するグリコ乳業株式会社が制定。日付は6月1日が国際連合食糧農業機関（FAO）が制定した「世界牛乳の日」であり、10月1日が社団法人全日本コーヒー協会が制定した「コーヒーの日」であることから、その真ん中の日とした。また、八と一が製品の容器の形状に似ていることもその由来のひとつ。

やっぱり家の日

「家が世界で一番大切な場所」と考えるホームファニッシングカンパニーのイケアが制定。日付はより多くの人に「や（8）っぱりイ（1）エがいちばん」と家の大切さを再認識する機会を持ってほしいという思いの語呂合わせから。8月1日は年に一度発行されるイケアの商品カタログが世界各国で一斉に配布される日でもある。

麻雀の日

全国の麻雀店経営者で組織された全国麻雀業組合総連合会（全雀連＝ゼンジャンレン、神奈川県横浜市）が制定。多くの人に麻雀の持つ良い特性であるコミュニケーションづくり、ストレス解消、ボケ防止、憩いの場所と時間の提供などの魅力を知らせ、楽しんでもらうのが目的。日付は８と１で麻雀牌の「牌（はい）」と読む語呂合わせから。

「歯が命」の日

歯や骨の主成分でもあるハイドロキシアパタイトを基軸に、オーラルケア製品、健康飲料など、さまざまな製品の研究開発を行う株式会社サンギが制定。「芸能人は歯が命」というキャッチコピーで有名な高機能美白ハミガキ剤「アパガード」などを通じて、歯とオーラルケアの大切さを理解してもらうのが目的。日付は「歯（８）が命（１）」の語呂合わせから。

パーマの日

ヘアスタイルの美しさを引き出し、美容師の技術の向上のために活動をしている日本パーマ協会が制定。全国のヘアサロンが一体となって、パーマ（カールヘアスタイル）の魅力を発信するのが目的。日付は「パーマ（８）いいね（１）」と読む語呂合わせから。

はっぴの日

「オリジナルはっぴ専門店」を運営する株式会社バンテックが制定。お祭りのときだけでなく、販促活動や応援グッズ、プレゼント、お土産など、さまざまなシーンで活躍している「はっぴ」。この日本の伝統文化のひとつである「はっぴ」の魅力を、日本のみならず世界に向けて伝えることが目的。日付は８と１で「はっぴ」と読む語呂合わせから。

8/2

ハラスメントフリーの日

パワーハラスメントという言葉をつくり、長年にわたり職場のハラスメント対策にかかわってきた株式会社クオレ・シー・キューブが制定。企業・組織と従業員の双方にメリットをもたらす、ハラスメントから解放された「ハラスメントフリー」な職場づくりを啓発、推進していくことが目的。日付は８と２で「ハ（８）ラスメントフ（２）リー」の語呂合わせから。ハラスメントフリーは同社の登録商標。

バブの日

さまざまなヘルスケア用品、スキンケア用品などを製造販売する花王株式会社が制定。炭酸ガスが温浴効果を高めて血行を促進することで、疲労、肩こり、腰痛などに効く薬用入浴剤シリーズの「バブ」。シャワーで済ませがちな暑い夏でも「バブ」を活用して湯船に浸かることで疲労回復をはかり、健やかな毎日を過ごしてほしいとの同社の願いが込められている。日付は８と２で「バブ」と読む語呂合わせから。

ハープの日

プロのハープ奏者やハープ愛好家が集う日本ハープ協会が制定。ハープという楽器をより多くの人に理解してもらい、その魅力を知ってもらいたいとの願いが込められている。日付は８と２で「ハー（８）プ（２）」と読む語呂合わせから。同協会では「国際ハープフェスティバル」「日本ハープコンクール」「ハープ新人デビューコンサート」の開催をはじめ、国内外の著名なハーピストの演奏会など、ハープの発展、普及に努めている。

ベビースターの日

三重県津市に本社を置き、菓子、食品の製造販売を手がける株式会社おやつカンパニーが制定。同社を代表する菓子で、パリッ、ポリッとした食感、コクのある風味、深みのある香ばしさで人気の「ベビースターラーメン」がますます多くの人に愛されるようにとの願いが込められている。日付は８と２で「おや（８）つ（２）カンパニー」の語呂合わせから。

空き家ゼロにの日

静岡県静岡市に本社を置き、「あなたの空き家を資産にかえる『空き家買取専科』」を手がける株式会社Sweets Investment（スイーツインベストメント）が制定。空き家の買取、リノベーションをすることで、地域の不動産の価値を高め、循環を促していくのが目的。日付は空き家をなくしたいとの思いから８月２日を0802として「空き家（08）ゼロに（02）」と読む語呂合わせで。

赤からの日

愛知県豊橋市に本社を置き、かに料理、和風料理、炉ばた料理、焼肉料理などを全国で店舗展開する株式会社甲羅が制定。同社が手がける名古屋味噌と赤唐辛子をブレンドした秘伝のスープで味わう「赤から鍋」や「鶏セセリ焼」などを提供する業態「赤から」をさらに多くの人に知ってもらうのが目的。日付は「赤から」の１号店がオープンした2003年８月２日から。

ハブの日

沖縄県南城市の株式会社南都が制定。同社の観光施設、おきなわワールドにはハブ博物公園があり、ハブについて知ってもらうことが目的。また、同社の南都酒造所では捕獲されたハブを活用してハブ酒を製造、販売している。日付は８と２で「ハ（８）ブ（２）」と読む語呂合わせから。

ハーブの日

1987年より、バジル、ミント、パクチーなど、さまざまなフレッシュハーブを販売する事業を手がけるエスビー食品株式会社が制定。心と身体に潤いをもたらすハーブの素晴らしさと、そのおいしさを広めるのが目的。日付は８と２で「ハー（８）ブ（２）」と読む語呂合わせから。

おやつの日

おやつ文化の向上を目指して、その普及活動を行う一般社団法人日本おやつ協会が制定。おやつとは一日二食が一般的だったころ「八つ時(午後２時から３時頃)」にとっていた小腹を満たす間食のこと。現在では会話を弾ませるコミュニケーションツールとして注目される「おやつの力」を広めることが目的。日付は８と２「おや（８）つ（２）」の語呂合わせから。

金銀の日

1928（昭和３）年のこの日、第９回オリンピック・アムステルダム大会で、陸上三段跳びの織田幹雄選手が日本初の金メダルを、陸上女子800メートルで人見絹枝選手が銀メダルを獲得。この快挙を記念して有限会社環境デザイン研究所が制定。

ビーズの日

ビーズアクセサリーキットのトップメーカー、桃源郷株式会社ビーズマニアがビーズやビーズアクセサリーの素晴らしさ、手作りアクセサリーの楽しさを多くの人に知ってもらおうと制定。日付は８と２がB2（ビーツー＝ビーズ）に見えることから。

カレーうどんの日

1910（明治43）年に東京目黒の蕎麦屋「朝松庵」が提供し、全国にカレーうどんが浸透してから100年になる2010年、カレーうどんをこよなく愛する「カレーうどん100年革新プロジェクト」が制定。日付は６月２日がかつて「横浜・カレー記念日」であったこと、７月２日が「うどんの日」と言われていることから、８月の２日とした。

帆布の日

「高島帆布（はんぷ）」などで知られる滋賀県高島市で、産業用資材基布・道着の製造、販売などを手がける駒田織布株式会社が制定。帆船の帆を起源として、工業資材やトラックの幌、生活雑貨、カバンなどさまざまな分野に使われている帆布の丈夫さや天然素材の優しさなど、その魅力をより多くの人に知ってもらうことが目的。日付は帆布には10番糸（8+2）を使うことと、8と2で「はん（8）ふ（2）」と読む語呂合わせから。

8月

バービーの日

オーストラリア産食肉のマーケティング活動などを行うMLA豪州食肉家畜生産者事業団が制定。かたまり肉を分厚く切って、会話を楽しみながらじっくり焼いて食べるオーストラリア流バーベキュー「バービー（Barbie）」。その日本での認知度向上と普及促進が目的。家族や友人が集い、おいしいオージー・ビーフの厚切りステーキを楽しむ「レッツバービー！」が合言葉。日付は「バー（8）ビー（2）」の語呂合わせから。

オートパーツの日

日本自動車用品・部品アフターマーケット振興会（NAPAC）が制定。毎年この日を目安としてオートパーツを点検し、消耗したパーツを取り替えることを提案、車の安全走行に寄与することが目的。また、車のオートパーツをカスタマイズ&アップグレードすることでカーライフの楽しさが一層広がると呼びかけている。日付は8月（August）を「オート」、8月2日を「パーツ」と読む語呂合わせから。

8/3

ホウ酸処理の日

ホウ酸処理施工に関する技術開発や施工指導などを行い、ホウ酸施工士、ホウ酸処理アドバイザーなどを育成する一般社団法人日本ホウ酸処理協会が制定。空気を汚さないため安全性が高く、効果が長時間持続するホウ酸を使った木造建築物のシロアリ、腐れ対策の認知度向上が目的。日付は「ホウ（8）酸（3）」の語呂合わせから。

「共創する未来」の日

個別指導を中心とした学習塾、教育事業を行う株式会社東京個別指導学院が制定。「未来はやって来るものではなく、多様な人々が集い、ともにビジョンを描き、ともに創りだすもの」と意識することで人の生きる未来がより良くなるとの考えから、そのシンボル的な日とするのが目的。日付は未来と成長を表す末広がりの「八」と、売り手も買い手も満足した上で社会に貢献できてこそ良い商売である「三方良し」の「三」を組み合わせて８月３日に。

文具はさみの日

オフィス家具、文具、事務用品などの製造販売を手がける文具はさみのトップメーカー、プラス株式会社が制定。文房具のはさみを多くの人に親しんでもらい、目的に合った商品を選んで役立ててほしいとの願いが込められている。日付は夏休みの工作で文具はさみを使う子どもが増える時期であることと、はさみを横に置いたときのハンドルと刃の形が数字の83に似ていること、数字の８を真ん中で切ると右側が３になること、「は（８）さ（３）み」と読む語呂合わせから。

八丁味噌の日

愛知県岡崎市の八丁味噌協同組合が制定。江戸時代から岡崎市八帖町（旧八丁村）で造り続けられている、その地名が由来の「八丁味噌」。約２メートルの木桶に大豆麹と塩、少ない水分で仕込み、重しを円錐状に約３トン積み上げ、２年以上（二夏二冬）天然醸造で熟成させる伝統製法。そこから生まれる酸味や渋みを含む独特な味わいの「八丁味噌」のおいしさ、奥深さをより多くの人に知ってもらうのが目的。日付は「八（８）丁味（３）噌」から８月３日に。また、夏場にも使いやすい味噌であることから８月としたもの。

ビーチサンダルの日

ビーチサンダルをひとつひとつ丁寧に、昔ながらの製法で手作りをしている株式会社TSUKUMOが制定。日本発祥のビーチサンダルを常時生産している唯一の企業として、ビーチサンダルをより多くの人に履いてもらい、足元から夏を楽しんでもらうのが目的。日付は８月の８をビーチのBに、３日をサンダルの３に見立てて。

パールミルクティーの日

日本で初めてタピオカ専用工場を作った株式会社ネットタワーが制定。2003年８月から同社で運営するタピオカドリンク専門店「パールレディ」と、人気メニューの「パールミルクティー」のPRが目的。日付は8と3で「パール（８）ミルクティー（３）」の語呂合わせから。

サガミの八味唐がらしの日

和食麺類のファミリーレストランチェーンを展開する株式会社サガミホールディングス（愛知県名古屋市）が制定。同社は独自ブレンドの七味唐がらしに、麺つゆとの相性が良い胡椒を合わせた「八味唐がらし」を開発。その「八味唐がらし」の普及、促進を目的としている。

日付は８と３で「八（８）味（３）」の語呂合わせから。

はもの日

夏の代表的な魚のひとつ「はも」。その日本有数の産地である徳島県漁業協同組合連合会が制定。徳島の活鱧料理をブランドとして全国にアピールするのが目的。日付は鱧の語源が鋭い歯と強い顎を象徴する「はむ」「はみ」などが訛って「はも」と呼ばれるようになったとされることから、８と３で「はみ」の語呂合わせから。

ハイサワーの日

「わ・る・な・ら・ハイサワー」のCMで知られるハイサワーは、炭酸水に果汁が入った割り用飲料。1980年の発売以来高い人気を誇り、誕生30周年となるのを記念して2010年に製造元の株式会社博水社が制定。日付は２代目の田中専一社長が「我が輩が作ったサワー」から「輩サワー」と名付けたことから８を「輩」３を「サワー」と読む語呂合わせによる。

山佐スロワールドの日

パチスロメーカーの山佐株式会社（岡山県岡山市）が、自社で運営する公式携帯サイト「山佐スロワールド」の７周年を記念して2009年に制定。日付は８と３で社名の「山佐（ヤマサ）」と読む語呂合わせから。

8/4

パラソーラの日

大阪府大阪市に本社を置く株式会社ナリス化粧品が制定。同社が製造販売するスプレー状の日焼け止めブランド「パラソーラ フレグランス UVスプレー」が2018年度に864万本を超える売り上げを記録したことを記念し、今後も世界ブランドとして多くの人に提供していくことが目的。日付は紫外線が最も強い季節であり、スプレー状の日焼け止めを使用するシーンを８と４で「パ（８）ラソーラで、シュ（４）ーッ」の語呂合わせで表したもの。

アニバーサリースカイダイビングの日

夏のアクティビティのひとつとして、スカイダイビングの魅力を多くの人に知ってもらうことを目的に「えんどう企画」の遠藤伸也氏が制定。また結婚10周年の記念に、この日に夫婦でスカイダイビングをする「アニバーサリースカイダイビング」を提唱。日付は「山の日」の8月11日から週間カレンダーで真上にくる8月4日を山の上にある空と捉え、スカイダイビングのイメージにふさわしいことから。

走ろうの日

熊本県熊本市の「熊本走ろう会」が制定。同会は1972年に金栗四三氏を初代名誉会長に「遅いあなたが主役です」をスローガンに健康マラソンの会として発足、2010年からこの日にみんなで走る「走ろうの日」を始めた。健康で元気に走れることへの願いと感謝の心を全国のランナーと共有するのが目的。日付は8と4で「走（は＝8・し＝4）ろう」の語呂合わせから。

買促の日

セールスプロモーションのパイオニアとして知られる内海産業株式会社が制定。一年間でいちばん楽しい買い物をする日として定着してほしいとの願いが込められている。日付は「楽しい買い物」を直英訳で「ハッピーショッピング」とし、「ハッピー（8）ショッピング（4）」の語呂合わせから。「買促」とは「購買促進」の略で同社が商標登録をしている。

栄養の日

栄養と食の専門職である管理栄養士・栄養士で組織された公益社団法人日本栄養士会が制定。栄養を学び、体感することをコンセプトに、食生活を考える日とするのが目的。日付は8と4を「栄（8）養（4）」と読む語呂合わせから。

朝活の日

日本最大級の、朝をテーマとしたライフスタイルマガジン「朝時間.JP」を運営する株式会社メルメディアが制定。一日のスタートである朝をもっと楽しく、もっと効果的に活用するアイデアや情報を提供する「朝時間.JP」で朝活の魅力を広めるのが目的。日付は8と4で朝のあいさつ「おは（8）よ（4）う」にちなんで。

ビヤホールの日

日本で最初のビヤホールとして、株式会社サッポロライオンの1号店が東京に開店したのが1899（明治32）年8月4日。その日を記念して1999年1月に同社が制定したもの。

橋の日

8月4日の語呂合わせから、宮崎市の湯浅利彦氏の提唱により生まれた日。郷土のシンボルである河川とそこに架かる橋を通して、ふるさとを愛する心と、河川の浄化を図ろうというもの。

吊り橋の日

奈良県吉野郡十津川村には日本屈指の長さを誇る「谷瀬の吊り橋」から、地域の人しか知らない小さな吊り橋まで約60か所もの吊り橋があり、その数は日本一といわれている。村の急峻な地形が生んだ吊り橋は、人々にとって切っても切れない命の道。毎年この日は谷瀬の吊り橋の上で太鼓を叩く「揺れ太鼓」という「つり橋まつり」を行い、吊り橋に感謝をする日としている。日付は8と4で「橋」と読む語呂合わせから十津川村が制定。

パチスロの日

パチンコ店などに設置されるスロットマシンのパチスロ。正式名称を回胴式遊技機というこの大人の娯楽を広く社会にアピールし、全国のパチスロファンに感謝する日をと、業界団体の日本電動式遊技機工業協同組合と回胴式遊技機商業協同組合が制定。日付は8と4で「パチスロ」と読む語呂合わせから。

ヤマヨシの日

「わさビーフ」「マヨビーフ」などの人気のポテトチップスや、スナック菓子を製造販売している山芳（やまよし）製菓株式会社が制定。おいしい山芳ブランドの商品を大いにアピールするのが目的。日付は8と4で「山芳」と読む語呂合わせから。

ハジ→の日

『おまえに。』『ずっと。』『for YOU。』など、心に響くラブソングで知られるシンガーソングライターのハジ→。その魅力を多くの人に知ってもらうことを目的に所属するユニバーサルミュージック合同会社が制定。日付は8と4でハジ→と読む語呂合わせから。ハジ→を心から応援するファンがハジ→を広める活動を行う「ハジ活」でも知られる。

北海道ばれいしょの日

北海道産馬鈴薯の消費拡大を目的に、ホクレン農業協同組合連合会（北海道札幌市）が制定。全国の馬鈴薯生産量の約70％を占める日本一の産地である北海道では8月から本格的に馬鈴薯の収穫・流通が始まることから、新物を収穫できる喜び、新物を消費者に届けられることに感謝する日としている。日付は「馬（8）鈴（0）しょ（4）」と読む語呂合わせから。

箸の日

箸などの製造、卸、販売を手がける株式会社藤本商會本店（愛知県名古屋市）が制定。毎日の食事のときに欠かせない箸への感謝を表すことが目的。同社は愛知県豊橋市の龍拈寺に「箸塚」の石碑を建立し、30年以上にわたり使い古された箸を供養する「箸供養」を行っている。日付は８と４で「ハシ＝箸」と読む語呂合わせから。

パーシーの日

自動販売機の総合オペレーターを営む株式会社和光ベンディング（新潟県新潟市）が制定。同社のキャラクター「パーシー」を通じて無機質に感じられる自動販売機を、より温かく、より面白く、より身近に感じてもらうのが目的。日付は「パーシー」の誕生日であり、８と４で「パーシー」と読む語呂合わせから。

8月

8/5

夜光貝の日

沖縄県の石垣島で南国の温かい海域で生息する夜光貝を加工し、アクセサリーなどさまざまな作品を制作する工房「夜光貝Y's studio」が制定。その美しさから沖縄の特産品として名高い夜光貝の作品を全国の人に知ってもらうのが目的。日付は８と５で夜光貝の「夜＝や（８）光＝こう（５）」と読む語呂合わせから。

パピコの日

大阪府大阪市に本社を置く江崎グリコ株式会社が制定。食べやすいチューブ型の容器にアイスが２本連結されている同社の人気商品「パピコ」。パピコと一緒に前向きで明るい気持ちも分け合ってほしいとの願いを込めて「大切な人とパピコを分け合う日」とした。日付は「パピ（８）コ（５）」の語呂合わせと、パピコ１本の形は数字の「８」に、パピコを２本に分けると漢数字の「八」に見えること、パピコを２人で「はんぶんこ（５）」してほしいことから。

みんなの親孝行の日

「親孝行を日本の文化に」と活動する日本親孝行協会が制定。親孝行をすることで日本中の人が幸せになってほしいとの思いから、この日を親孝行を行うきっかけの日にとの願いが込められている。日付は８と５で「親＝おや（８）子＝こ（５）」の語呂合わせから。

山ごはんの日

株式会社新潮社が制定。同社のwebコミックサイト「くらげバンチ」

の人気作品『山と食欲と私』（信濃川日出雄著）のヒットにより、山の上で食べるご飯「山ごはん」が注目を集めている。「山ごはん」のおいしさと楽しさをより多くの人に体験してもらうのが目的。日付は8と5で「やま（8）ごはん（5）」と読む語呂合わせから。

親子丼の日

関西鶏卵流通協議会が制定。鶏肉協会と協同して、たまごと鶏肉を使った代表的な料理である「親子丼」のおいしさをさらに多くの人に知ってもらうのが目的。日付は8月5日を「085（親子）」と読む語呂合わせと、夏場の消費が落ち込む時期にスタミナ食として食べてもらいたいとの思いが込められている。

奴（やっこ）の日

香川県観音寺市で半世紀にわたり豆腐の製造、卸、販売を行っている株式会社カンショクが制定。全国の食卓で健康食品として親しまれている豆腐を、夏には冷たくておいしい奴豆腐で食べてもらうのが目的。日付は8と5を「や（8）っこ（5）」と読む語呂合わせから。

ハコボーイ！の日

東京都千代田区に本社を置き、東京と山梨県甲斐市に開発センターを構える株式会社ハル研究所が制定。同社はゲームソフト「星のカービィ」シリーズや「ニンテンドウオールスター！大乱闘スマッシュブラザーズ」などの代表作を持つ。2015年1月15日に発売したニンテンドー3DSダウンロード専用ソフトのハコを使ったひらめきアクションパズルゲーム「ハコボーイ！」シリーズのPRが目的。日付は8と5で「ハ（8）コ（5）」と読む語呂合わせから。

ぱりんこの日

新潟県新潟市に本社を置く三幸製菓株式会社が制定。同社の人気商品で口どけのよいソフトな食感とまろやかな塩味のサラダせんべい「ぱりんこ」を、より多くの人に味わってもらうのが目的。日付は8と5で「ぱ（8）りんこ（5）」と読む語呂合わせから。

タクシーの日

1912（大正元）年のこの日、東京・有楽町で日本最初のタクシー会社が営業を開始したことを記念して、東京乗用旅客自動車組合が1984（昭和59）年に制定。ちなみに、日本初のタクシーはT型フォードだった。

ハンコの日

印章（ハンコ）の重要性をPRするために、山梨県甲府市の印判総合商社、モテギ株式会社が制定。日付は8と5をハンコと読む語呂合わせから。

はしご車の日

８と５を「はしご」と読む語呂合わせから、国内の90％のはしご車の製造、販売を行っている株式会社モリタホールディングスが制定。モリタでは国内初の屈折式はしご車をはじめとして、最新型のはしご車などを開発している。

ハードコアテクノの日

ハードコアテクノレーベルのHARDCOREOSAKAが中心となって制定。HARDCOREOSAKAでは、国内のハードコアテクノアーティストによる音源を制作し、ライブ活動や日本のハードコアテクノを海外に紹介する活動を行う。

発酵の日

長野県長野市に本社を置き、「お味噌は、からだと生きていく」をコーポレート・アイデンティティとするマルコメ株式会社が制定。日本の古くからの食文化である味噌、醤油などの発酵させた食べ物の良さをさらに広めるのが目的。日付は８と５で「発酵」と読む語呂合わせから。

パン粉の日

業務用から家庭用までフライなどに幅広く使われるパン粉の日本を代表するメーカーであるフライスター株式会社（神奈川県横浜市）が制定。パン粉を使った料理を広くPRするのが目的。日付は８と５で「パン（８）粉（５）」と読む語呂合わせから。

ハハとコドモの日

母と子どもの絆の大切さを考える日にと、子どもを大切に思う母の思いを形にした新しい保険を開発した朝日生命保険相互会社が制定。日付は８と５で「ハハコ（母子)」と読む語呂合わせから。

箱そばの日

小田急線沿線を中心に展開しているそば店「箱根そば」を運営する株式会社小田急レストランシステムが制定。「箱そば」の愛称で親しまれている「箱根そば」の創業50周年を記念し、お客様への日頃の感謝の気持ちを表すことが目的。日付は1965（昭和40）年８月に「箱根そば」の第１号店が東京・新宿に開業したことと、８と５で「箱」と読む語呂合わせから。

エコリングの日

全国各地で「なんでも買い取り」にこだわった店舗を展開する株式会社エコリング（兵庫県姫路市）が制定。廃棄せずに買い取ることで環境にやさしくエコを意識した活動をする同社の魅力を知ってもらうのが目的。日付は「エ（8）コ（5）」と読む語呂合わせから。

8月

8/6

バルーンの日

岡山県岡山市でバルーンを通じた電報や記念日のお祝い、イベントでのバルーン装飾などを手がける株式会社アップビートバルーンが制定。ふだんはなかなか言葉にして伝えることができない人へバルーンを使ってメッセージを届け、笑顔あふれる一日にしたいとの願いが込められている。日付は「バ（8）ルー（6）ン」の語呂合わせから。

平和記念日（広島市）

1945（昭和20）年8月6日午前8時15分、アメリカ軍のB29爆撃機エノラ・ゲイ号によって原子爆弾が広島に投下され、一瞬にして約14万人もの生命が奪われた。この歴史的悲劇から人類は目をそむけることなく、犠牲となった多くの人々の霊を慰め、世界平和を祈る日として広島市では「平和記念日」としている。

巻寿司の日

［立秋の前日、年によって変わる］⇨「1年間に複数日ある記念日」の項を参照。

ヤムヤムズの日

1989年にアメリカのホールマーク社で生まれたキャラクター「yumyums（ヤムヤムズ）」が2014年に誕生から25周年を迎えたことを記念して、グリーティングカード関連商品の企画、製造、販売などを手がける株式会社日本ホールマークが制定。「yumyums」の魅力を日本でより広く知ってもらうことが目的。日付は「ヤ（8）ム（6）」と読む語呂合わせから。

立秋（りっしゅう）

［年によって変わる］二十四節気のひとつ。暦の上ではこの頃から秋風が吹くとされるが、実際の気候的には1年で最も暑い時期にあたる。

オハナの日

「世の中の一人でも多くの人をHAPPYに」を理念に、インターネットサービス事業などを手がけるBOLSTER（ボルスター）株式会社が制定。同社が運営するWebサイト「オハナスタイル」では家族をテーマとしたさまざまな情報サービスを提供しており、ハワイの言葉で「家族」を意味する「オハナ」からこの日を「家族で過ごすための日」と提唱している。日付は8月7日を087と見立てて「オ（0）ハ（8）ナ（7）」の語呂合わせで。

東京ばな奈の日

洋菓子・和菓子の製造販売などを手がける株式会社グレープストーンが制定。同社の代表的なお菓子「東京ばな奈」をお土産に選んでくれる人たちに感謝の気持ちを伝えるのが目的。もっといい思い出を作って笑顔になってもらうために、毎年この時期に多くの人に楽しんでもらえる企画を行う。日付は「バ（8）ナナ（7）」の語呂合わせから。

花文化の日

愛知県名古屋市のNPO法人花文化を無形文化遺産に推める会が制定。花見、華道、園芸、フラワー装飾、花きの生産など、さまざまな日本の花文化ををユネスコの世界無形文化遺産登録を目指してアピールするのが目的。日付は「は（8）な（7）」と読む語呂合わせから。

はなまるうどんの日

株式会社はなまるが制定。同社は2000年に讃岐うどんの本場の香川県高松市で創業。以来､国内外に讃岐うどんチェーン「はなまるうどん」を展開している。讃岐うどんやセルフうどんのおいしさ、楽しさを広く情報発信するのが目的。日付は8と7で「はなまる」の「は（8）な（7）」と読む語呂合わせから。

おもちゃ花火の日

公益社団法人日本煙火協会が制定。世界に誇る日本の芸術文化である花火。その中でも手軽に楽しめる線香花火やススキ花火、ねずみ花火などの「おもちゃ花火」をもっと多くの人に楽しんでもらうとともに、マナーの向上を図るのが目的。日付は8月7日で「ハ（8）ナ（7）

ビ（日）」と読む語呂合わせから。

花泡香の日

兵庫県西宮市に本社を置く酒造メーカーの大関株式会社が制定。シュワシュワとはじけ、繊細でやわらかい泡立ちのスパークリングタイプの日本酒「花泡香（ハナアワカ）」のおいしさをより多くの人に知ってもらうのが目的。日付は8と7で「花泡香」の「ハ（8）ナ（7）」と読む語呂合わせと、さわやかな泡が真夏の乾いたのどを潤すのにふさわしいことから。

RAINBOW RIBBON DAY

大阪府大阪市の辻尾ゆみ子氏が制定。保護された犬、猫が亡くなるまで飼うことの大切さを伝え、保護された犬、猫の里親への譲渡が進むことを願う日。RAINBOW RIBBON（レインボーリボン）とは犬、猫と里親の関係を虹色のリボンで結びついた希望の架け橋に例えたもので、日付は8と7でリボンの形の8と虹の七色の7を表している。

？（ハテナ）の日

謎ときイベントの情報を集めたポータルサイト「なぞとも」を立ち上げ、国内外で謎とき体験施設「なぞともcafe」を展開する株式会社ナムコが制定。謎ときの要素である「？（ハテナ）」の日を制定することで、謎ときエンターテインメントの世界を広げていくのが目的。日付は8と7で「ハ（8）テナ（7）」と読む語呂合わせから。

パチ7の日

パチンコ業界に特化した広告会社として知られるゲンダイエージェンシー株式会社が制定。同社が運営するパチンコ・パチスロを楽しむための情報サイト「パチ7（セブン）」をさらにアピールするのが目的。日付はサイトをオープンした日（2014年8月7日）と、8と7で「パチ（8）7（セブン）」と読むの語呂合わせから。

鼻の日

8月7日の語呂合わせから生まれた記念日で、日本耳鼻咽喉科学会が1961（昭和36）年に制定。各地で専門医による鼻についての相談会などが催される。

バナナの日

果物で一番の輸入量を誇り、健康にも良いバナナを食べて暑い夏を元気に乗り切ってもらいたいと「日本バナナ輸入組合」が制定。日付の由来は8と7でバナナの語呂合わせから。

パチスロ・ハナハナの日

パチスロ機の製造、販売を手がける東大阪市の株式会社パイオニアが自社の人気パチスロ「ハナハナ」シリーズをPRするために制定。日付は8と7でシリーズ名の「ハナハナ」と読む語呂合わせと、機種イメージが夏であることから。機種名の「ハナハナ」の語源は沖縄の言葉で「乾杯」を意味している。

8月

自分史の日

自分史を活用して自分らしく生きることを提唱している一般社団法人自分史活用推進協議会が制定。自分史をテーマとした講座、セミナーなどを行い、自分史の普及に努めるのが目的。日付は8月は終戦記念日、広島と長崎の原爆忌など日本にとって時代を超えて記憶を語り継いでいくべき日があり、お盆は自分のルーツを思い、祖先に語りかける時季であり、8（は）と7（な）でかけがえのない人生体験を自分史という形で「話し」伝えていくことの大切さを思う日とすることから。

オクラの日

岩手県盛岡市で青果業を営み「やおやささき」の屋号で知られる佐々木雄一・しげ子夫妻が、オクラの切り口が星形をしていることにちなみ、旧の七夕の日とされる8月7日にオクラを食べると短冊に書いた願いごとが叶うのではと制定。また、この時期に旬を迎えるオクラを食べて夏バテを防いでもらいたとの願いも込められている。

花慶の日

「花慶（はなけい）」の愛称で知られるパチンコの人気機種「CR花の慶次」シリーズを製造しているのは遊技機メーカーの株式会社ニューギン。その販売を手がける株式会社ニューギン販売が制定。日付は8と7を「花の慶次」の「はな」と読む語呂合わせから。

パートナーの日

専任のコンシェルジュ制度など、さまざまな結婚情報サービスを展開する株式会社パートナーエージェントが制定。「パートナー」の存在の大切さをより多くの人に認識してもらうことが目的。日付は8と7で「パートナー」と読む語呂合わせから。

花やしきの日

1853（嘉永6）年に開園した日本最古の遊園地といわれる浅草はなやしき。2013年で開園160周年を迎えたことを記念して運営する株式会社花やしきが制定。浅草はなやしきは国産初で日本最古のローラーコースターなどのアトラクションで有名。日付は「は（8）な（7）」やしきの語呂合わせから。

花火人の日

花火に関する情報の提供や人材育成を行う一般社団法人日本花火人協会が制定。花火文化の発展と振興、社会教育の推進が目的。日付は8月7日を8（は）、7（な）、日（び）と読む語呂合わせから。同協会では花火に関する知識を身につけた人「花火人（はなびじん）検定」を行う。

8月

8/8

パブスタの日

飲食店の企画、経営、コンサルティングなどを手がける株式会社セクションエイトが制定。同社が経営する時間無制限飲み放題のバー「The Public Stand」（通称・パブスタ）を多くの人に知ってもらうのが目的。日付は時間無制限飲み放題ということで店内に∞（無限大）のデザインを多用していることから∞と似た形の数字である8が並んだ8月8日とした。また、社名に数字の8（エイト）が入っていることもその理由。

LOVOTの日

LOVEをはぐくむ家族型ロボット「LOVOT（らぼっと）」の開発を手がけるGROOVE X（グルーブエックス）株式会社が制定。LOVOTは「命はないのに、あたたかい。それは、あなたに愛されるために生まれてきた。」をコンセプトに、感情を表す動きと大きな瞳の表情でコミュニケーションできる愛らしいデザインのロボットで、そのPRが目的。日付はその姿は球体を2つ重ねた形で数字の8に似ていることと、2体で協調して動く特徴があることから8が2つ並んだ8月8日に。

小浜水産グループ・カンパチの日

鹿児島県垂水市に本社を置き、カンパチの養殖を30年以上にわたり行っている株式会社小浜水産グループが制定。カンパチという魚とそのおいしさを広く全国に知らせるのが目的。日付はカンパチの名称の由来である、漢数字の「八」のように見える頭部の模様から八が並ぶ8月8日に。また、カンパチ養殖の一年の出荷スタートが8月であることから。

しろたんの日

長野県長野市に本社を置き、たてごとあざらしのキャラクター「しろたん」などの企画製造販売を手がける株式会社クリエイティブヨーコが制定。1999年のデビュー以来、子どもから大人まで幅広く愛されている「しろたん」。その癒やしの魅力をさらに多くの人に知ってもらうのが目的。日付は「しろたん」の誕生日である8月8日から。

パパの日

妊娠中のプレママや育児中のママ向けの情報サイト「カラダノートママ部」や育児に役立つアプリなどを運営する株式会社カラダノートが制定。夫婦間のコミュニケーションとパパの育児への関心を高めることが目的。日付は8よ8で「パパ」の語呂合わせから。

オーシャンズ8の日

世界中で大ヒットを記録した映画「オーシャンズ8」。その配給元であるワーナーブラザースジャパン合同会社が制定。豪華キャストによる魅力的なシナリオと映像の同作品をより多くの人に観てもらうのが目的。日付はタイトルの「オーシャンズ8」にちなみ8月8日に。

クラッピーの日

エンターテイメントロボット、玩具づくりを行うバイバイワールド株式会社が制定。人が近づくと拍手と音声で迎えてくれる「ビッグクラッピー」などの拍手ロボットの認知度向上と、多くの人に触れてもらい笑顔を増やすのが目的。日付は拍手の音「パチ（8）パチ（8）」から。

4Cの日

世界最高水準のダイヤモンド「ラザール ダイヤモンド」の販売代理店で、ブライダルジュエリー専門店を運営するプリモ・ジャパン株式会社が制定。ダイヤモンドの世界的評価基準である「4C」（カラット、カラー、クラリティ、カットの頭文字から）の普及が目的。「ラザール ダイヤモンド」の創始者であるラザール・キャプラン氏が、ダイヤモンドの輝きを生み出す技術としての「カット」の重要性を説き、評価基準に「カット」を加えるように提言して「4C」が完成。日付は8月8日の8と8はCを4つ重ねたように見え「4C」となることから。

タップルの日

婚活アプリ「タップル誕生」を開発、運用する株式会社マッチングエージェントが制定。インターネット上での健全な出会いを推進し「タップル」の認知度向上が目的。日付は赤と青の円を重ねた同アプリのサービスアイコンと数字の8が似ていることから8月8日に。

ペアリングの日

カップルで着用するペアリングを中心とする「THE KISS」ブランド

をはじめとして、ジュエリー・アクセサリーのショップを全国展開する株式会社ザ・キッスが制定。「ふたりの宝物」のペアリングの普及が目的。日付は数字の８が２本のリング（指輪）を重ねたように見えることから８が並ぶ８月８日に。

コルセットの日

Salon Corset Night（サロン コルセット ナイト）を主宰する中嶋拓美氏が制定。コルセットのファッションとしての魅力を伝えるとともに、コルセットの愛好家が集う、コルセットがドレスコードのイベントのPRなどが目的。日付は数字の８は中央がくびれていて、コルセットを着用した姿と似ていることから８を並べた８月８日に。

エプロンの日

オリジナルのエプロンを製造販売する株式会社エレグランスが制定。日常を少し華やかに、心豊かにしてくれるエプロンは着る人を元気にし、見る人を笑顔にしてくれる。エプロンを使う楽しさ、選ぶ楽しさをより多くの人に広めて幸せになってもらうのが目的。日付はハッピーの「ハ（８)」とエプロンの「エ（８＝エイト)」を合わせて。

ドアリースの日

花の資材メーカーや販売会社などで構成され、「ひろげよう、ドアリースの環　Door Wreath Project〈ドアリースプロジェクト〉」を展開するドアリース普及委員会が制定。季節ごとに玄関ドアに物語性のあるリースを飾り、暮らしに彩りと新しいおもてなしの文化を育むのが目的。日付は数字の８はリースのように途切れない形であることと、８月８日は一年でいちばん環が多いことにちなんで。

DMMぱちタウンの日

株式会社DMM.comが制定。同社が運営する全国のパチンコホール、パチンコ、パチスロ情報を掲載するアプリ「DMMぱちタウン」を、さらに多くの人に活用してもらうのが目的。日付は同アプリがリリースされた2013年８月８日にちなんで。

潤う瞳の日

化粧品、化粧雑貨、服飾雑貨、キャラクター雑貨、コンタクトレンズなどの事業を展開する粧美堂株式会社が制定。コスメコンタクトやアイラッシュなど目元を美しくする人気商品で知られる同社の、多くの女性に潤った美しい瞳になってほしいとの願いが込められている。日付は８と８で「ぱちぱち」のまばたきの音から。

こうじの日

長野県伊那市に本社を置き、「おみそならハナマルキ」のCMで有名なハナマルキ株式会社が制定。古くから食べられてきた味噌や醤油などの発酵食品の原料となる「麹」を広めるのが目的。日付は「麹」の文字の中に「米」の字があり、「米」の字を分解すると「八十八」になることから、8を重ねた8月8日に。

爬虫類の日

沖縄県沖縄市で爬虫類専門店「THE・爬虫類」を経営する稲福昇氏が制定。ワニ、ヘビ、トカゲ、カメなどの爬虫類の魅力をより多くの人に知ってもらうのが目的。日付は爬虫類の「ハ」にちなんで同氏が沖縄県初の爬虫類専門店を開いた平成8年8月8日から。

そろばんの日

社団法人全国珠算教育連盟が、そろばんの普及とその優れた機能をアピールするために1968（昭和43）年に制定。そろばんをはじくとき、パチパチと音をたてるところから8月8日としたもので、毎年全国日本珠算選手権大会を開いている。

プチプチの日

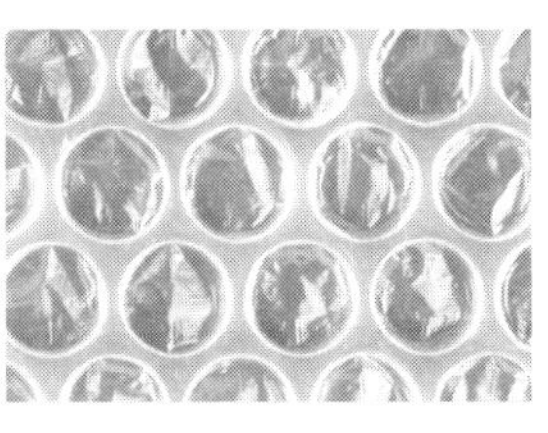

商品などのクッション材として使われる気泡シート「プチプチ」のPRと、その用途の広がりを図ることを目的に、その専門メーカーである川上産業株式会社が制定。日付は数字の8が「プチプチ」の粒々の配列を連想させることと、8をパチと読むとプチと似ていることから。

発酵食品の日

チーズや納豆などの発酵食品は、古くから人々の食生活に大いに役立ってきた。原材料の保存、味覚、栄養などの面からも優れた食品である発酵食品の大切さをPRする日として、1994年11月に万田発酵株式会社が制定。発酵の8（ハチ）と、末広がりの八で、発酵食品の無限（∞）の可能性を示す意味から、日付は8月8日となった。

ドール・フィリピン産パパイヤの日

甘く、ビタミンCが豊富で、栄養価も高いフィリピン産のパパイヤにもっと親しんでもらおうと、このパパイヤを扱っている株式会社ドールが制定。日付は8と8で「パパイヤ」と読む語呂合わせから。

蝶々の日

沖縄県本部町の観光施設、琉宮城蝶々園が制定。蝶々の美しさなどの魅力を伝えるのが目的。日付は８の字を横にすると蝶々の姿に似ていることと、蝶々の食べ物が葉っぱ（ハッパ）という語呂合わせから。

屋根の日

漢字の「八」が屋根の形に似ていることや屋根の屋（ヤ＝８）を重ねるのが瓦を重ねることに通じるなどの理由から、社団法人全日本瓦工事業連盟が制定。

歯並びの日

正しい矯正歯科治療の普及を目指して、日本臨床矯正歯科医会が制定。日付は８と８で歯並びの語呂合わせと、笑いの声の「ハッハッハッ」のイメージが健康をテーマとした矯正歯科にふさわしいことから。

洋食の日

福岡県北九州市でホテルを経営する株式会社千草が制定。日付は洋食の代表的な料理ハヤシライスの「ハヤ」を語呂合わせとしたもので、ビーフシチュー、ハンバーグなどの洋食文化をアピールする日としている。

葉っぱの日

野菜不足を手軽に補うことのできる青汁を毎日飲んで、健康で快適な生活を送ってもらおうと、青汁の商品を扱うキリンウェルフーズ株式会社が制定。日付は青汁の主原料であるケール、大麦若葉から「葉っぱ」の語呂合わせで８月８日に。

おばあさんの日

８と８でおばあさんの愛称である「ばあば」の語呂合わせから、おばあさんに感謝する日をと伊藤忠食品株式会社が制定。高齢化が進むなか「敬老の日」だけでなく「母の日」のようにアピールをしていく。

ベーグルの日

「おいしい本物のベーグル」を全国販売している株式会社Eightが制定。16世紀のポーランドではベーグルは安産のお守りとして作られ「終わることのない人生の輪」を意味していたという説があり、数字の無限大を示す∞の形と似ている８を重ねた８月８日を記念日とした。

マルちゃん焼そばの日

マルちゃんブランドで知られる総合食品メーカーの東洋水産株式会社が制定。人気商品の「焼そば３人前」「昔ながらのソース焼そば」など、マルちゃんの焼そばシリーズをより多くの人に食べてもらいたいとの願いが込められている。日付は焼そばを食べる機会が増える夏であり、8は○（マル）を重ねた形に似ていることからマルちゃんをイメージし、焼そばの「ヤ」が8に通じることから。

たこ焼の日

各種冷凍食品の製造販売を手がけ、全国の量販店、コンビニ、外食産業などに流通させている株式会社味のちぬや（香川県三豊市）が制定。日付はたこの足が8本であることと、焼を8と読む語呂合わせ。また、この時期は花火大会など屋外のイベントが多く、たこ焼を気軽に食べてもらいたいとの思いから。

夢ケーキの日

家族で夢を語り合えば、親が本気で生きる姿を子どもたちに見せることで世の中が明るくなるとの思いから、家族で夢を語るチャンスを提供したいと長野県伊那市のケーキ店「株式会社菓匠shimizu」の清水慎一氏が制定。毎年この日に子どもたちや家族の夢を絵にしてもらい、それをケーキにしてプレゼントしている。

がま口の日

京都市で熟練の職人が真心をこめて手作りするがま口の専門店「あやの小路」を運営する秀和株式会社が制定。「あやの小路」は従来の枠にとらわれず、現代のライフスタイルにあった新しいがま口の袋物を作り続け、味わいのある、かわいい、普段使いに馴染む、持ちやすいなどのこだわりを持った製品が人気を集めている。日付はがま口を閉める音がパチン（8）と鳴ることから、8が重なる日に。

ぱちんこの日

身近で手軽な大衆娯楽として発展を続けるぱちんこ遊技のPRを目的として、ぱちんこ遊技機などを製造する企業で構成する日本遊技機工業組合が制定。日付は昭和の初期に「ガチャンコ」「パチパチ」と呼ばれていた「ぱちんこ」の名前の由来となった玉を弾く音から、8と8を「パチパチ」と読む語呂合わせで。

醤油豆の日

香川県の郷土料理である醤油豆は、香ばしく煎ったそら豆を醤油や砂糖などでつくったタレに漬け込んで味付けしたもの。その由来が四国八十八ヵ所巡りのお遍路さんへの接待、あるいは弘法大師によるとのことから、八十八ヵ所にちなんで8月8日を「醤油豆の日」と制定したのは香川県醤油豆協議会。

8
月

イキイキワークワークの日

総合人材サービス業を展開する株式会社キャレオが制定。「イキイキワクワク」をコンセプトにしている同社は、働く人がより良い環境で働けるようにとこの日を働く人を応援する日とした。日付は8と8でイキイキワクワクのワクワクをワークワーク（work＝仕事）と読む語呂合わせから。

ブルーベリーの日

ブルーベリーなどの果実を素材としたサプリメントの研究および企画、販売を手がける株式会社「わかさ生活」（京都市）が制定。目の働きを助ける効果のあるブルーベリーを摂取することで健康な生活を送ってほしいとの願いが込められている。日付はBlue BerryのBBが88に似ていることと、ブルーベリーの収穫時期に当たることから。

ハハとチチに感謝する日

菓子産業の中核企業として知られる株式会社山星屋（大阪府大阪市）が制定。お菓子を通じて夢と安らぎを提供するという同社の理念から、母と父に感謝の気持ちを伝えることで家族の絆を深めてもらいたいとの願いが込められている。日付は8（ハチ）と8（ハチ）の音を組み合わせると母（ハハ）と父（チチ）となることと、8を横に倒すと∞（無限）となり、いつまでも家庭円満で幸せが続くようにとの思いから。

パインアメの日

さまざまなキャンディなどを製造、販売するパイン株式会社（大阪府大阪市）が制定。同社の人気商品である「パインアメ」のおいしさをさらに多くの人に知ってもらうことが目的。日付はパイナップルが夏の果物であることと「パインアメ」の形は缶詰に入っている輪切りのパイナップルをモチーフにしてることから、輪（O）の形が4つそろう8月8日とした。

チャーハンの日

冷凍食品やレトルト食品などの製造販売を手がける株式会社ニチレイフーズが制定。大人から子どもまで幅広く人気のあるチャーハンは夏場に需要が高まることから、中華料理業界全体でチャーハンを盛り上げていくことが目的。日付はおいしいチャーハンの特徴である「パラ（8）パラ（8）」の語呂合わせと、この頃は残暑が厳しく食欲や体力が減退する時期なので、お米のパワーが詰まった熱いチャーハンで元気に夏を乗り切ってもらいたいとの願いが込められている。

チョコラBBの日

医療用医薬品、一般用医薬品、医薬部外品などの製造、販売を手がけるエーザイ株式会社が制定。肌あれ、ニキビ、口内炎、しみ、そばかすなどの症状を緩和する同社の「チョコラBB」ブランドが生まれてから60年以上。人々のキレイと元気を応援し続けてきた「チョコラBB」が、記念日を通してさらなるエールを送ることが目的。日付は「チョコラBB」のBが数字の８に似ていることから８が重なるこの日に。

はんざき祭りの日

岡山県真庭市の一般社団法人湯原観光協会・湯原町旅館協同組合が制定。「はんざき」とは国の特別天然記念物のオオサンショウウオのことで、湯原は生息地として国の指定を受けている。生態の研究を行う「はんざきセンター」もあり、はんざきの山車や踊りで賑わう８月８日の「はんざき祭り」を通じて湯原を多くの人に知らせるのが目的。

8/9

パグの日

大きな目と垂れ耳が魅力的な小型犬「パグ」を愛するパグオーナーの小林健介氏が制定。「パグの日」にはパグがほっかむりをした写真をSNSに投稿して、世界中にその愛らしさとユーモアを届け、パグの健康と平和を願うのが目的。日付は８と９で「パ（８）グ（９）」と読む語呂合わせから。

ハグ〜ンの日

子ども用紙おむつ「GOO.N（グ〜ン）」を販売する大王製紙株式会社が制定。同商品のオリジナルキャラクターであるおむつの妖精「ハグ〜ン」には「ハグをすることで赤ちゃんにグ〜ンと育ってほしい」という思いが込められており、記念日を通じて赤ちゃんの健やかな成長を応援していくのが目的。日付は８と９で「ハ（８）グ〜（９）ン」と読む語呂合わせから。

ながさき平和の日（長崎市）

1945（昭和20）年８月９日午前11時２分、アメリカ軍のB29爆撃機ボックス・カー号により原子爆弾が長崎に投下され、約７万人もの尊い命が奪われた。この原子爆弾により犠牲となった多くの人々の霊を慰め、世界平和を祈る日として長崎市では「ながさき平和の日」としている。

パークの日（駐車場の日）

路上駐車の問題を解決し、快適な車社会を築くために、かつドライバー自身に駐車場の利用意識を高めてもらうために、駐車場経営のパーク24株式会社が制定。日付は８と９でパークの語呂合わせから。

野球の日

８と９の語呂合わせで野球。また、全国高校野球選手権大会の期間中でもあり、野球に対する関心が高まる季節であることから。スポーツ用品のミズノの直営店・エスポートミズノが制定。

はり（鍼）・きゅう（灸）・マッサージの日

社団法人全日本鍼灸マッサージ師会が鍼灸マッサージの普及のために制定。記念日にあわせて全国各地で無料体験、健康相談などを行っている。日付は「はり（８）」「きゅう（９）」の語呂合わせ。

ハンバーグの日

各種冷凍食品の製造販売を手がけ、全国の量販店、コンビニ、外食産業などに流通させている株式会社味のちぬや（香川県三豊市）が制定した日。子どもから大人まで幅広く愛されているハンバーグを、夏休みの期間中でもあるこの日に、さらに食べてもらいたいとの願いが込められている。ハ（８）ンバーグ（９）と読む語呂合わせからも。

かばんの日

かばんの材料、製造、卸売り、小売りなど、かばん産業の事業者で組織される一般社団法人日本かばん協会が制定。日本製のかばんの優れた品質、かばん作りの高い技術力、素材の良さ、安心感などを広く知ってもらうとともに、かばん産業の振興、発展が目的。同会では、会員企業が日本で生産したかばんに「信頼のマーク」を付けている。日付は８と９で、英語で「かばん」を意味する「バッグ」の語呂合わせから。

美白の女神の日

素肌美研究家で「美白の女神（ミューズ）」として知られる株式会社クリスタルジェミーの中島香里氏が制定。「しっかりとお手入れをして、美白になりましょう！」と提案するとともに、より多くの人に美肌への意識を高めてもらうのが目的。日付は８と９で「美白」の白（はく）の語呂合わせから。

ソフトウェアバグの日

ソフトウェアの品質保証、テスト事業を手がける「株式会社SHIFT」

が制定。ソフトウェアのバグ（不具合や欠陥）が引き起こす品質低下の問題について再認識し、ソフトウェア、アプリケーション、システム等の品質向上について考える日。日付は「バ（8）グ（9）」の語呂合わせから。

8/10

鳩の日

神奈川県鎌倉市に本店を置き、菓子類の製造販売を行う株式会社豊島屋が制定。同社を代表するお菓子「鳩サブレー」は鳩をモチーフとしたサブレーであり、鳩への敬愛を表したもの。平和の象徴である鳩についてより多くの人に知ってもらうことと、鳩を愛する人にその気持ちを深めるきっかけの日としてもらうのが目的。日付は8と10で「は（8）と（10）＝鳩」と読む語呂合わせから。

スモアの日

長野県安曇野市に本社を置き、マシュマロを中心とした菓子類の製造販売を手がける株式会社エイワが制定。「スモア」とは焼いたマシュマロをチョコレートと一緒にクラッカーなどで挟んで食べる、バーベキューでのデザートメニュー。あまりのおいしさから思わず「some more（おかわり）」と言ってしまうことからその短縮形である「S'more（スモア）」と呼ばれている。日付はアメリカで定着している記念日「National S'mores Day」が8月10日であることから。

イエローハット（黄色い帽子）の日

カー用品などの販売を手がける株式会社イエローハットが制定。同社の社名は通学時に児童が交通事故にあわないようにかぶる「黄色い帽子」に由来し、すべての人への交通安全を願う思いが込められている。記念日は夏休みやお盆で交通量の増える時期に交通安全を願うのが目的。日付は8と10で「ハッ（8）ト（10）」の語呂合わせから。

手（ハンド）の日

人間の体の中で最も緻密で最も鋭敏な感覚を持つ、手についての研究を進め、手に関する疾病や傷害などの医療を手がける一般社団法人日本手外科学会が制定。健康な手を持っていることへの感謝、手の不自由な人々に対する社会的な関心、手の怪我、病気、しびれなどの改善に従事している手外科の存在を知ってもらうのが目的。日付は英語で手は「HAND」なので8と10で「ハンド」と読む語呂合わせから。

8
月

HADOの日

テクノスポーツHADO（ハドー）の開発と運営などを行う株式会社meleap（メリープ）が制定。HADOとは、ヘッドマウントディスプレイとアームセンサーを装着し、AR（拡張現実）技術によってまるで魔法の世界にいるかのようにフィールドを動きまわり、体を動かしながら競うことができる新しいスポーツ。記念日を通して多くの人にHADOとその魅力について知ってもらうことが目的。日付は８と10で「ハドー」と読む語呂合わせから。

日本バドミントン専門店会の日

京都府京都市に事務局を置き、全国のバドミントンのプロショップで結成された「日本バドミントン専門店会」が制定。バドミントン界の発展に寄与するために、協会、連盟、スポーツ用品メーカー、小売店、競技者、愛好家など、バドミントンに関わる人々がバドミントンを楽しむ日にするのが目的。日付は８と10を「バ（８）ド（10）」と読む語呂合わせと、シャトルコック（鳥の羽）の「バー（８）ド（10）＝鳥」から。

服部植物研究所・コケの日

コケ専門の研究機関である公益財団法人服部植物研究所（宮崎県日南市）が、より多くの人にコケに関心を持ってもらい、蘚苔（せんたい）類学が普及し発展するようにとの願いを込めて制定。日付は同研究所を設立した初代所長の服部新佐博士の誕生日（1915年８月10日）と、二代目所長の岩月善之助博士の誕生日（1929年８月10日）から。

パトレイバーの日

1988年に漫画とオリジナルビデオアニメーション（OVA）で始まった「機動警察パトレイバー」。その権利者である株式会社HEADGEAR（ヘッドギア）が制定。作品の30周年を記念し、多くのファンに感謝の気持ちを伝えるとともに、定期的にイベントを行い「機動警察パトレイバー」の象徴的な日としていくのが目的。日付は８と10で「パ（８）ト（10）」と読む語呂合わせから。

よさこい祭りの日

よさこい祭り振興会、よさこい祭り競演場連合会、公益社団法人高知市観光協会、高知市、高知県、よさこいチームが共同で制定。市民の健康と繁栄を祈願し、商店街の振興を促進するために始まった「よさこい祭り」は、半世紀の年月を超えて２万人の踊り子が参加する高知県を代表する祭りへと発展した。この祭りを県全体でさらに盛り上げ、未来へつないでいくことが目的。日付は第一回「よさこい祭り」が開催された1954年８月10日から。

ダノンBIOの日

「プチダノン」「ベビーダノン」「ダノンヨーグルト」など、チルド乳製品の製造販売などを手がけるダノンジャパン株式会社が制定。同社のヨーグルト「ダノンBIO（ビオ）」のおいしさを多くの人に楽しんでもらうことが目的。日付は、ブランドロゴの「BIO」が数字の「810」と見えることから８月10日に。

鳥と人との共生の日

兵庫県尼崎市に本社を置き、鳥害対策総合コンサルタントとして全国で活動をする株式会社フジナガが制定。鳥を傷つけることなく防鳥対策を行い、鳥と人との生活スペースに境界線を作り共生するのが目的。日付は８と10で代表的な鳥の「鳩＝ハ（８）ト（10）」の語呂合わせから。同社ではロゴマークにも鳩のシルエットを使用している。

イトーヨーカドーの日

全国で総合スーパーマーケットの「イトーヨーカドー」を展開する株式会社イトーヨーカ堂が制定。より多くの人にイトーヨーカドーに親しみを持ってもらうのが目的。日付は1958年から「幸せをお届けする白いハト」として、鳩のロゴマークを制定しているため、８と10を「ハ（８）ト（10）」と読む語呂合わせで。

ハーゲンダッツの日

高級アイスクリームブランドで知られるハーゲンダッツジャパン株式会社が制定。日々の生活をちょっとステキな日にランクアップしてくれるハーゲンダッツのアイスクリームを、さらに多くの人に味わってもらうのが目的。日付は同社の創業日（1984年８月10日）から。

ブレーキパットの日

オートバイ用、自転車用のブレーキパット、ブレーキシューなどを製造販売するタカラ株式会社が制定。命にかかわる大切な部品であるブレーキパット、ブレーキシューの残量を確認する日とし、１年に１回はブレーキの点検を心がけ、安全に乗ってほしいとの願いが込められている。日付は８と10でブレーキパットの「パッ（８）ト（10）」と読む語呂合わせから。同社のブランド「Vesrah（ベスラ）」は世界的に有名。

パーソナルトレーナーの日

パーソナルトレーナーのための総合サービスなどを展開する株式会社

レバレッジが制定。パーソナルトレーナーの活動を広め、支援するのが目的。日付は薄着になり、体のラインが気になる時期の８月上旬で、「パー（８）ソナルト（10）レーナー」と読む語呂合わせから。

かっぱえびせんの日

カルビー株式会社が制定。同社の「かっぱえびせん」は1964年発売のロングセラー商品で、香ばしいえびの香りとサクサクした食感で人気のスナック菓子。そのおいしさをさらに多くの人に味わってもらうのが目的。日付はキャッチコピーの「や（８）められないと（10）まらない」から、８月10日（通称・やめとま）としたもの。

バリ取りの日

金属やプラスチックなどの素材を加工する際に出る素材の出っ張りである「バリ」。その「バリ」を取る「バリ取り」を独自開発の技術で自動化、効率化を進めている株式会社ジーベックテクノロジーが制定。「バリ取り」に対する意識改革を推進するのが目的。日付は８と10を「バ（８）リ取（10）り」と読む語呂合わせから。

東洋羽毛・羽毛ふとんの日

神奈川県相模原市に本社を置く東洋羽毛工業株式会社が制定。日本初の羽毛寝具量産工場としてスタートし、高品質の羽毛ふとん作りを続けている同社。寝苦しい夏の季節にも快適な寝具として、吸湿発散性に優れた羽毛ふとんを普及させるのが目的。日付は同社の創立記念日（1954年８月10日）から。

シャウエッセンの日

日本ハム株式会社が制定。旨みとコクがたっぷりの本格あらびきウインナー「シャウエッセン」のおいしさをより多くの人に楽しんでもらうのが目的。日付は８と10で「シャウエッセン」のおいしさのシンボルである「パ（８）リッ！と（10）」した歯ごたえと、「シャウエッセン」を食べて「パリッ！と」こころがはじける瞬間を表している。

道の日

1986（昭和61）年に建設省が制定したもので、1920（大正９）年のこの日、日本で最初の道路整備計画が実施されたことに由来する。また、８月は「道路を守る月間」でもあるため、その期間内に設けるという意味合いも。現在は国土交通省が実施。

ハートの日

インターネットギフトショップ「ハートギフト」を営むキャリアデザイン・インターナショナル株式会社が制定。「ありがとう」「ごめんね」

「元気ですか？」など、ふだんはなかなか伝えられない気持ち（ハート）を伝える日。日付は８と10で「ハート」の語呂合わせから。

焼き鳥の日

子どもから大人まで幅広く愛されている日本の食文化「焼き鳥」。その「焼き鳥の父」と呼ばれるのが創業者の根本忠雄氏であることから、株式会社鮒忠が制定。日付は８と10で「焼き鳥」と読む語呂合わせと、焼き鳥の最高の友であるビールとともにこのうえなくおいしい真夏の日を選んだ。

はとむぎの日

穀物の王様とも言われ健康によいとされる「はとむぎ」。化粧品の原料にも使われ「はとむぎ美人」との言葉も生まれるほどの「はとむぎ」をより多くの人に知ってもらおうと、はとむぎ製品を手がける奈良市の太陽食品株式会社が制定。日付は８と10で「はとむぎ」と読む語呂合わせから。

「はっと」の日

宮城県気仙沼地方の郷土料理「はっと」は、小麦粉を練って茹であげたうどんのようなもの。「はっと」の製造販売を手がける気仙沼で唯一の製麺会社である株式会社丸光製麺が知名度とおいしさをアピールするために制定。同社は東日本大震災で被災し、岩手県一関市で新工場を稼働させて、自社の再建と地域の復興のために首都圏での「はっと」の販売、レシピの製作、食べ方の提案イベントなど行っている。日付は８と10で「はっと」と読む語呂合わせから。

ハートトラストの日

資産承継信託「ハートトラスト 心の信託」を取り扱っている株式会社りそな銀行が制定。万一のときに必要な資金の受け取り、医療費の払い出しを大切な人に届ける信託商品をPRするのが目的。日付はお盆の時期を家族で「資産の遺し方」を相談する機会にとの思いと、８と10で「ハート」と読む語呂合わせから。

カロリーコントロールの日

カロリーを抑えながら栄養素もバランスよく摂取する「カロリーコントロール」という食事療法の訴求を目的に、80kcalの低カロリーブランド「カロリーコントロールシリーズ」を製造販売している江崎グリコ株式会社（大阪市）が制定。カロリーコントロールでは１単位＝80kcalとして計算するため、８と10で80kcalを意味する日付を記念日としている。

8月

ハイボールの日

サントリー酒類株式会社がウイスキーをソーダで割って作るハイボールのおいしさを多くの人に味わってもらいたいと制定。日付は８と10で「ハイボール」と読む語呂合わせと、夏の時期に一段とおいしい季節性から。ちなみにサントリーのウイスキー「角瓶」が誕生した10月８日は「角ハイボールの日」に制定されている。

ばねの日

輸送機器、光学機器、事務機器など、幅広い分野で使われる精密ばねを製造販売する五光発條株式会社（神奈川県横浜市）が制定。動作を伴う大切な機構部品である「ばね」の重要性を多くの人に知ってもらうのが目的。日付はばねやぜんまいのことを発条（はつじょう）と呼ぶことから、「はつ（８）じょう（10）」と読む語呂合わせ。同社では、ばねの伸縮性や柔軟性を活かした金属バネのブロック「SpLinK（スプリンク）」も企画、製造、発売し、ばねの可能性を広げている。

バイトルの日

アルバイトを探している人、アルバイトをしている人を応援する日にと、日本最大級のアルバイト求人情報サイト「バイトルドットコム」を運営するディップ株式会社が制定。日付は「バイトルドットコム」は2002年のサイトオープン以来「バイトル」の略称で親しまれていることから「バ（８）イ（１）ト（０）ル」の語呂合わせ。また、冨田英揮社長がサイト名を「バイトルドットコム」と命名した日による。

発炎筒の日

発炎筒の製造販売を行う企業で構成する日本保安炎筒工業会が制定。自動車運転中の故障、事故などのときに使用する発炎筒の認知度を高め、二次被害の防止を図ることが目的。自動車教習所、交通安全教室などでの体験会などを企画している。日付は「はつ（８）えんとう（10）」の語呂合わせから。

スヌーピーの日

世界中で愛されているビーグル犬「スヌーピー」。その初の3D映画「I LOVE スヌーピー THE PEANUTS MOVIE」の配給元である20世紀フォックス映画が制定。2015年12月４日に公開された同作品のPRが目的。日付は作者チャールズ・シュルツ氏のスタジオ、チャールズ・シュルツ・クリエイティブ・アソシエイツと権利元のピーナッツ・ワールドワイドが公認するスヌーピーの誕生日から。

豊後高田市全力発展の日

大分県豊後高田市が制定。市民一人ひとりが全力で物事に取り組んでいく気持ちを表す同市のブランドイメージ「全力発展中」をアピールするのが目的。日付は８と10で「発（８）展（10)」と読む語呂合わせから。地方創生に向けて、同市の挑戦する思いが込められている。

8/11

山の日

2016年から施行された国民の祝日で、その趣旨は「山に親しむ機会を得て、山の恩恵に感謝する」。日付にとくに意味はなく、盆休みと連続させやすいことから選ばれたという。

きのこの山の日

チョコレート菓子「きのこの山」を発売する株式会社明治が制定。1975年に誕生した２種類のチョコレートとサクサクしたクラッカーの絶妙な食感が人気の「きのこの山」を、さらに多くの人に味わってもらうのが目的。日付はチョコレートの部分を縦に２つ並べると「８」に、クラッカーの部分を２つ横に並べると「11」になることと、国民の祝日の「山の日」に合わせて「山」の名前がつく同商品に親しんでもらいたいことから。

マッシュルームの日

マッシュルーム販売の専門店として知られる株式会社ワキュウトレーディング（東京都町田市）が制定。マッシュルームのおいしさ、栄養成分などをアピールして、多くの人に食べてもらうのが目的。日付は日本で初めてマッシュルームの栽培に成功し、キノコ栽培の父と呼ばれる森本彦三郎氏の誕生日（1886年８月11日）にちなんで。

8/12

ハイチュウの日

ソフトキャンディの「ハイチュウ」の発売元の森永製菓株式会社が夏休みなどでの需要期をよりいっそう盛り上げようと制定。日付は８と12でハイチュウと読む語呂合わせから。

配布の日

ポスティングや街頭での配布（サンプリング）などを行う企業の団体、有限責任事業組合日本広告配布事業協会（JADA）が制定。広告宣伝の中での配布の役割をアピールし、業界の活性化を図るのが目的。日付は８と12で「配布」と読む語呂合わせから。

アルプスの少女ハイジの日（ハイジの日）

アニメーションのキャラクターとして絶大な人気を誇る「アルプスの少女ハイジ」。その魅力を多くの人に伝えるためにハイジの著作権などの管理を手がける株式会社サンクリエートが制定。日付は８と12で「ハイジ」と読む語呂合わせから。制定日はアニメーション「アルプスの少女ハイジ」のもと（原案）となった児童文学「HEIDI」の作者、ヨハンナ・シュピリの誕生日（６月12日）とした。

8/13

怪談の日

「怪談」をエンターテインメントとして確立した稲川淳二氏が、自身の「MYSTERY NIGHT TOUR 稲川淳二の怪談ナイト」20周年連続公演を記念して制定。日付は第１回の公演が1993年８月13日にクラブチッタ川崎で開催されたことから。

8/14

水泳の日

公益財団法人日本水泳連盟が制定。記念日をきっかけに水泳競技人口の裾野を広げて競技力の向上を目指すとともに、「命を守ることができるスポーツ」としての水泳を普及、発展させ、国民全員が泳げるようになることで水難事故を減らすのが目標。1953年に制定した「国民皆泳の日」（８月14日）を引き継ぎ、2014年に「水泳の日」に改称したもの。

ハッピーサマーバレンタインデー

集英社の「週刊少年ジャンプ」「ジャンプSQ.」で連載され、大人気の漫画作品『テニスの王子様』『新テニスの王子様』に登場するキャラクターたちには、毎年多くの読者からバレンタインチョコレートが贈られてくる。そのお返しの日をと、原作者の許斐剛（このみたけし）氏が制定。日付はバレンタインデーには伝えられなかった気持ちも、夏ならチョコレートのように溶けやすいよ、との思いから半年後の８月14日に。

裸足（はだし）の記念日

身体と心の専門家「ボディマイスター」の養成スクールとして知られる一般社団法人日本スポーツ＆ボディ・マイスター協会が制定。裸足で生活したり、裸足でランニングすることで人間本来の感覚を取り戻し、健康になってもらう活動を広めるのが目的。日付は8（は）1（だ）4（し）の語呂合わせから。

廃車リサイクルの日

福島県伊達市、山形県高畠町などに工場を構え、自動車および自動車部品の販売、使用済み車輛の適正処理などを手がける株式会社ナプロアースが制定。廃車をリサイクルすることでゴミを資源にし、買い取ることで商品価値を生み出す「もったいないからもったいあるへ」という同社の精神で廃車のリサイクル活動を広めるのが目的。日付は8と14で「廃車（は・い・しゃ）」と読む語呂合わせから。

8/15

終戦の日

1945（昭和20）年のこの日、天皇による戦争終結の放送がなされ、3年8か月に及んだ太平洋戦争が終わった。政府主催の「全国戦没者追悼式」が初めて行われたのは、戦後18年たった1963（昭和38）年。現在ではこの日を「戦没者を追悼し、平和を祈念する日」とも呼ぶ。

親に会いにいこうの日

「還暦祝い本舗」「プレゼント本舗」「手元供養本舗」などのサイトでメモリアルギフトの販売を手がける株式会社ボンズコネクト（大阪府大阪市）が制定。核家族化が進んで親と会う機会が減少している今、親に会うきっかけの日としてもらうのが目的。日付は8月15日を0815として「親（08）に会いにい（1）こう（5）」と読む語呂合わせから。

すいとんで平和を学ぶ日

愛知県犬山市で草の根の平和活動を行っている「すいとんの会」が制定。子どもたちに戦争や原爆の愚かさや悲惨さについて語り、戦時の代用食とされた「すいとん」を食べながら食糧難のことなどを話して平和の尊さを伝える。日付は1945（昭和20）年8月15日の「終戦の日」は現在まで続く平和の始まりの日でもあるとして、平和を学ぶのにふさわしい日との思いから。

8/16

キップ パイロールの日

医薬品、医薬部外品などの製造販売を手がけるキップ薬品株式会社が制定。軽度のやけど、切り傷や擦り傷などの常備薬として古くから使われてきた軟膏剤「キップ パイロール」。常備している家庭では使用期限や残り具合を確認してもらい、まだ知らない人には記念日をきっかけに知ってもらうのが目的。日付は８と16で「パ（８）イロ（16）ール」と読む語呂合わせから。

電子コミックの日

国内最大級の総合電子コミックサイト「コミックシーモア」のサービス開始10周年を記念して、同サイトを運営するNTTグループのNTTソルマーレ株式会社（大阪府大阪市）が制定。電子コミックを通じて日本を元気にするのが目的。日付は「コミックシーモア」がサービスを開始した2004年８月16日から。

8/17

パイナップルの日

８と17の語呂合わせから「パイナップル」。パイナップルのリーディングカンパニーである「株式会社ドール」が制定。パイナップルのおいしさをPRするのが目的。

8/18

オリザの米油の日

愛知県一宮市に本社を置き、米油（こめあぶら）を中心にさまざまな事業を展開するオリザ油化株式会社が制定。精米の際に出る米ぬかと米胚芽を原料とした米油には、特有成分であるγオリザノールやオリザトコトリエノール®、オリザステロールなど機能性原料がたくさん含まれている。米の副産物からできる環境に優しい米油の可能性と機能性を追求し、その魅力を広く伝えていくことが目的。日付は漢字の「米」は「八十八」と分けられることから８月18日としたもの。ちなみに社名の「オリザ」は米の学名「オリザサティバ」（Oryza sativa）が由来。

産業用ワイパーの日

産業用ワイパーの開発、販売を行う日本製紙クレシア株式会社が制定。産業分野で発生する油の汚れ、不純物などの拭き取り作業に使われる紙や不織布などの産業用ワイパー。モノづくりには必要不可欠な産業用ワイパーの存在を多くの人に知ってもらうのが目的。日付は８と18で「ワ（８）イ（１）パー（８）」と読む語呂合わせから。

糸ようじの日

大阪府大阪市に本社を置く小林製薬株式会社が、同社の製品である歯間清掃具の「糸ようじ」が2017年に30周年を迎えたことを記念して制定。歯間清掃を習慣化してもらうことで、健康的な口腔環境を維持してほしいとの願いが込められている。日付は８と18で「歯（８）と歯（８）の間に糸（１）」が通っているように見えることから。

ハイエイトチョコの日

大阪府大阪市に本社を置き、チョコレートやクッキー、ゼリーやキャンディーなどを製造販売するフルタ製菓株式会社が制定。1967年発売の同社のロングセラー商品「ハイエイトチョコ」のおいしさ、楽しさを広めるのが目的。日付は８と18で「ハ（８）イ（１）エイト（８）」と読む語呂合わせから。「ハイエイトチョコ」はカラフルな丸いチョコの粒をいくつも８の字型の容器にパックしたもので、そのメガネのような形が子どもたちに人気のチョコ。

ビーフンの日

ビーフン（米粉）はその名のとおり、お米でできた麺。大切なお米に感謝の気持ちを込めて八十八を組み合わせた「米」の字に由来する８月18日を記念日としたのはビーフン協会。ビーフンのもつ栄養価や食感の良さをアピールする日。

約束の日

情報メディアサイト「保険市場」を運営する株式会社アドバンスクリエイト（大阪市）が制定。日付は「保険市場」と芸人・鉄拳とのコラボレートで誕生したパラパラ漫画「約束」が、2013年８月18日に動画サイトYouTubeで配信を開始したことから。パラパラ漫画「約束」は、家族の大切さをストレートに表現し、家族愛、絆から交わされる「約束」を描いた感動的な作品で、Web掲載やテレビ放映などで大きな話題となった。

健康食育の日

穀物（とくにお米）を軸にした日本型食生活を推進し、健康で元気な人を増やすことを目指す一般社団法人日本健康食育協会が制定。食の大切さを伝える食育活動を「健康食育」として普及させるのが目的。日付は８と18で八十八＝米という漢字になることから。健康食育の専門家の育成なども行う。

エスロハイパーの日

水道管などに使用される耐震性、耐久性に優れたポリエチレン管「エスロハイパー」を製造、販売する積水化学工業株式会社が制定。暮らしを支える水道用ライフライン管材「エスロハイパー」の高性能と誕生20周年をアピールするのが目的。日付は水の需要期の夏であり、８

と18で「ハイパー」と読む語呂合わせから。

8/19

ウイルソン・バドミントン・キセキの日

テニス・バドミントンの世界的スポーツブランド「ウイルソン」を展開するアメアスポーツジャパン株式会社が制定。同ブランドの契約選手である松友美佐紀選手はウイルソンブランドの日本人契約選手として、全競技通して初となる世界ランキング1位を獲得。名実共に世界一の称号を得るに至る素晴らしい快挙の数々を成し遂げ、2016年8月19日に松友選手は「生涯ウイルソンで戦い続ける」と決断しウイルソンとの現役生涯契約を決めた。松友選手が髙橋礼華選手と共に成し遂げた快挙を語り継ぎ、バドミントン競技の魅力をより多くの人々に体感してもらうことが目的。松友選手の努力やスタッフの支援、そしてラケットを創り上げた「ウイルソン」の軌跡を心に刻む日。

バイクの日

オートバイによる交通事故の増加を防ぐため、政府の交通対策本部が制定したもの。日付はバイク（819）の語呂合わせから。とくに、若者に対するバイクの安全運転教育を積極的に展開する日と定めている。

愛知のいちじくの日

⇨「1年間に複数日ある記念日」の項を参照。

ハイキュー!!の日

高校のバレーボール部を舞台にした人気テレビアニメ「ハイキュー!!」を製作する「ハイキュー!!」製作委員会が制定。日付は8と19で「ハイキュー!!」と読む語呂合わせから。古舘春一氏原作の漫画『ハイキュー!!』は「週刊少年ジャンプ」で連載。

俳句記念日

俳句作家の上野貴子氏が主宰する「おしゃべりHAIKUの会」が制定。句会などをとおして、俳句の楽しさ、奥深さ、季節感の大切さなどを知ってもらうのが目的。記念日に合わせてイベントや大会などを行う。日付は8と19で「はいく」と読む語呂合わせから。

8/20

リーブ21・発毛の日

大阪府大阪市に本社を置き、発毛事業を手がける株式会社毛髪クリニック リーブ21が制定。抜け毛、薄毛、脱毛に悩む人たちに、発毛を通じて自信と喜びを取り戻してもらう企業であることをさらに知ってもらうのが目的。日付は同社の創業日（1976年8月20日）であり、8と20で「は（8）つ（2）もう（0）」と読む語呂合わせから。

誕生記念筆の日（赤ちゃん筆の日）

赤ちゃんの産毛（毛髪）で誕生の記念筆を作成している赤ちゃん筆センター株式会社が、1999年に制定。日付の由来は、8月をハッピー、20日を筆、つまり「ハッピーな筆」と読む語呂合わせから。

親父の日

ファミリービジネスの事業継承、組織の世代交代を賢く進めるために、コーチ型親父塾を主宰し「コーチ型親父のすすめ」を提唱する大阪市の株式会社トップコーチングスタジアムが制定。日付は8月20日を「0820」として「親父（オヤジ)」と読む語呂合わせから。

瑠璃カレーの日

福岡県北九州市で飲食事業などを展開する新九協同株式会社が制定。北九州発祥の元祖生カレーを生んだ同社の総料理長の名を冠した「瑠璃カレー」を多くの人に食べてもらい、まちおこしやボランティア支援に活かすのが目的。日付は敬意を表して総料理長の誕生日（8月20日）から。

8/21

おいしいバターの日

お菓子作りの材料や資材を扱う株式会社富澤商店が制定。日本でいちばんバターの取り扱い種類が多い小売店として、おいしいバターをより多くの人に使ってもらうのが目的。日付は1877（明治10）年8月21日に東京の上野公園で開かれた第一回内国勧業博覧会で、バターを作るための「犬力機」が出品され、バターの存在を多くの人が知るきっかけとなったことから。

北本トマトカレーの日

大正時代からトマトの栽培が行われてきた、埼玉県北本市の北本トマトカレーの会が制定。「北本トマトカレー」は2011年の「きたもとご当地グルメ開発コンテスト」でグランプリを受賞し、以後「全国ご当地カレーグランプリ」など数々の賞を獲得。名実ともに北本を代表するグルメとして、「北本トマトカレー」をより多くの人に味わってもらうのが目的。日付は「きたもとご当地グルメ開発コンテスト」が開催された2011年8月21日から。

8
月

パーフェクトの日

1970（昭和45）年の８月21日、プロボウラーの中山律子選手が東京の府中スターレーンで開催されたプロ月例会の優勝決定戦で、女子プロボウラー初のパーフェクトゲームを達成したことから、株式会社マザーランドが制定。

イージーパンツの日

パンツスタイルを今まで以上に気楽に楽しんでもらいたいという願いを込めて株式会社ユニクロが制定。スタイリッシュなのに履き心地は楽、カラーバリエーションも豊富に取り揃える自社製品のイージーパンツをPRすることが目的。日付は８月21日をパ（８）ンツ（２）イー（１）ジーと読む語呂合わせから。

ホワイトティースデー

歯ブラシや歯間ブラシ、デンタルケア用品などを製造販売しているデンタルプロ株式会社（大阪府八尾市）が制定。いちばん身近な健康ツールである歯ブラシなどを通して、人々の口中健康を守るのが目的。白い歯（ホワイトティース）は健康な歯の象徴であることから記念日名とし、日付は８と21で「歯にいい、歯に一番」などの語呂合わせから。

8/22

パニーニの日

インターネットテレビ局の株式会社AbemaTV（アベマティービー）が制定。自社の「FRESH! by AbemaTV」内で放送されている「太田チャンネル」でMCを務める太田プロダクション所属のお笑い芸人「パニーニ」（木坂哲平、飯沼博貴）の名前を広めるのが目的。日付は８と22で「パ（８）ニーニ（22）」と読む語呂合わせから。イタリアのサンドイッチ「パニーニ」のことではない。

はいチーズ！の日

「一枚の写真から千の笑顔を。」をモットーにインターネット写真サービス「はいチーズ！」を運営する千株式会社が制定。「はいチーズ！」では、カメラマンが保育園や幼稚園の行事などを撮影した写真を家族が見たり買ったりできる。日付は８月22日を8/22として、写真を撮るための掛け声である「は（８）い（１）チ（２）ーズ（２）！」の語呂合わせから。

ヤバイ夫婦の日

2012年９月８日に公開の映画「夢売るふたり」のPRにと、映画会社のアスミック・エース エンタテインメント株式会社が制定。西川美和監督の「夢売るふたり」は仲が良いときも悪いときも深い絆で結ばれているヤバイ（危ない、カッコイイ、スゴイ）夫婦を描いた作品。日付は８と22で「ヤ（８）バイ夫婦（22)」の語呂合わせから。

金シャチの日

愛知県名古屋市の象徴である名古屋城大天守に載る「金のしゃちほこ」（金シャチ）をさらに多くの人に知ってもらい、金シャチにあやかり名古屋を元気することを目的に同市で鍼灸接骨院を経営する川村芳彦氏が制定。日付は名古屋市の市章がまるはち（八）であることから８月、数字の２がしゃちほこの形に似ており左右に２つあることから22日とした。

8/23

処暑（しょしょ）

［年によって変わる］二十四節気のひとつ。暑かった季節もようやくおさまる頃とされるが、地方によってはまだ残暑が厳しい頃でもある。

湖池屋ポテトチップスの日

1962（昭和37）年８月23日、日本人の味覚にマッチしたオリジナルのポテトチップスである「コイケヤポテトチップスのり塩」を発売した株式会社湖池屋が制定。コイケヤポテトチップスには、のり塩をはじめとしてガーリック、リッチカット、プレミアムなど、人気商品が多数ある。

油の日

日常生活に必要で大切なさまざまな油について考えるきっかけの日になることを願い、京都府大山崎町にある離宮八幡宮と、さまざまな油脂事業を展開するカネダ株式会社が共同で制定。離宮八幡宮は「長木」というてこを応用した油を搾る道具を発明し、これが企業規模の搾油の始まりとされることから日本の製油発祥の地と言われる。日付は、貞観元（859）年８月23日に清和天皇の勅命により、九州にあった宇佐八幡宮が大山崎に遷宮されたことから。

8/24

バニラヨーグルトの日

発酵乳・乳酸菌飲料の専門メーカーである日本ルナ株式会社（京都府八幡市）が制定。1993年から発売し、アイスクリームのような味わいと大好評のバニラヨーグルトのPRが目的。日付は８と24で「バニラヨーグルト」と読む語呂合わせから。また、暑さが厳しい時期に栄養価の高いヨーグルトを食べて、元気に過ごしてほしいとの願いも込められている。

歯ブラシの日

歯ブラシをはじめとする予防歯科のための口腔ケア商品の開発、販売などを行う株式会社オーラルケアが制定。歯ブラシでの歯みがきをもっと普及させて、口腔ケアへの関心を高めてもらうことが目的。日付は「歯（８）ブ（２）ラシ（４）」の語呂合わせから。

レンタルユニフォームの日

ユニフォームのレンタル、クリーニングを含むメンテナンスなどを手がける丸紅メイト株式会社が制定。レンタルユニフォームのさらなる普及と発展が目的。レンタルユニフォームは補修、クリーニングなど3R（リデュース・リユース・リサイクル）を行い、無駄なく環境への配慮がなされたものとして注目を集めている。日付は８は末広がりで縁起が良く、横にすると∞（無限＝リユース・リサイクル）になり、24は「ユニ（２）フォー（４）ム」を表すことから。

ドレッシングの日

マヨネーズ、ドレッシングなどの製造、販売を手がけるケンコーマヨネーズ株式会社が制定。ドレッシングの新しい利用方法をアピールするのが目的。日付はドレッシングは野菜にかけて使うことが多いので、週間カレンダーの「野菜の日」（８月31日）の真上にくる日としたもの。また、夏場の食欲不振の時期にドレッシングをかけたサラダを食べて健康にとの思いも込められている。

8/25

チキンラーメン誕生の日（即席ラーメン記念日）

1958（昭和33）年のこの日、インスタントラーメンの第１号「チキンラーメン」が日清食品より発売されたことに由来する。「おいしくて保存が利き、手間がかからず安くて安全」という5つの条件をクリアして、商品化することに成功したという。

サマークリスマス

12月の冬のクリスマスに対して、8月の夏のクリスマスをと始まった行事。TBSの林美雄アナウンサーが先駆けとなり、イベントを行った。

パステル和(NAGOMI)アートの日

「心豊かで健康的な社会環境の実現にむけて」をテーマに、誰でもきれいに簡単に描ける絵で、心が穏やかになり、元気になるパステル和(NAGOMI)アートの普及を目指す日本パステルホープアート協会が制定。日付は2007年8月25日にスクーリングを行ったことから。

パラスポーツの日

延期されたが、2020年の東京パラリンピックの開会式と同じ日付の8月25日を「パラスポーツの日」にと、障害者スポーツを支援する特定非営利活動法人アダプテッドスポーツ・サポートセンター(大阪府大阪市)が制定。障害者スポーツの振興と、障害者への理解を深める機会とするのが目的。

8/26

オリジナルジグソーパズルの日

東京都調布市のシャフト株式会社が制定。同社が製造、販売を手がけるオリジナルジグソーパズルは、写真から世界でたったひとつのジグソーパズルを製作するもので、その魅力を多くの人に知ってもらうことが目的。日付は8と26で「パ(8)ズ(2)ル(6)」と読む語呂合わせから。

パワプロの日

1994年の誕生以来、多くの人に親しまれてきたゲーム「実況パワフルプロ野球」シリーズ(愛称・パワプロ)を制作する株式会社コナミデジタルエンタテインメントが制定。進化を続ける「パワプロ」をいつまでも多くのファンに楽しんでもらうのが目的。日付は8と26で「パワ(8)プロ(26)をパワ(8)フル(26)」に楽しんでいただくという語呂合わせから。

イギリスの名車Miniバースデーの日

世界中で愛され続けているイギリスの小型車Mini(ミニ)が誕生したのが1959年8月26日。これからもMiniが愛され続け、永遠の名車であることを願い、Miniの専門店・有限会社キングスロード(愛知県小牧市）がMiniの誕生日を記念日として制定。

パパフロの日

父親の育児参加の促進を図ることを目的に、パパと子どもが一緒にお風呂に入ることを応援しようと、ファミリー向けのシャンプーなども手がける日本を代表する化粧品メーカーの株式会社資生堂が制定。日付は８と26でパパとお風呂に入る「パパ（８）フ（２）ロ（６）」の語呂合わせから。

バブルランの日

スポーツイベントの企画運営などを手がける株式会社スポーツワンが制定。バブル（泡）を浴びながら楽しく走る「バブルラン」のことを多くの人に知ってもらい、体験してもらうことが目的。株式会社スポーツワンでは楽しみながら運動できるイベントが広まる活動を行っている。日付は「バ（８）ブル（26）」と読む語呂合わせから。

8/27

ジェラートの日

日本ジェラート協会が制定。ジェラートの魅力を伝え、より多くの人にそのおいしさを感じてもらうことが目的。日付は世界中を魅了した映画「ローマの休日」がアメリカで公開された1953年８月27日にちなんで。映画の中でオードリー・ヘプバーン演じるアン王女がスペイン階段でジェラートを頬張るシーンは、ジェラートを世界中の人々に知らしめ、ローマを訪れる観光客の憧れのデザートとなった。

8/28

民放テレビスタートの日

1953（昭和28）年のこの日、日本テレビが民間放送として初のテレビ放送を正式に始めた。このとき、テレビコマーシャルの第１号も誕生している。その作品は「精工舎の時計が正午をお知らせします」という30秒スポット。

一太郎の日

株式会社ジャストシステムが自社製品の日本語ワードプロセッサ「一太郎」の初代バージョンの発売（1985年８月28日）から25周年を記念して2010年に制定。「一太郎」は縦書き機能や挿入、書式などが充実していて使いやすいことなどから、文章作成などに優れた特徴があり、初代「一太郎」は情報処理技術遺産にも認定されている。

テルミンの日

テルミン奏者である川口淳史氏が制定。テルミンはロシアで発明された世界初の電子楽器で、楽器に触れることなく演奏する。興味深い演奏方法のテルミンの魅力を広く知ってもらい、その音色を聴く機会を増やすことで、テルミンを通して生活と文化に潤いと発展をもたらすことが目的。日付はテルミンの発明者であるロシアの物理学者、レフ・セルゲイビッチ・テルミン博士の誕生日（1896年８月28日）から。

8月

キャラディネートの日

「見て、着て、楽しく感じてもらえるファッション」を掲げるアパレルメーカーの株式会社グレイスが制定。同社が商標登録をしているファッションの中にキャラクターを上手にとりいれたコーディネートの「キャラディネート」をPRするのが目的。日付は８月28日を８（ファッション）２（TO）８（ファッション）と読み、ファッションとファッションをつなぐ架け橋という意味から。

8/29

ターミネーター〈審判の日〉

映画の制作、配給などを手がける20世紀フォックス映画が制定。映画「ターミネーター２」の作品の中で、1997年８月29日にAIコンピューターである「スカイネット」が自我に目覚め、人類と機械の間で核戦争が起きた日のことを「審判の日（Judgement Day)」と呼ぶ。ターミネーターシリーズにおいて重要なこの日付を通して、多くの人にターミネーターシリーズの魅力を知ってもらうのが目的。2019年11月８日には映画「ターミネーター：ニュー・フェイト」が公開。

焼きふぐの日

高タンパクで低カロリーの高級食材として知られる「ふぐ」の身を炙った「焼きふぐ」などを提供する料理店「心・技・体 うるふ」が制定。看板メニューの「焼きふぐ」のおいしさを多くの人に知ってもらうのが目的。日付は「焼き（８）ふぐ（29)」と読む語呂合わせから。なお、店名にある「うるふ」は九重親方（元横綱千代の富士）の現役時代につけられた愛称で、同店のメニューの監修を九重親方が行っていたことに由来する。

8月

オーガビッツの日

日本一の綿花取引量を誇る1841（天保12）年創業の繊維専門商社、豊島株式会社（愛知県名古屋市）が制定。同社が推進する「オーガビッツ」は、日本で最も多くのアパレルブランドが参加するオーガニックコットン普及のプロジェクト。オーガニックコットンを通じてみんなで地球環境に貢献しようとの思いが込められている。日付はプロジェクトが行っている慈善団体への寄付金の贈呈日であり、オーガスト（August）とオーガニックの語感が似ていることから８月、オーガニックの「ニック」で29日とする語呂合わせから。

オーガニック化粧品の日

株式会社ネイチャーズウェイが制定（愛知県名古屋市）。日本におけるオーガニック化粧品のパイオニアとしてオーガニック化粧品の認知拡大が目的。日付は８月の英語「オーガスト（August）」と29の「ニック」で「オーガニック」と読む語呂合わせから。

8/30

ハッピーサンシャインデー

８をハッピー、30をサンシャインと読んで、太陽のような明るい笑顔で過ごせば、ハッピーな気分になれる日。この日に生まれた人は笑顔のすてきな人が多いことから生まれた記念日。

8/31

空き家整理の日

神奈川県川崎市で空き家整理の事業を行う株式会社ワンズライフが制定。増え続ける空き家は、防災上、衛生上、景観上など、地域社会にとって大きな問題になっていることから、空き家やその家財の整理に関心を持ってもらうのが目的。日付は８と31を「家（ヤ＝８）整（セイ＝31）理」と読む語呂合わせと、夏の終わりに空き家の整理を考えてもらいたいとの思いで。

野菜の日

1983（昭和58）年に食料品流通改善協会などが野菜の栄養価やおいしさを見直してもらおうと制定。日付は８・３・１でヤサイの語呂合わせから。

I Love Youの日

８月31日の「831」は８つのアルファベットと３つの単語、そして１

つの意味を示している。英語圏では「831」=I Love Youは広く知られていることから、愛知県安城市の青雲舎株式会社が制定。

宿題の日(学べる喜びにきづく日)

「すべての子どもたちに教育の機会を提供する」ために世界中で活動をしているイギリスのチャリティー団体「A World At School」が、＃UpForSchoolキャンペーンの一環で制定。夏休みの宿題を終わらせるために必死で勉強をした思い出を持つ人が多い8月31日に、学べる喜びにきづいてもらうことで、「すべての子どもたちに教育の機会を提供する」という大きな宿題を一緒に終わらせたいとの願いが込められている。

菜の日

⇨「1年間に複数日ある記念日」の項を参照。

年によって日付が変わる記念日

8月第1土曜日

家族でレストランの日

ジャパン・レストラン・ウィーク実行委員会が制定。多くの人に食の大切さを伝え、家族そろって「外食」を楽しむことで世界に誇る日本の食文化の素晴らしさを知ってもらうのが目的。日付はジャパン・レストラン・ウィーク内の日であることと、家族は土曜日が一番外食しやすいことなどから8月第1土曜日に。

コラム5

今後、注目される記念日

「クリスマス」「バレンタインデー」「ハロウィン」など、方法は違えども外国で行われてきた記念日が日本で定着する例は少なくない。

今後、その人気が高まる可能性がある記念日としては「イースター」がある。キリストの復活を祝う日であり、季節の再生を祝う春の祭りとして欧米では、いわば年中行事のひとつとして親しまれている。

日付が「春分後の最初の満月の次の日曜日」と定められているため、年によって大きく移動してしまうことがネックだが、季節感を大切にする日本人には春を迎える「スプリングデー」として広まっていくのではないか。

また、日本の記念日で注目なのは二十四節気のすべてだ。「節分」の夜に恵方巻きと称して太巻きを食べる習慣が日本中に広まったのは、全国展開をするコンビニエンスストアの影響が大きいが、同じように季節の節目である二十四節気のそれぞれの日に、何らかの食べ物を食べる習慣が設定されれば、これは流行るに違いない。

そこで日本記念日協会では１月の「小寒」から12月の「冬至」まで、その日に食べる物を選定した。

「小寒の豚汁」「大寒のおでん」「立春のゆで卵」「雨水の昆布巻き」「啓蟄の鰆」「春分のちらし寿司」「清明のオリーブサラダ」「穀雨の若竹煮」「立夏のアスパラのベーコン巻き」「小満の空豆ご飯」「芒種のにぎり飯」「夏至のトマトスパゲティ」「小暑の冷やし中華」「大暑の天ぷら」「立秋の水ようかん」「処暑のところてん」「白露の貝汁」「秋分の茶巾寿司」「寒露の甘露煮」「霜降の野沢菜漬け」「立冬の鴨ネギ鍋」「小雪のふろふき大根」「大雪の鱈鍋」「冬至の柚餅子」の24種類。

それぞれにふさわしい理由づけ、意味合いを持たせてあり、季節感を大事にした食材を使っている。

また、稲荷神社の縁日の「初午」に「いなり寿司」を３個食べると、命が延びる、名を成す、利益を得る三つのご利益があるとした。それぞれのご利益の頭文字を取ると「いなり」になるからだ。新しい記念日もこうした季節との相性と、伝説となるような物語性を打ち出すことで大きな話題性を獲得できるのではないか。

SEPTEMBER

旧　暦　長月（ながつき）
語源：夜が長くなる「夜長月」が由来とされる。

英　名　September
語源：もともとは「７番目」を意味するラテン語が語源だが、改暦の際に名称を変更したなかったことからズレが生じているとされる。

異　名　菊月（きくづき）／色取月（いろどりづき）／詠月（えいげつ）／祝月（しゅくげつ）／青女月（せいじょづき）／寝覚月（ねざめ）／紅葉月（もみじづき）

誕生石　ブルー・サファイア（青玉）

誕生花　リンドウ／芙蓉

星　座　乙女座（～9/23頃）／天秤座（9/24頃～）

９月は１年の中で記念日の数が少ない月。国民の祝日の「敬老の日」も「秋分の日」も、シンボリックなものがないために話題性に欠けるところがある。「重陽の節句」も、３月の「桃の節句」や５月の「端午の節句」に比べると地味な印象はいなめない。本来は健康長寿を祝う節句なので「敬老の日」とからめて健康志向の人に向けた企画が生まれれば大きな話題になることだろう。しかし、９と６で「黒」と読む語呂合わせから生まれた６日だけは元気だ。「黒豆」「黒酢」「黒牛・黒豚」など、黒を名付けたものがいくつも記念日となっている。色をテーマとした記念日は覚えられやすく効果も高い。

リンドウ

二百十日

［年によって変わる］立春から数えて210日目の日。江戸時代の暦学者・渋川春海が釣師から二百十日は海が荒れると教えられ、自ら編纂した貞享暦に厄日として載せたことから広く知られるようになったという。

だじゃれの日

「だじゃれは世界を救う」を合言葉に、だじゃれを活用して世の中に笑顔と希望を拡げることを目指す一般社団法人日本だじゃれ活用協会が制定。「ク（9）リエイティブかつイ（1）ンパクト」があるだじゃれは、コミュニケーションをより豊かなものにしてくれる「無形文化遊具」であり、だじゃれが秘める無限の「吸（9）引（1）力」を活かし、生活に彩りと潤いをもたらすことで世の中に「救（9）い（1）」を届けたいとの願いが込められている。日付は前記のような語呂合わせから9月1日としたもの。なお、同協会の設立は2014年9月1日。

大腸がん検診の日

大腸がんに関する調査研究事業、検診の受診啓発事業などを行う「特定非営利活動法人ブレイブサークル運営委員会」が制定。がんによる死亡原因の上位である大腸がんは、早期発見、早期治療で95%以上の人が治るといわれており、年に1度の検診を行うことでその命を守ることができる。記念日を通じて大腸がん検診についての理解を深め、受診してもらうことが目的。日付は、日本対がん協会が提唱する「がん征圧月間」が9月であることから、初日である9月1日に。

CROの日

一般社団法人日本CRO協会が制定。CROとはContract Research Organizationの略で、製薬会社が行う医薬品の臨床試験や承認審査などについて受託、代行を行う医薬品開発受託機関のこと。CROの意義を協会の会員が再認識し、今後の発展に寄与することが目的。日付は同協会が1994年9月1日に発足したことから。

しゃぶしゃぶ・日本料理 木曽路の日

愛知県名古屋市に本社を置き、数多くの飲食料理店を全国で展開する株式会社木曽路が制定。同社の主要業態の「しゃぶしゃぶ・日本料理 木曽路」が提供する料理の魅力をより多くの人に知ってもらうのが目的。日付は「しゃぶしゃぶ・日本料理 木曽路」の1号店がオープンした1966年9月1日から。

ESWLの日
世界各地に拠点を持つグローバル医療機器メーカーの日本法人、ドルニエメドテックジャパン株式会社が制定。同社が輸入販売し、尿路結石の治療に用いられる体外衝撃波結石破砕装置（ESWL）の有効性を多くの医療機関関係者、患者の人たちに知ってもらうのが目的。日付は北海道札幌市の三樹会病院で日本で初めてESWLによる治療が開始された日（1984年９月１日）に由来する。

望菜の日
調味食品、保存食品、飲料など、さまざまな食品の製造、販売を行うカゴメ株式会社が制定。地震などで被災したときの避難生活で不足しがちなのが野菜。健康維持のためにも被災時に「保存できる野菜」といわれる野菜飲料や野菜スープを備蓄食料に加えてもらうのが目的。日付は「望まれる」に野菜の「菜」で「望菜（ぼうさい）」と読むことから、同じ読み方で備える意識も高まる9月１日の「防災の日」に。

防災の日
1923（大正12）年の９月１日午前11時58分、関東地方をマグニチュード7.9の大地震が襲い、死者・行方不明者14万人という大災害となった。この日を忘れることなく災害に備えようと、1960（昭和35）年から防災の日が制定された。

防災用品点検の日
⇨「１年間に複数日ある記念日」の項を参照。

キウイの日
夏の暑さで疲れがたまっている体や弱った肌をいやすキウイフルーツ。その記念日を９と１の語呂合わせからこの日としたのはニュージーランド産キウイフルーツの輸入、製品管理、マーケティング活動などを行っているゼスプリ インターナショナルジャパン株式会社。

ファミ通の日
ファミコン雑誌の『週刊ファミ通』が制定。日付は「ファミ通」の語呂合わせでは８月32日となることから32日を９月１日と見て、この日を記念日とした。ゲーム雑誌ならではの遊び心のある決め方。

マテ茶の日
マテ茶の生産国であるアルゼンチンでは、その年の収穫祭が９月１日に行われることから、日本マテ茶協会が制定。紅茶、コーヒーとともに、世界三大飲物のひとつとされるマテ茶の普及を目的としている。

こいまろ茶の日

日本茶の製造販売などを手がける、株式会社宇治田原製茶場（京都府宇治田原町）が制定。濃い緑色とまろやかな味の両立を独自の技術と製法で実現した自社製品の「こいまろ茶」のPRが目的。日付は９と１で「急（９）須で淹れるお茶で一（１）番親しまれる」ことを目指しての語呂合わせと、2003年の９月１日に発売を開始したことから。

ねんどの日

かたまりを手で延ばしてさまざまな形に細工ができる粘土。その粘土を使って子どもたちの創造力や想像力を育むための活動を行っている粘土アーティストで「ねんドル」と呼ばれる岡田ひとみさんが制定。岡田さんは粘土のミニチュアフード作りなどで知られる。日付は９と01で「クレイ」（英語で粘土の意味）と読む語呂合わせから。

ギリシャヨーグルトの日

日本で初めてギリシャヨーグルトを発売した森永乳業が制定。ギリシャヨーグルトは水切り製法でヨーグルトの水分を取り除いた濃厚な味わいが特長。日付は同社から日本初のギリシャヨーグルト「濃密ギリシャヨーグルト パルテノ」が発売された2011年９月１日から。

9/2

カーサキューブの日

「日本の家を変える。」を理念に、住宅の開発や住宅会社のサポートなどの事業を展開するカーサ・プロジェクト株式会社が制定。元祖キューブ型住宅の「casa cube（カーサキューブ）」が2018年に10周年を迎えたことを記念し、さらにその魅力を広めることが目的。日付は９と２で「カーサキュー（９）ブ（２）」と読む語呂合わせから。

那須塩原市牛乳の日

栃木県那須塩原市の那須塩原市畜産振興会が制定。同市が本州一の生乳生産額を誇り、全国でも有数の酪農のまちであることを知ってもらい、牛乳や乳製品により親しみを持ってもらうのが目的。日付は９と２で「牛＝ぎゅう（９）乳＝にゅう（２）」と読む語呂合わせから。

おおきにの日

大阪府大阪市でコーヒーストアの経営などを手がける、おおきにコーヒー株式会社が制定。世界中の人が笑顔でいられるようにと関西弁で「ありがとう」の意味を持つ「おおきに！」を発信するのが目的。2013年から「おおきにプロジェクト」をスタートし、参加企業と「おおきに感謝祭」などのイベントを開催。日付を0092と見立て、「お（0）お（0）き（9）に（2）」と読む語呂合わせから。

宝くじの日

9月2日の語呂合わせから生まれたもので、せっかく当選しても引き換えない時効扱いとなる宝くじが多いことから、第一勧業銀行（現・みずほ銀行）が時効防止のPRの一環として、1967（昭和42）年に制定。

ダイアナの靴の日

婦人靴の専門店ダイアナ株式会社の谷口秀夫氏が制定した日で、ダイアナの靴の素晴らしさをより多くの人に知ってもらおうという日。日付は9と2で「靴（くつ）」の語呂合わせから。

9月

9/3

S-903納豆菌の日

「おかめ納豆」で知られるタカノフーズ株式会社が制定。S-903納豆菌は同社が保有する2000種類以上のオリジナル納豆菌の中でも新しい特徴を持つ納豆菌で、903番目に登録されたもの。健康作用の高いスーパー納豆菌であるS-903納豆菌を採用した「すごい納豆S-903」を多くの人に味わってもらうのが目的。日付はS-903の9と3から9月3日に。

草の日

福岡県広川町に本社を置く農業機械の製造販売などを手がける株式会社オーレックが制定。草の適切な管理により、草の力を活かして自然の力を引き出すとの観点から、草の役割の重要性を多くの人に知らせるのが目的。日付は9と3で「草」と読む語呂合わせから。「草と共に生きる」をブランドコンセプトに掲げる同社は小型草刈機の国内トップメーカー。

ベッドの日（good sleep day）

ベッドによる心地良い睡眠を広くアピールすることを目的に全日本ベッド工業会が制定。グッドスリープはグッスリ。その語呂合わせで9月3日を記念日としたもの。

クエン酸の日

レモン果汁を創業商品とする株式会社ポッカコーポレーションが制定。レモン果実に多く含まれる酸っぱい成分で、疲労物質を減らす天然クエン酸に着目して制定。日付は夏バテで疲れが出やすくなる時期と、9と3で「クエン酸」の語呂合わせから。

琉球もろみ酢の日

泡盛を蒸留したあとの「かじじぇー」と呼ばれる「もろみ」から生まれたエキスが琉球もろみ酢。クエン酸を主体に豊富な有機類、アミノ酸類を含んだ美容と健康に役立つ沖縄を代表するこのクエン酸飲料の日を制定したのは、日本琉球もろみ酢販売協会。日付は９と３で「クエン酸」の語呂合わせから。

グミの日

世界中で親しまれているお菓子の「グミ」のおいしさ、素晴らしさをもっと多くの人に知ってもらいたいと、UHA味覚糖株式会社が制定。「グミを噛んで元気生活！」などのキャンペーンを行う。日付は９と３で「グミ」と読む語呂合わせから。

組踊の日

琉球王朝時代より伝わる「組踊（くみおどり）」は2010年にユネスコ無形文化遺産リストに登録された沖縄の伝統芸能。この「組踊」のさらなる普及と発展を目的に沖縄県浦添市が制定。日付は９と３で「組踊」の「くみ」と読む語呂合わせから。浦添市では「国立劇場おきなわ」を中心に定期的に上演するなど、「組踊」の文化振興を事業を行っている。

9/4

串家物語の日

大阪府大阪市に本社を置き、多くの外食事業を展開する株式会社フジオフードシステムが制定。自社のブランドのひとつで、材料を選び自分で揚げるシステムが全国で人気の串揚げ店「串家物語」の魅力をPRするのが目的。日付は９と４で「串家物語」の「串＝く（９）し（４）」と読む語呂合わせから。

供養の日

墓所・墓石・仏壇・仏具の販売、墓所の造営、葬祭業などを行う株式会社メモリアルアートの大野屋が制定。お彼岸やお盆など、墓参りや先祖供養に対して意識の高まる時季とは別に、供養の大切さを提案、啓発することで供養文化の浸透、習慣化を図るのが目的。日付は９と４で「供（９）養（４）」と読む語呂合わせから。

ミールオンデマンドの給食サービスの日

⇨「１年間に複数日ある記念日」の項を参照。

心を注ぐ急須の日

急須のある生活を進めることで人々の心にも愛情という潤いを注ぎ、

家族のなごみの時間を増やしてもらおうと、宇治茶の製造卸直販店、京都ほっこり庵七之進（京都市伏見区）の畠山友晴氏が制定。日付は9と4で「急須」と読む語呂合わせから。「お茶の入れ方セミナー」などを通じて急須でお茶を飲む文化の普及と、人と人との温かいコミュニケーションの拡大を目指している。

串の日

各種冷凍食品の製造販売を手がけ、全国の量販店、コンビニ、外食産業などに流通させている株式会社味のちぬや（香川県三豊市）が制定した日。運動会やお祭り、イベントなどで出かけることの多いこの季節に、片手でも手軽に食べられる串ものをもっと食べてもらいたいとの願いが込められている。日付は9と4で「串（くし）」と読む語呂合わせから。

くじらの日

水産資源の適切な管理・利用に寄与することを目的に、鯨類その他の試験研究などを行う財団法人日本鯨類研究所が制定。鯨と日本人の共生を考える日とするのが目的。日付は9と4で「くじら」と読む語呂合わせから。

9/5

ライトニング・マックィーンデイ

ウォルト・ディズニー・ジャパン株式会社が制定。ライトニング・マックィーンとはディズニー・ピクサーのアニメーション「カーズ」に登場する天才レーサー。彼を通じて「カーズ」の魅力をさらに多くの人に知ってもらうのが目的。日付はキャラクターのゼッケンナンバーが95と表記されているため9月5日としたもの。アメリカ本国では同日をLightning McQueen Dayとしてお祝いをしている。

計画と実行の日

「計画と実行」を理念に事業支援を行う株式会社ピー・アンド・イー・ディレクションズが制定。計画（Planning）を立てて実行（Execution）することの大切さを、世の中に広めていくのが目的。日付は計画の計の字が9画であり、実行の英字のExecutionの頭文字Eがアルファベットの5番目であることと、同社の設立日が2001年9月5日であることから。

石炭の日（クリーン・コール・デー）

エネルギー源としての石炭を広く認識してもらおうと、1992年に通商産業省（現・経済産業省）のエネルギー政策に沿って石炭関連団体で構成するクリーン・コール・デー実行委員会が制定。9と5で「クリーンコール」の語呂合わせから。

9/6

Dcollection・黒スキニーの日

福井県あわら市に本社を置き、メンズアパレルネットショップ「Dcollection（ディーコレクション）」を展開する株式会社ドラフトが制定。同社の主力商品である「黒スキニー」の魅力をさらに多くの人に知ってもらい、オシャレをすることで人生を豊かにしてもらいたいとの願いが込められている。日付は9と6で「黒」の語呂合わせから。

飴の日

長野県松本市の老舗の飴屋三店（山屋御飴所、有限会社新橋屋飴店、有限会社飯田屋製菓）で結成した「松本飴プロジェクト」が制定。古代よりあらゆる世代に親しまれてきた飴の文化や歴史を後世に伝え、日本の飴産業の発展につなげていくのが目的。日付は『日本書紀』の神武天皇記の一説に9月6日に飴を作ったと推察される記述があることから。

クルージングの日

東京湾アニバーサリークルーズを運営する株式会社SPICE SERVE（スパイスサーブ）が制定。日本の景観の素晴らしさを海から伝えるクルージングの魅力を多くの人に知ってもらうのが目的。日付は9と6で「ク（9）ル（6）ージング」と読む語呂合わせと「クルクル」で多くの人が来る（クル）ことを願って。

回転レストランの日

回転レストランを有するセンチュリーロイヤルホテル（北海道札幌市）とリーガロイヤルホテル京都（京都府京都市）が共同で制定。フロアがゆっくりと回転することで、景色を360度パノラマで楽しみながら食事のできる回転レストランの魅力をより多くの人に伝えるのが目的。日付は回転にちなんで9と6を「ク（9）ル（6）ク（9）ル（6）」と読んで9月6日に。

スポーツボランティアの日

NPO法人日本スポーツボランティア・アソシエーション（NSVA・宇佐美彰朗理事長）が制定。オリンピック、パラリンピックなど世界的なスポーツ大会は「スポーツボランティア（スポ・ボラ）」の協力、活動がなくては成立しない。そのことを忘れずに「スポーツボランティア」の育成と拡大を目指すのが目的。日付は、延期となったが東京パラリンピックの閉会式が2020年９月６日に開催され、その後に「スポーツボランティア」の大切さを後世に伝えていく「福島・復興五輪：オリ・パラ後夜祭」が行われる予定であったことから。

クロレッツの日

「息スッキリ」のブレスフレッシュガムとして人気の「クロレッツ」を販売するモンデリーズ・ジャパン株式会社が制定。独自の製法で味が長続きし、豊かな味の「クロレッツ」の良さを多くの人に知ってもらうのが目的。日付は９と６で「ク（９）ロ（６）レッツ」の語呂合わせから。

黒にんにくの日

青森県おいらせ町にある協同組合青森県黒にんにく協会が制定。優良な黒にんにくづくりに務め、世界へ「日本の黒にんにく」として健康を届けることが目的。この日に「世界黒にんにくサミット」を開催。日付は９と６で「黒にんにく」の「黒」と読む語呂合わせから。

生クリームの日

明治初年より生クリームをはじめとした乳製品などの製造、販売を行っている中沢乳業株式会社が制定。Nakazawaの生クリームのおいしさをより多くの人に知ってもらうのが目的。日付は９と６で「ク（９）リーム（６）」と読む語呂合わせから。

キョロちゃんの日（森永チョコボールの日）

1965（昭和40）年９月の発売以来「おもちゃのカンヅメ」「キョロちゃん」などで、２世代にわたり親しまれている「チョコボール」。その発売元の森永製菓株式会社が制定した日で、チョコボールのおいしさをアピールするのが目的。日付は発売開始が９月ということと、９と６で「キョロちゃん」の語呂合わせから。

鹿児島黒牛・黒豚の日

特産の鹿児島黒牛、鹿児島黒豚の銘柄の確立と消費の拡大を図るため、鹿児島黒豚銘柄販売促進協議会が1998年に制定。日付は９と６で「黒」の語呂合わせから。おいしい鹿児島黒牛・黒豚をアピールする。

黒豆の日

健康食品として注目を集めている黒豆の記念日を制定したのは、黒豆などを扱っている菊池食品工業株式会社。日付は９と６で「黒」の語呂合わせから。正月のお節料理などで知られる黒豆は身体に良いポリフェノールを多く含み、ゆで汁などの人気も高い。

妹の日

姉妹型研究の第一人者である畑田国男氏が提唱した日で、妹の可憐さを象徴する星座、乙女座の中間日の前日が適切との判断から９月６日となった。

ソフティモ・黒パックの日

コーセーコスメポート株式会社が自社の「ソフティモ角栓すっきりスーパー黒パック」のPRのために制定。夏にたまった小鼻の角栓を取り、きれいになってもらおうとの願いからで、日付は黒パックの黒の語呂合わせから。

甲斐の銘菓「くろ玉の日」

1911（明治44）年開業の和洋菓子の株式会社澤田屋（山梨県甲府市）が制定。「くろ玉」は1929（昭和４）年に発売された山梨県を代表する伝統の銘菓。黒砂糖を羊羹（ようかん）に仕立てた真っ黒な外側と、青えんどう豆を使ったうぐいす餡（あん）の絶妙な味のバランスと、黒い玉状の形で人気。日付は９と６で「くろ玉」の「くろ」の語呂合わせから。

シェリーの日

スペインのアンダルシア地方の白ワインであるシェリー。その専門店でスペイン料理店でもある「しぇりークラブ」代表の高橋美智子氏が制定。「しぇりークラブ」は25年以上前からシェリーの酒文化普及の活動を行っている。日付はシェリーに使われるぶどうの収穫期が９月の第１週頃で、シェリーをグラスに注ぐときに使用する道具のベネンシアの形が数字の９に似ていて、注ぐときには数字の６のように見えることから。

クロレラの日

５億4000万年前から地球上で生命を永続してきた植物のクロレラ。自然で栄養バランスに富んだこのクロレラを、多くの人の健康に役立てていきたいと販売しているサン・クロレラグループで、京都市に本社を置く株式会社サン・クロレラとサン・クロレラ販売株式会社が制定。日付は９と６の語呂合わせから。

スマートストックの日

⇨「１年間に複数日ある記念日」の項を参照。

まがたまの日

⇨「１年間に複数日ある記念日」の項を参照。

黒酢の日

９と６で「黒」の語呂合わせから「黒酢の日」を制定したのは、株式会社ミツカンドライ事業カンパニー（愛知県半田市）。黒酢をはじめとした飲用向けの食酢や食酢入り飲料の記念日として、広くPR活動を行っている。

クレームの日

ネガティブに捉えられがちなクレームを相手からのありがたい問題提案として捉え、前向きに対処していく。有効な人間関係を築くための対応力を高める日として、株式会社マネジメントサポートが制定。９と６で「クレーム」と読む語呂合わせから。

黒い真珠・三次（みよし）ピオーネの日

広島県三次市の農事組合法人・三次ピオーネ生産組合が制定。三次ピオーネは大粒で黒い色が特色の高級ぶどうとして知られ、そのおいしさと色合いから「黒い真珠」と呼ばれている。日付は露地ものの出回る時期であるとともに、「黒い真珠」の「黒」にちなんだ９と６の語呂合わせから。

黒あめの日

キャンディ、豆菓子、チョコレートなどお菓子の製造販売を手がける春日井製菓株式会社（愛知県名古屋市）が制定。自社の看板商品「黒あめ」の販売促進が目的。同社の「黒あめ」は沖縄産の黒糖を直火で炊きあげた、のどにまろやかな「黒あめ」として多くの人々に愛されている人気商品。日付は９と６で「黒」と読む語呂合わせから。

9696（クログロ）の日

総合毛髪関連事業の株式会社アデランスが制定。増毛などで髪が黒々（クログロ）となっていくことから、増毛について広く知ってもらうのが目的。日付は「クロ（96）」「グロ（96）」と読む語呂合わせから。アデランスのフリーダイヤルおよび全国各地の店舗の多くは「9696」で終わる電話番号を採用している。

松崎しげるの日

日に焼けた肌で多くの人に親しまれているアーティストの松崎しげる。2015年にデビュー45周年を迎えたことを記念して所属先の株式会社オフィスウォーカーが制定。日付はトレードマークの日に焼けた肌が黒く見えることにちなみ９と６で「ク（９）ロ（６）」の語呂合わせから。

9月

カラスの日

全国のカラス好きの人々が集い、日本初とされるカラス雑誌『CROW'S』を発行する「カラス友の会」が制定。ふだんは嫌われがちなカラスも、意外と愛らしい、意外と面白いと気づいてもらうきっかけの日とするとともに、カラスを愛する人へエールを送るのが目的。日付は9と6で英語でカラスを意味するクロー＝CROWと読む語呂合わせから。なお、この記念日登録は全国のカラス好きの人々がクラウドファンディングにより達成されたもの。

浅田飴の日

「せき・こえ・のどに浅田飴」で知られる株式会社浅田飴が制定。1887（明治20）年から発売されている浅田飴の「良薬にして口に甘し」の精神を多くの人に知ってもらい「せき・こえ・のど」をいたわってもらうのが目的。日付は風邪が流行るシーズンを前に、同社の主力製品「固形浅田飴クールS」の「クール」を9と6の語呂合わせにして。

黒の日

鹿児島県伊佐市で芋焼酎「黒伊佐錦」などを製造販売する大口酒造が制定。白麹での焼酎造りが主流であった1987年に、特有のコク、甘味をもつ黒麹を使用した「黒伊佐錦」を発売。黒という文字を入れることで力強さと男らしさを表現し、毛黒和牛、黒豚、黒酢など鹿児島を代表する黒文化の先駆けとなった。「黒伊佐錦」の発売30年を記念し、よりいっそうの黒文化を楽しんでもらうことが目的。日付は9と6で「黒」と読む語呂合わせから。

クロイサの日

鹿児島県伊佐市で芋焼酎「黒伊佐錦」などを製造販売する大口酒造が制定。1987年、黒麹で仕上げた「黒伊佐錦」を発売。「黒」の文字を入れることで力強さや男らしさを表現して人気焼酎となる。「黒伊佐錦」発売30年を記念し、その華やかな香りと、コクのあるまろやかな口あたりのおいしさをさらに広めるのが目的。日付は9と6で「クロイサ」の「黒（クロ）」と読む語呂合わせから。

MBSラジオの日

日本初の民間放送局である株式会社毎日放送（MBS、大阪府大阪市）が制定。AMラジオ（周波数1179kHz）に加えて、2016年3月にはワイドFM（FM補完放送・周波数90.6MHz）も放送を開始。クリアで聴きやすいFMラジオをPRするのが目的。日付は周波数にちなんで。

9/7

クリーナーの日

メガネクリーナー、メガネクロスなどの製造、販売を手がける株式会社パールが「メガネをきれいにして美しい視生活を」と提唱した日。9月7日はクリーナーの語呂合わせから。

9/8

白露（はくろ）

［年によって変わる］二十四節気のひとつ。いよいよ秋の気配も本格的となり、野草に白い露が宿り始める頃。

ハヤシの日

洋食シリーズ「新厨房楽（しんちゅうぼうがく）」を製造、販売する株式会社丸善ジュンク堂書店が制定。同社の前身である丸善株式会社の創業者、早矢仕有的（はやしゆうてき）氏が考案したとされるハヤシライス。そのハヤシライスの食文化をより多くの人に伝えていくのが目的。日付は早矢仕有的氏の誕生日（1837年9月8日）から。

桑の日

福岡県八女市の株式会社お茶村が制定。桑の高い栄養価やその長い歴史、効能効果に対する知識を深め、感謝する日にというのが目的。日付は9月8日で「桑」と読む語呂合わせから。

クータ・バインディングの日

手で押さえなくても閉じない製本のユニバーサルデザイン「クータ・バインディング」。この製法を開発した長野県長野市に本社を置く株式会社渋谷文泉閣がその普及を目的に制定。「クータ・バインディング」は開いたページをほぼ平行に保つことができるため、教科書や説明書など幅広い用途に使える製本の方法として注目を集めている。日付は読書シーズンの秋と、9と8で「クータ」と「バインディング」の頭文字の語呂合わせから。

クレバリーホームの日

人生に一度あるかないかの大仕事である家づくりを、賢く（cleverly）建ててもらいたいとの願いを込めて、オリジナル在来工法のブランド

9月

「クレバリーホーム」によるフランチャイズを全国展開する千葉県君津市に本社を置く株式会社新昭和が制定。同社では1998年4月に「クレバリーホーム」を発表している。日付は9月8日を「クレバ（908）」と読む語呂合わせから。

クーパー靭帯（じんたい）の日

女性のバストを支える大切な組織であるクーパー靭帯。身体に合った正しいブラジャーを着けて、このクーパー靭帯を守る大切さをアピールすることを目的に、女性下着などを中心とした衣料品のトップメーカーである株式会社ワコールが制定。日付は9と8で「クーパー」と読む語呂合わせから。

クレバの日（908DAY）

さまざまな音楽シーンで活躍し、日本を代表するヒップホップアーティストのKREVA。その所属事務所である有限会社エレメンツが制定。KREVAは2004年9月8日に「音色」でメジャーデビューして以来、毎年9月8日を「クレバ」（908）と読む語呂合わせから、アルバムをリリースするなど話題性の高いアクションを展開。アーティストKREVAにとっての誕生日を大切に活動している。

新聞折込求人広告の日

新聞折込求人紙「クリエイト求人特集」などを手がける株式会社クリエイトが新聞折込求人広告の振興と発展を目的に制定。日付は1969（昭和44）年9月8日に日本で初めて1つの紙面に複数の企業の広告を載せた連合形式の新聞折込求人広告を同社が発案し、企画発行したことから。当時の代表取締役は現取締役会長の井崎博之氏、配布第1号は東京都板橋区と北区の周辺だった。

Cook happinessの日

「スーパーカップ」「スープはるさめ」「ワンタンメン」など数多くの人気の即席麵・スープを製造、販売するエースコック株式会社（大阪府吹田市）が制定。「食」を創る仕事を通して社会に貢献するという経営理念を持つ同社のスローガンとして「Cook happiness」が制定されたことを記念したもの。日付は「Cook＝クック（9）・happiness＝ハピネス（8）」の語呂合わせから。

マスカラの日

化粧品、化粧雑貨などの企画、製造、販売を手がける株式会社ディー・アップが制定。自社のマスカラ商品の販売促進と、マスカラを使って女性たちにもっと美しくなってもらうことが目的。日付はまつげにマスカラを塗ることで目が印象的になり大きく見えることから、目元「クッキリ（9）ぱっちり（8）」の語呂合わせで。

スペインワインの日

スペインワインの素晴らしさを広めるために活動しているスペインワイン協会が制定。スペインワインの魅力を伝え、その認知度の向上が目的。日付はスペインの現在のワイン原産地呼称統制法の基となる「ワイン法（Estatuto del Vino）」が1932年9月8日に現地で政令として承認されたことから。毎年9月8日前後の日曜日に「スペインワイン祭り」を開催し、スペインワインのPRを行う。

ファイバードラムの日

日本で初めてファイバードラムを開発・製造し、国内トップシェアを誇る太陽シールパック株式会社（和歌山県和歌山市）が制定。主に粉体状のものを入れ産業用包装資材として幅広く利用されている紙製のドラム缶のファイバードラムをより多くの人に知ってもらうのが目的。日付は同社の設立日が1955（昭和30）年9月8日であることから。

休養の日

回復を目的とした積極的な「休養＝リカバリー」への取り組みを行う一般社団法人日本リカバリー協会が制定。「積極的休養」の考え方を広く普及し、休養の大切さ再認識してもらうのが目的。日付は「休（9）養（8）」と読む語呂合わせから。

9/9

グーグーの日

NPO法人みなと子ども食堂と、子どもと食の問題をクリエーティブの力で解決する、ノーペコラボ（株式会社電通内に設立されたラボ）が制定。誰もが子どもと食の問題について考え、楽しく行動するきっかけの日となることが目的。多くの人や企業とコラボレーションすることで、持続可能な活動として盛り上げ世の中へ浸透させていく。日付は9と9で「グーグー」という空腹時の音から9月9日に。

JDDA・ダンスミュージックの日

JDDA（Japan Dance Music & DJ Association）が制定。音楽家、選曲家、DJの社会的・文化的価値をさらに高めるとともに、ダンスミュージックにおける芸術文化の普及、DJの演奏技術の向上が目的。日付は9と9がターンテーブルのアームとレコードが2つ並んだ形状に似ており、DJや選曲家がレコードをプレイしている姿に見えることから。ダンスミュージック文化を通じて、国際交流、次世代への伝承なども行う。

健康美脚の日

スポーツの普及促進活動、アスリートの引退後のセカンドキャリア支援などを行う一般社団法人スポーツリパブリックが制定。競技の魅力とともにアスリートならではの鍛えられた健康的な美脚に注目してもらうことで、プレーする選手の美しさを伝えていくのが目的。日付は健康的な美しい脚は「キュッ（9）としている」ことと、9と9が脚の形に似ていることから9月9日に。

ココカラダの日

健康食品、自然食品の開発、製造、販売を行う株式会社コーワリミテッドが制定。同社の健康食品ブランドで、アーティスト兼モデルの加治ひとみ氏がイメージモデルを務める「ココカラダ」をアピールするのが目的。日付は9と9で「コ（9）コ（9）カラダ」と読む語呂合わせから。

オオサンショウウオの日

京都府京都市の梅小路公園内にある京都水族館が制定。「水と共につながる、いのち」をコンセプトとする同館は、京都の自然を象徴する生きものであり、国の特別天然記念物のオオサンショウウオをメイン展示のひとつとしている。その愛らしい魅力をさらに多くの人に伝えるのが目的。日付は、オオサンショウウオが繁殖期に入り行動が活発になる9月上旬であることと、その姿が数字の9に似ていることから9月9日としたもの。

救缶鳥の日

栃木県那須塩原市に本社を置く株式会社パン・アキモトが制定。同社が開発した、缶の中にふわふわのパンが入っている賞味期限3年の災害時用非常食「救缶鳥（きゅうかんちょう）」をより多くの人に知ってもらうのが目的。賞味期限が残り1年となったときに案内を出し回収された「救缶鳥」は災害にあった国や地域に運ばれ、国際貢献や被災者支援に活用される。日付は「救缶鳥」が誕生した2009年9月9日から。

救急の日

9月9日でキューキューの語呂合わせから、救急医療の大切さを理解してもらおうと設けられた日。1982（昭和57）年に厚生省（当時）が制定したもので、救急処置の講習会などが開かれる。

カーネルズ・デー

ケンタッキーフライドチキンの創業者カーネル・サンダースの誕生日、1890年9月9日を記念して、日本ケンタッキー・フライド・チキン株式会社が制定。カーネル・サンダースがケンタッキーフライドチキンのオリジナルチキンを生んだとともに、外食産業においてフランチャイズチェーンの基礎をつくった人物であり、おいしさに対して独自のこだわりを貫いた人物であることから、食べることの大切さと楽しみをお客様と考える日にとの思いから生まれた日。ちなみに日本デビューは1970（昭和45）年の万博に出店された実験店。第1号店は名古屋。

手巻寿司の日

水産加工品などを製造している石川県七尾市の株式会社スギヨが制定。9を「くる」と読んで、9月9日を「くるくるする日」として家族で手巻寿司を食べるアットホームな日になってほしいとの願いが込められている。

秋のロールケーキの日

スイーツを製造販売している株式会社モンテールが制定。人気商品の「手巻きロール」シリーズをより身近なおやつにしたいとの願いから生まれた日で、日付は9と9で「くるくる」「キュッキュッ」とロールケーキを手で巻いたイメージと、ロールケーキが9の字に見えることから。これで6月6日の「ロールケーキの日」とともに、秋にもロールケーキのシンボルとなる日が誕生。

九九の日

九九は算数の基礎であり、日常生活でも良く使われる。その意味から九九を物事の基礎、基本ととらえ、多くの人に「もう一度、基礎、基本を見直して、初心に戻って物事に取り組んでもらう日」をと、石川県の西満憲氏が制定。日付は9と9で「九九」だが、学校の夏休み明けでもあり、九九を学ぶ日にふさわしいのではとの思いから。

親子でCOOK（くっく）の日

親子で調理をする意義と楽しさを再発見してもらおうと森永製菓株式会社が制定。日付は9と9で「COOK（くっく）」と読む語呂合わせから。

食べものを大切にする日

「食べもの大切運動」に取り組んでいる財団法人ベターホーム協会が2008年に制定。食べものを捨てることなく食べきることが健康にも通じるとから、健康長寿を祝う重陽の節句にあたる9月9日としたもの。

また、食べものを「捨てないん（ナイン）」「残さないん（ナイン）」の語呂合わせからも。

きゅうりのキューちゃんの日

東海漬物株式会社（愛知県豊橋市）が制定。1962（昭和37）年の発売以来、ロングセラーを続ける同社の人気商品「きゅうりのキューちゃん」をPRするのが目的。「きゅうりのキューちゃん」は良質な素材を、風味豊かな専用の醤油で味付け、パリポリっとした食感のおいしい漬物。日付は「きゅうり」の９と、「キューちゃん」の９の語呂合わせから。

骨盤臓器脱 克服の日

女性の尿失禁、骨盤臓器脱の元患者で結成する大阪市に事務局を置く「ひまわり会」が制定。骨盤臓器脱への認識を高め、あきらめずに治療し、克服してもらうことが目的。骨盤臓器脱とは、出産や加齢などによって骨盤内臓器を支えている骨盤底筋が弛緩することで、膀胱や子宮などが膣から突出してしまう病気。日付は骨盤臓器脱の英語表記が「Pelvic Organ Prolapse」で、その頭文字からPOPと略され、POPと909の形が似ていることから。

ポップコーンの日

「マイクポップコーン」「ドリトス」「チートス」などのスナック菓子ブランドで知られるジャパンフリトレー株式会社が制定。記念日を通じてポップコーンのおいしさ、楽しさを多くの人に再認識してもらうのが目的。日付は、英字のポップコーン（POPCORN）の「POP」を左右を反転させた鏡文字にすると「909」に見えることから９月９日に。

知恵の輪の日

知恵の輪を知らない人が知恵の輪と出会い、知恵の輪を楽しんだことのある人が知恵の輪の思い出を蘇らせるなど、知恵の輪の魅力を知るきっかけの日にと、岐阜県在住でオリジナルな知恵の輪を手作り販売する愛好家が制定。日付は最も易しい知恵の輪のひとつに９の形の二つを組み合わせた知恵の輪があることと、難しいことで知られている知恵の輪に「九連環」というのがあることから。

クラウドメディアの日

不特定多数の人々（CROWD）を媒体（MEDIA）と見立て、情報発信できる社会の実現を目指して株式会社Crowd Mediaが制定。日付は自社のクラウドメディアサービスの第一弾「Spee9.com（スピークドットコム）」のサービス開始日が2015年９月９日であることから。

「Spee9.com」は国内初の社会性の高い情報に特化したクラウドスピーキングサービスで、人々から賛同されるような情報、活動であれば発信力が弱くても不特定多数の人々の力を借りて情報拡散できる仕組みを持つ。

肌トラブル救急(QQ)の日

株式会社ドクターフィルコスメティクスが制定。同社のニキビや肌あれなど、肌トラブルのケアに特化したスキンケアシリーズ「QQ」をブランドの主軸として展開する皮膚の専門家が監修するドクターズコスメ・フォルミュール。その「QQ」をより多くの人に知ってもらい、肌トラブルに悩む多くの女性を救うのが目的。日付は肌トラブルはすぐに解決することが大切なので９と９を「救急」、そして「QQ」と読む語呂合わせから。

9/10

いいショッピングQoo10の日

イーベイジャパン合同会社が制定。同社が運営するインターネット総合ショッピングモール「Qoo10（キューテン）」をアピールして、誰もが自由に売買できるネットショッピングの魅力をより多くの人に伝え、利用してもらうのが目的。日付は９と10を「キュー（９）テン（10）」と読む語呂合わせから。

苦汁(にがり)の日

兵庫県赤穂市に本社を置き、食塩や苦汁(にがり)を中心とした無機ミネラル総合メーカーの赤穂化成株式会社が制定。和食の代表食材である豆腐の味を引き立てる苦汁の魅力を広めるのが目的。日付は苦汁は海水から塩を採ったあとに残る苦い液体で、苦汁（くじゅう）と書くことから「９（く）10（じゅう）」で９月10日に。

牛たんの日

宮城県仙台市を中心とした牛たん専門店が加盟する、仙台牛たん振興会が制定。仙台の食文化であり名物として名高い牛タン焼きを、より多くの人においしく、楽しく、安全に食べてもらうのが目的。日付は９と10で「牛」を９、「たん」をテン（10）と読む語呂合わせから。

給湯の日

大阪府大阪市に本社を置く関西電力株式会社が制定。お風呂などのお湯を沸かす給湯は家庭で最もエネルギー消費量が多いため、省エネ電気給湯機の「エコキュート」を多くの人に知ってもらうのが目的。日付は９と10で「給＝キュウ（９）湯＝トウ（10）」と読む語呂合わせから。

コンタクトレンズの日

一般社団法人日本コンタクトレンズ協会が制定。年に一度は使用しているコンタクトレンズがきちんと見えているか、レンズに問題はないかをチェックするきっかけの日とするのが目的。日付は９が指に乗せたコンタクトレンズを表し、10が装用しようとする目（１が眉毛、０が目）を表している。また、コンタクトレンズの呼び方に「ク（９）ト（10）」が含まれていることから。

ロマンスナイトの日

京都府京都市に本社を置き、寝装寝具などの企画、製造、販売を手がける株式会社ロマンス小杉が制定。同社の羽毛を真綿で包み込んだ三層構造の掛けふとん「ロマンスナイト」の寝心地の良さをより多くの人に知ってもらうのが目的。日付は９と10で「ロマンスナイト」の「ナイ（９）ト（10）」と読む語呂合わせから。

クラウドの日

クラウドコンピューティング事業、データセンター事業などを手がける株式会社IDCフロンティアが制定。いつでもどこでも、オンデマンドでコンピューターリソースを利用できるクラウドの魅力を紹介し、クラウドの利用促進が目的。日付は９と10で「ク（９）ラウド（10）」と読む語呂合わせから。

キューテンの日（Q10の日）

人間の体内にあるコエンザイムQ10は、若いエネルギーを作り、抗酸化作用があるといわれる。この普及を目的にQ10（キューテン）の語呂合わせから記念日としたのは資生堂薬品株式会社。

メディキュットの日

1904年に誕生したフット＆レッグケア専門ブランドのドクター・ショール。そのサブブランド「メディキュット」は、イギリスの医療用ストッキングがルーツの段階圧力ソックスで、脚のむくみを改善し、履くことで脚をキュッとひきしめ、軽くしてくれる人気商品。「メディキュット」のさらなるPRをと、メディキュットを展開するレキットベンキーザー・ジャパン株式会社が制定。日付は、脚をキュッと（９・10）ひきしめるの語呂合わせから。

和光堂ベビーフードの日

1937（昭和12）年９月に日本で最初のベビーフード「グリスメール」

を発売した和光堂株式会社が、赤ちゃんの健やかな成長を願って制定。日付は最初の発売の月が９月であり、赤ちゃんが生後100日目に一生食べることに困らないことを祈って行われる「お食い初め」の行事と和光堂を「おく（9）い（1）ぞめ・わ（0）こうどう」と読む語呂合わせから。

ナイトライダーの日

1980年代に世界的に大ヒットした海外ドラマで、民間犯罪捜査員のマイケル・ナイトと高性能人工知能を持つドリームカー「ナイト2000」がさまざまな事件を解決する「ナイトライダー」。その「ナイトライダー コンプリート ブルーレイBOX」の世界に先駆けての発売（2014年11月27日）を記念して、発売元のNBCユニバーサル・エンターテイメントジャパン合同会社が制定。日付は９と10での「ナイト」と読む語呂合わせから。

弓道の日

弓道用品の販売と製造を手がける有限会社猪飼弓具店（大阪市）代表取締役の猪飼英樹氏が制定。日本の伝統武道である弓道を広め、この日に弓道大会を開き、弓道の魅力を多くの人に伝えるのが目的。日付は９と10で「弓道」の語呂合わせから。2015年９月10日９時10分には多くの弓道家がツイッターで「弓道の日」をツイートして話題になった。

9/11

二百二十日

［年によって変わる］立春より数えて220日目。二百十日と同じく、台風の襲来の季節にあたるといわれる。農作物が被害にあいやすいため、農家の厄日とされる。

警察相談の日

1999年に警察庁が制定。警察への相談を日付は全国共通の警察相談専用ダイアルが「＃9110」であることから。

9/12

秋のメープルもみじの日

広島県広島市に本社を置き、洋菓子などを製造販売する株式会社サンエールが制定。５月26日の「メープルもみじの日」と同様に、秋にも同社のブランド「楓乃樹」から発売する「メープルもみじ」シリーズの販促と、広島県がモミジの名所であることを国内外に発信することが目的。広島県に足を運び、美しい景色とおいしい食べ物を堪能して良い思い出を残してほしいとの思いも込められている。日付は、1966年９月12日に広島県の県の木がモミジに決定したことから。

水路記念日

1871（明治４）年のこの日（旧暦７月28日）、明治政府内の兵部省海軍部に水路局が設置されたことから、海上保安庁が制定。水路業務を広く人々に理解してもらうために、展示会などを開いている。新暦でこの日に相当する９月12日を記念日としている。

9/13

北斗の拳の日

コミック事業、映像化事業などを展開する株式会社コアミックスが制定。同社が手がける大ヒット漫画『北斗の拳』（原作・武論尊氏、漫画・原哲夫氏）の魅力を世界に向けて広く伝えていくことが目的。日付は『北斗の拳』が「週刊少年ジャンプ」（集英社）で連載を開始した1983年９月13日から。

クリスタルジェミーの日

素肌美研究家で「美白の女神（ミューズ）」として知られる中島香里氏。彼女が株式会社クリスタルジェミーの社長であることを知ってもらい、より多くの女性を美しくしたいとの思いを抱いていることを広めるために制定。日付は９と13で「クリスタルジェミー」と読む語呂合わせから。英語ではCRYSTAL JEMMY DAY。

9/14

グリーンデー

お世話になっている人などに、日頃の感謝と健康にも気をつけてくださいとの意味をこめて、栄養価に優れたグリーンキウイフルーツを贈る日。５月14日の「ゴールドデー」のお返しの日でもあるこの記念日を制定したのは、ゼスプリ インターナショナルジャパン株式会社。

揚州商人スーラータンメンの日

「中国ラーメン揚州商人」などを展開する株式会社ホイッスル三好（東京都杉並区）が制定。中国の代表的なスープ、酸辣湯（サンラータン）に麺を入れた同社の「スーラータンメン」が大人気となっていることから、そのおいしさをさらに多くの人に伝えるのが目的。日付はレシピの生みの親である同社の三好比呂己代表の母、三好コト子さんの誕生日から。

9/15

石狩鍋記念日

北海道を代表する郷土料理の石狩鍋の発祥地である石狩市で、本場の石狩鍋を広くPRしようと結成された石狩鍋復活プロジェクト「あき味の会」が制定。石狩鍋は鮭の身のぶつ切りを野菜などとともに味噌仕立てにした鍋。日付は石狩で鮭が捕れる時季で、9と15を「くいごろ」と読む語呂合わせなどから。

レクリエーション介護士の日

民間資格「レクリエーション介護士」の養成講座、資格認定などを行う一般社団法人日本アクティブコミュニティ協会（大阪府大阪市）が制定。介護にレクリエーションを取り入れることで、高齢者を笑顔にする「レクリエーション介護士」。その知名度の向上が目的。日付は「レク（09）リエーションかいご（15）し」の語呂合わせと、以前は9月15日が「敬老の日」であったことから。

スナックサンドの日

「本仕込食パン」「ネオバターロール」など多くの人気のパンで知られるフジパン株式会社（愛知県名古屋市）が制定。同社は1975（昭和50）年9月15日に食パンのミミを落とし、中身をはさんで四方を圧着して作る携帯サンドイッチを日本で初めて発売、「スナックサンド」と名付けた。その「スナックサンド」が2015年で発売40周年になるのを記念したもの。日付は「スナックサンド」が発売された日から。

9/16

アサイーの日

ブラジルのアマゾンを原産とするヤシ科の植物で、スーパーフードと呼ばれる「アサイー」をはじめとしたアマゾンフルーツなどの輸入販売を手がける株式会社フルッタフルッタが制定。美と健康に良いとされるアサイーの魅力を伝えるとともに、産地であるアマゾンからブラジル全土、そして世界へ輸送されるようになった背景には、日本からアマゾンへ渡った日本移民がアサイーの産業化に尽力したことが大きく影響していることから、その功績をたたえることが目的。日付は第一回移民船がアマゾン川河口の都市ベレンに到着した1929年9月16日にちなんで。

牛とろの日

北海道上川郡清水町で牛肉製品の製造、販売を行う有限会社十勝スロウフードが制定。同社の提携牧場であるボーンフリーファームと開発した「牛とろ」のおいしさを多くの人に知ってもらうのが目的。1997年に誕生した「牛とろフレーク」は凍ったまま温かいご飯にふりかけて「牛とろ丼」にすると絶品。日付は９と16で「ぎゅう（９）とろ（16）」と読む語呂合わせから。

保湿クリームの日

化粧品の製造、販売、輸出入を手がけるSC. Cosmetics（エスシーコスメティクス）株式会社が制定。天然由来成分98.5％で作られた、年齢、性別、使用する部位を問わないユニバーサルな同社のクリームで、世界中の人々に美しい肌を手に入れてもらうのが目的。日付は９と16で「９（ク）リー（１）６（ム）」と読む語呂合わせから。

日本中央競馬会発足記念日

1954（昭和29）年のこの日、農林省の監督のもとに日本中央競馬会が発足。中央競馬の主な目的は、国や地方公共団体の財源の確保と、スポーツとしての楽しみなど。

9/17

イタリア料理の日

イタリア料理の普及・発展、イタリア文化の紹介、調理技術・知識向上を目的に、イタリア料理のシェフを中心に活動を行なっている日本イタリア料理協会が制定。日付はイタリア語で「料理」を意味する「クチーナ」（CUCINA）を917と読む語呂合わせから。

9/18

シュライヒフィギュアの日

本物そっくりの高品質な動物フィギュアのメーカーとして世界的に名高いドイツのシュライヒ社。その日本法人であるシュライヒジャパン株式会社が制定。子どもには想像力を育む玩具として、大人にはコレクションしたり飾ったり写真に収めたりと、さまざまに楽しんでもらえるものとして、同社のフィギュアを広めるのが目的。日付はシュライヒ社が設立された1935年９月18日にちなんで。

かいわれ大根の日

1986（昭和61）年に日本かいわれ協会が、かいわれ大根のよさをアピールしようと設けた日。日付の９月はその会合を開いた月、18日は８の字を横にして１を立てると、かいわれ大根の姿（竹トンボ型）になるためだという。

9/19

育休を考える日

大阪府大阪市に本社を置く、総合住宅メーカーの積水ハウス株式会社が制定。同社では「男性社員一か月以上の育児休業完全取得宣言」や男性の育休実態の調査について発信する「イクメンフォーラム」を開催するなど、男性の育児休暇について積極的に取り組んでいる。記念日を通して多くの人に男性の育休について考えるきっかけにしてもらうのが目的。日付は９と19を入れ替えた19と９で「育（19）休（９）」の語呂合わせから。

九十九島の日

1999年から毎年９月19日を「九十九島の日」と定めている長崎県佐世保市が制定。「世界で最も美しい湾クラブ」に加盟する九十九島は、大小208の島々からなる風光明媚な景勝地。九十九島の魅力を国内のみならず海外に向けて発信していくことが目的。日付は９と19で「く（９）じゅうく（19）」と読む語呂合わせから。

愛知のいちじくの日

⇨「１年間に複数日ある記念日」の項を参照。

遺品整理の日

梱包事業、給食事業、生花事業、産直市場など、さまざまな事業を展開する株式会社アヴァック（大阪府箕面市）が制定。秋の彼岸の月である９月に祖先を供養するとともに、故人の遺品も供養して整理し、遺族に新たな一歩を踏み出すきっかけの日にしてほしいとの願いが込められている。日付は依頼された遺品の整理をすぐ（クイック＝9.19）にするという意味から。

クイックルの日

生活に役立つ数多くの製品を手がける花王株式会社が制定。いつでも誰でも手軽にお掃除ができるクイックルを使って、家族みんなで住まいをきれいにしてもらいたいという同社の思いが込められている。日付は「ク（９）イ（１）ックル（９）」と読む語呂合わせから。

いけんの日（平和への思いを忘れない日）

2015（平成27）年９月19日に安全保障関連法案が参議院で可決。自衛隊の海外での武力行使につながる法案の内容は憲法違反（違憲）ではないかとの意見があり、それぞれの人が自分とは違った異見も聞くことの大切さを知る日とされている。「違憲」「意見」「異見」で「いけんの日」。

9/20

9月

コンタクトセンターの日

国内初の本格的なコンタクトセンターサービスを開始した株式会社ベルシステム24が制定。電話に加え、EメールやSNSなど、新たなコミュニケーションチャンネルの多様化に対応し、業界の発展を推進するのが目的。日付は同社の創業日（1982年９月20日）から。

子どもの成長啓発デー

子どもの成長啓発デー実行委員会が制定。子どもの内分泌疾患に関する正しい知識の普及、内分泌疾患の早期発見・早期治療の促進、成長曲線の普及と利用促進が目的。日付は内分泌疾患の患者や家族の支援団体で構成する国際組織「International Coalition of Organizations Supporting Endocrine Patients（ICOSEP）」が設立された日（2013年９月20日）にちなんで。この日には世界各地でキャンペーンなどが行われる。

バスの日

1903（明治36）年のこの日、日本で初めてのバス会社が本格的な営業を開始したことから、1987（昭和62）年の全国バス事業者大会で制定された。京都の堀川中立売～七条～祇園間を走った最初のバスは、蒸気自動車を改造したもので６人乗り、幌もなかったという。

空の日

1911（明治44）年のこの日、山田猪三郎が開発した山田式飛行船が東京上空を１時間にわたり初飛行したのを記念して、1940（昭和15）年に制定された「航空の日」を発展的に改称したもの。航空の安全と一層の成長を願い、広く国民に親しまれるようにアピールしていくのが目的。

もっと感動、空はフロンティア

9月20日は空の日

9/21

熊本ばってん下戸だモンの日

熊本県熊本市の熊本下戸の会が制定。同会はお酒が飲めない人(下戸)や、できることならお酒を交わさずに異業種交流を図りたいとの思いを抱く人たちの会で、その認知度を高めるのが目的。日付は同会が発足して第1回の「下戸の会」を開催した2016年9月21日から。

ガトーショコラの日

1998年創業のガトーショコラ専門店「ケンズカフェ東京」の氏家健治シェフが制定。ガトーショコラの魅力をより多くの人に知ってもらうのが目的。「ケンズカフェ東京」のガトーショコラは世界最高峰のチョコレートを贅沢に使った究極のガトーショコラと呼ばれている。日付は同店が初めてガトーショコラを販売した日にちなみ9月21日に。

国連・国際平和デー

1981年の国連総会で制定。この日は国連総会の通常会が始まる日に当たり、平和の理想をたたえ、強化する日とされ、国連事務総長による記念メッセージが全世界に向けて発表される。

キャタピラン(靴ひも)の日

さまざまな生活雑貨などの企画・開発・販売を手がける株式会社ツインズ（千葉県船橋市）が制定。結ばない靴ひも「キャタピラン」を多くの人に知ってもらうのが目的。「キャタピラン」は伸縮性に優れているため、靴を履く時に靴ひもを緩める必要が無く、靴を脱ぐことが多い日本人にはとても便利な靴ひも。日付は9と21で「くつ（92）ひ（1）も」の語呂合わせから。

靴市の日

本物の履き心地を追い求めた靴づくりで知られるマドラス株式会社(愛知県名古屋市）が制定。秋冬物の靴のシーズンが本格的に始まる9月21日を「靴市の日」として、靴に関するイベントを行い多くの人に靴に興味を持ってもらうのが目的。日付には9と21で「靴市（くついち）」と読む語呂合わせの意味もある。

9/22

ライソゾーム病の日

愛知県名古屋市に事務局を置き、ライソゾーム病に関して研究、啓蒙活動を行う一般社団法人Sakura Network Japanが制定。希少疾患であるライソゾーム病は医療関係者の中でも認知度が低く、診断を下すのが遅れることがある。効率的な治療効果を得るには発症早期から治療を始める必要があるため、記念日を通してライソゾーム病を中心とする難病の社会的認知度を向上させることが目的。また、患者である子どもたちへの励ましになってほしいとの願いも込められている。日付はライソゾーム病の代表的な疾患であるファブリー病の原因遺伝子がX染色体q22（922と見立てて）であることと、2012年9月22日からライソゾーム病の疾患啓発シンボルマーク「シルバーウイング」の活動が開始されたことから。

9月

B. LEAGUEの日

公益社団法人ジャパン・プロフェッショナル・バスケットボールリーグが制定。男子プロバスケットボールのトップリーグである「B.LEAGUE（Bリーグ）」の発展が目的。日付はリーグ初年度のシーズンの開幕が2016年9月22日であったことから。

フィットネスの日

公益社団法人日本フィットネス協会が制定。健康体力づくりを推進するのが目的。日付は1987（昭和62）年のこの日、同協会が公益法人として設立されたことから。

9/23

秋分（しゅうぶん）

[年によって変わる] 二十四節気のひとつ。昼と夜の長さが同じになる日。春分の日と同じように太陽が真西に沈む。

秋分の日

[年によって変わる] 1948（昭和23）年、国民の祝日に関する法律によって制定。祝日としての秋分の日は「祖先をうやまい、なくなった人をしのぶ日」となっている。

夕陽の日

[秋分、年によって変わる] 大阪府大阪市に事務局を置き、全国の夕陽を通した思い出作りを目指している旅館・ホテルで構成する「夕陽と語らいの宿ネットワーク」が制定。夕陽を眺めながら大切な人と語り合い、自らと自らを取り巻く人々に想いをめぐらして過ごす日とするのが目的。日付は「秋分の日」は先祖をうやまい、なくなった人をしのぶ日であり、西に沈む太陽を見てその美しさや奥深さを心に留めるのにふさわしい日との思いから。

長野県ぶどうの日

全国農業協同組合連合会長野県本部（JA全農長野）が制定。「ナガノパープル」「シャインマスカット」「巨峰」など、長野県産のぶどうを食べるきっかけを作り、そのおいしさを多くの人に味わってもらうのが目的。日付は9月の下旬が長野県産ぶどうの出荷ピークの時期であることと、23がぶどうの房（ふさ＝23）を意味していることから9月23日としたもの。

ネオロマンスの日

神奈川県横浜市に本社を置き、家庭用ビデオゲームソフトの開発、販売を行う株式会社コーエーテクモゲームスが制定。「ネオロマンス」とは同社の開発チーム、ルビーパーティーが製作する女性向けゲームの総称。1994年9月23日に1作目の「アンジェリーク」を発売以来、長きにわたって「ネオロマンス」を支えてくれたファンへの感謝の気持ちと、これからも女性にきらめきを与えるゲームを届けていくというメッセージを発売25周年の記念日に込めてお祝いすることが目的。日付は女性向け恋愛ゲームの元祖でもある「アンジェリーク」を発売した日から。

動物虐待防止の日

神奈川県横浜市の非営利一般社団法人日本動物虐待防止協会が制定。動物をみだりに殺し、傷つけ、苦しめることのない、人と動物の優しい共生社会を築くために、命の慈しみを大切にする心を育む日。日付は動物の命を守る原点の日との思いから動物愛護週間（9月20日から9月26日）の真ん中の日に。

おいしい小麦粉の日

お菓子作りの材料や資材を扱う株式会社富澤商店が制定。日本でいちばん小麦粉の取り扱い種類が多い小売店として、多種多様な小麦粉のおいしさ知ってもらうのが目的。日付は小麦粉の用途として代表的な「パン」が日本に伝わったのが1543年9月23日の鉄砲伝来のときとの説から。

靴磨きの日

靴磨きなどのシューズケア用品を手がける株式会社アールアンドデーが制定。「靴磨きを通じて日本の新しい靴文化を創造する」「最良の方法で楽しくシンプルな靴磨きを広める」との思いで活動する同社。靴磨きへの関心を高め、日々の暮らしに取り入れてもらうのが目的。日付は9と23で「靴（92）磨き（3）」と読む語呂合わせから。

網膜の日

公益社団法人日本網膜色素変性症協会が制定。眼の中で光を感じる組織である網膜に異常がみられる遺伝性の難病「網膜色素変性症」の認知度を高め、治療やケアに役立てるのが目的。網膜の病気は暗くなると見えなくなる夜盲、針の穴ほどしか視野のない視野欠損など、眼鏡などでは矯正できない「ロービジョン」と言われる視覚障害が多いが、ips細胞由来の網膜組織を用いた機能回復の研究も行われている。日付はこの病気は昼と夜の長さがほぼ同じになる９月23日を境に夜の時間が長くなるにつれて、出歩くのが困難になることから。

国生みの日

兵庫県淡路市の「くにうみ神話のまちづくり実行委員会」が制定。『古事記』などに記載のある国生み伝承の地、淡路島が「国生みの島・淡路」として2016年に日本遺産に認定されたことと、地元の伊弉諾(いざなぎ)神宮に、高千穂神社（宮崎県）、出雲大社（島根県）に伝わる神楽を招き「三大神話神楽祭」が行われることなどをPRするのが目的。日付は「三大神話神楽祭」が行われる日であり、９と23で「国（92）生み（３）」と読む語呂合わせから。

カフスボタンの日

カフスボタンの魅力をより多くの人に広めようと、カフスボタン専門店として知られるカフショップが制定。９月23日は秋分の日となることが多く、秋の訪れを感じる頃で、長袖シャツのおしゃれアイテムのカフスに最適との判断から。また、９・２・３で「カフス」と読む語呂合わせもその理由のひとつ。

酒風呂の日

［秋分、年によって変わる］⇨「１年間に複数日ある記念日」の項を参照。

お墓参りの日

［秋分の日、年によって変わる］全国の石材店・石材関連業者で組織される一般社団法人日本石材産業協会が制定。お盆や春と秋の彼岸などにお墓参りをすることで、先祖代々に手を合わせる日本らしい文化を絶やすことなく未来へとつなげていきたいとの思いが込められている。日付は「祖先をうやまい、なくなった人々をしのぶ」ことが趣旨とされ、国民の祝日に定められている「秋分の日」とした。

国実の日

長野県佐久市で建築のリフォームなどを手がけ、総合住環境プロデュースを掲げる株式会社国実が制定。同社では住宅の全面改修や住まいの困りごとの改善などを行い、人々の住環境を良くすることで地方から種をまき、社名のように「国に実がなる」ような日とすることを目指している。日付はこの日が「秋分の日」となることが多い収穫の時期でありり、9と23で「国実」と読む語呂合わせから。

9/24

海藻サラダの日

熊本県宇土市に本社を置き、主に海藻の加工販売を手がけるカネリョウ海藻株式会社が制定。ワカメや昆布、もずくなどを使い、食物繊維やミネラルなどが豊富で低カロリーの「海藻サラダ」を多くの人に味わってもらうのが目的。日付は日本で最初に「海藻サラダ」を作った同社の髙木良一会長の誕生日（1930年9月24日）から。

歯科技工士記念日

1955（昭和30）年のこの日、日本歯科技工士会が創立されたことを記念したもの。国民保健を支える専門医療技術者としての歯科技工士をアピールすることを目的に、社団法人日本歯科技工士会が制定。

畳の日

⇨「1年間に複数日ある記念日」の項を参照。

9/25

スターリングシルバーの日

1880（明治13）年創業の日本初の銀製品専門店、株式会社宮本商行が制定。スターリングシルバーとは92.5%が銀、7.5%が銅などの割り金をした合金のことで、銀の美しい光沢を保ちながら加工しやすい柔らかさを兼ね備えている。肌なじみの良さ、優しく温かみのある光沢、経年とともに深まる味わいなどさまざまな魅力があるスターリングシルバーを多くの人に親しんでほしいという願いが込められている。日付はスターリングシルバーの純度1000分の925の「925」から9月25日としたもの。

骨董の日

京都府京都市で骨董・美術品のオークションを手がける株式会社古裂會が制定。日本の古き良き文化のひとつである骨董品を多くの人に愛してもらうきっかけの日とするのが目的。日付は江戸時代の戯作者で「骨董」の語を広く知らしめるべく『骨董集』を刊行した山東京伝が『骨

董集　巻之三』に記した日付の文化十二乙亥九月二十五日から。

主婦休みの日

⇨「1年間に複数日ある記念日」の項を参照。

山田邦子の日

お笑いタレントであり、歌手、女優、司会者、小説家と多彩なプロフィールを持つ山田邦子さんは、かつて8年連続でNHKの好きなタレント調査で1位となるなど「天下を取った唯一の女芸人」と言われている。その芸人としての魅力とともに、人間的にも素晴らしい彼女をたたえたいと友人の緒方薫平氏が制定。日付は9月25日＝925＝「邦子」と読む語呂合わせから。

9/26

エイトレッド・ワークフローの日

社内手続きの電子化を実現するワークフローシステム「AgileWorks（アジャイルワークス）」や「X-point」などを開発、提供する株式会社エイトレッドが制定。ワークフローの役割や実現できる新しい働き方を紹介していくことで、ワークフロー市場を活性化させることが目的。日付は9月26日を0926として「ワー（0）ク（9）フロー（26）」の語呂合わせから。

大腸を考える日

牛乳や乳製品、アイスクリームなどを製造販売する森永乳業株式会社が制定。1960年代から大腸にすんでいるビフィズス菌の研究に取り組んできた同社。健康の鍵である大腸の役割や大腸などに生息する腸内細菌叢（そう）（腸内フローラ）のバランスを健全に保つための方法を広めることが目的。同社が中心となって大腸に良い食品素材を取り扱うメーカーで企業コンソーシアムを設立し、啓発活動を行っていく。日付は数字の9が大腸の形と似ていることと、「腸内フロ（26）ーラ」の語呂を組み合わせて9月26日としたもの。

“くつろぎ”の日

愛知県名古屋市に本社を置く株式会社コメダが制定。同社は「コメダ珈琲店」を全国に展開し、多くの人にくつろぎの場を提供をしてきた。2018年の創業50周年を記念し、お客様にとってさらに「くつろぐ、いちばんいいところ」であり続けるのが目的。日付は9と26で「く（9）つ（2）ろ（6）ぎ」の語呂合わせから。

9/27

ブリスの日

クルマのコーティング剤のブリスを開発した有限会社ブリスジャパンカンパニーが制定。ブリスはツヤを出し、ボディーを保護する優れたコーティング機能で知られ、その常温硬化による化学結合の実験に成功した2001年９月27日から、この日を記念日としたもの。

9/28

いじめ防止対策を考える日

研究者や学校関係者、保護者などと連携を組み、いじめ問題に取り組んでいる一般社団法人てとりが制定。いじめ問題の解決のためには産官学を含めた多くの関係者が一丸となって取り組む必要があることから、いじめ防止対策について多くの人が考えるきっかけをつくるのが目的。日付は「いじめ防止対策推進法」が施行された2013年9月28日から。

まけんグミの日

グー・チョキ・パーのじゃんけんの形をモチーフにしたグミ「まけんグミ」を発売する愛知県豊橋市の杉本屋製菓株式会社が制定。1990年に発売以来、年間1000万個以上を販売するロングセラー駄菓子の「まけんグミ」をさらに多くの人に知ってもらうのが目的。日付は９と28で「９（グー）２（チョキ）８（パー）」の語呂合わせから。

くつやの日

はきやすさとおしゃれの両立を目指し、ハンドメイドにこだわって上質な靴を製造販売している株式会社サロンドグレー（大阪市）が制定。健康を維持していくためにもますますその重要性が高まる靴。そのはきやすい靴を全国に広めるのが目的。日付は９と28で「くつや」の語呂合わせと、秋が深まり新しい靴が欲しくなる頃から。

自動車中古部品の日

福島県伊達市、山形県高畠町などに工場を構え、自動車および自動車部品の販売、使用済み車輌の適正処理などを手がける株式会社ナプロアースが制定。廃車や事故車などの乗り終えた車から使用できる部品を取り出し、車を修理する際に使うことでリサイクルやCO2の削減を図り、地球環境の保全、中古部品の認知度を広めるのが目的。日付は「車＝くるま（９）中古＝ちゅうこ（２）部品＝パーツ（８）」と読む語呂合わせから。

和光堂牛乳屋さんの日

粉ミルクやベビーフード、家庭用食品などを手がける和光堂株式会社が制定。1991年に誕生した粉末飲料「牛乳屋さんの珈琲」をはじめとして「牛乳屋さんのロイヤルミルクティー」など、その豊かなミルク風味と水でも溶ける手軽さで人気の「牛乳屋さんシリーズ」をさらに多くの人に知ってもらい、楽しんでもらうのが目的。日付は「牛＝ぎゅう（9）乳＝にゅう（2）屋＝や（8）」の語呂合わせから。

9/29

Heart Safe Cityの日

健康の向上にテクノロジーで貢献する株式会社フィリップス・ジャパンが制定。日本では毎年約7万人が心臓突然死によって亡くなっていることから、地域社会や行政、関係施設などと協力し、イベントなどを通じて心臓疾患からの社会復帰率の向上を目指した町づくりをサポートすることが目的。日付は世界心臓連合（World Heart Federation）によって定められたWorld Heart Dayが9月29日にであることから。

くっつくFM東海ラジオの日

愛知県名古屋市に本社を置く東海ラジオ放送株式会社が制定。同社は2015年10月1日からFM補完放送を開始し、その周波数は92.9MHz。従来のAM放送の1332kHzに加えてFM92.9MHzが「くっつく」形で放送を行っていることと、92.9を「くっ（9）つく（29）」と読む語呂合わせから、この周波数をさらに多くの人に知ってもらい東海ラジオの魅力を広めるのが目的。

招き猫の日

招き猫は福を招くといわれているところから9と29を「来る福」と読む語呂合わせで、招き猫の愛好家の団体・日本招き猫倶楽部が制定。日本ならではの縁起物として知られる招き猫は右手を挙げていると金運を招き、左手を挙げていると客を招くなどといわれ、広く庶民に愛されてきた。

接着の日

多くの消費者、取引先企業、会員企業などに、接着剤の持つ優れた機能、接着技術、役割などを知ってもらい、正しい情報の提供と接着剤業界の活性化を目的に、日本接着剤工業会が制定。日付は9と29で「くっつく」の語呂合わせから。同会では「人と人とをくっつける。人と暮らしをくっつける」を掲げている。

保険クリニックの日

保険ショップ「保険クリニック」を全国展開する株式会社アイリックコーポレーションが「保険クリニック」のオープン15周年を記念して制定。「あなたの保険のホームドクターでありたい」との願いからクリニックという屋号がつけられており「保険クリニックの日」には保険を見直す定期健診を受けてほしいとの思いが込められている。日付は「ク（9）リニック（29）」と読む語呂合わせから。

9/30

翻訳の日

翻訳者や翻訳団体、企業などで結成される一般社団法人日本翻訳連盟が制定。翻訳に関わる人々の活動を広く浸透させ推進することが目的。日付は、4世紀に聖書をラテン語に訳したヒエロニムスの命日と言われており、国際翻訳家連盟によって「世界翻訳の日」、国際連合によって「国際翻訳デー」（共にInternational Translation Day）として制定されている9月30日に。

両親の日

自分の可能性は「無限」であることに気づき、やりたいことを現実にする「夢限」の力を仲間と創り出すことを掲げる「超」∞大学の松永真樹氏が制定。両親への感謝の気持ちを表す日として、両親の前で「産んでくれてありがとう」と伝えるイベントなどを行う。日付は9と30を反対から表記すると039となり「お父さん、お母さん（0）、サンキュー（39）」の語呂合わせから。

クミンの日

カレーの香り付けスパイスとして普及しているクミン。この日を「クミンを使ったスパイスだけでカレーを作る日」にと制定したのはハウス食品株式会社。日付は9（ク）と30（ミン）の語呂合わせから。スパイス教室などを行う。

ニッポン放送 ワイド FM 93の日

首都圏の難聴取対策、災害対策のためにラジオのAM（中波）放送のエリアで、新たに割り当てられた周波数（FM電波）を用いてAM番組を放送する株式会社ニッポン放送が制定。同局ではこのワイドFM（FM補完放送）の周波数が「93.0MHz」であることから「ワイド FM

93」と命名。多くのリスナーの方々に親しんでもらうのが目的。日付は周波数の93.0MHzから。

年によって日付が変わる記念日

旧暦8/15（中秋の名月）

月見酒の日

1637（寛永14）年創業の京都府京都市伏見の老舗の日本酒メーカー、月桂冠株式会社が制定。まろやかな味わいと、すっきりとしたあと味が特徴のお酒「つき」をより多くの人に味わってもらうのが目的。日付は銘柄名から月が一年でもっとも美しく、風流な「月見酒」を楽しむのにふさわしい「中秋の名月」の日とした。

すっぽんの日

すっぽんの養殖地として全国的に有名な静岡県浜名郡舞阪町が、すっぽんの養殖が始まって100年となる2000年の10月に制定。滋養に優れたすっぽんを広くアピールするのが目的。日付は「月とすっぽん」のことわざから十五夜の日に。また、中秋の名月のころは、すっぽんに脂が乗っていっそう栄養価が高くなることも理由のひとつ。

9月第1水曜日

世界老人給食の日

食事サービスの重要性をアピールし、老人給食の発展を目指したもので、オーストラリアで1953年以来老人給食の活動を続けている団体「ミールズ・オン・ウィールズ協会」の呼びかけに、日本の全国老人給食協力会が賛同して制定。記念日（9月第1水曜日）にはいくつかの統一された高齢者向けの食事をつくり、一般の人にも提供して老人給食に対する理解を深めてもらう。

9月第2木曜日

日本骨髄増殖性腫瘍の日

骨髄増殖性腫瘍患者・家族会が制定。希少疾患の真性赤血球増加症（PV）、本態性血小板血症（ET）、骨髄線維症（MF）の総称である骨髄増殖性腫瘍（MPN）の認知度を高め、患者の人により多くの情報を届けることが目的。日付はアメリカで同様の記念日（MPN Awareness Day）が９月第２木曜日と定められていることから。日本記念日協会の「難病啓発・記念日プロジェクト」認定記念日のひとつ。

９月第２土曜日

ファミリーカラオケの日

学校５日制最初の土曜日休日（９月第２土曜日）を契機に、ふだんは生活の時間帯や場所が異なる親子や家族が「カラオケ」で歌うことを通じ、手軽にコミュニケーションをもつことができ、楽しさを共有できることをPRしようと、日本カラオケスタジオ協会が制定。

９月第３日曜日

牡蠣むきの日

「牡蠣（かき）むき」の認知度向上と「牡蠣むき文化」を発展させることを目的に、日本文化を世界に発信する株式会社LA DITTA（ラ ディッタ）が制定。この日に全日本牡蠣早むき選手権決勝戦を行い、牡蠣早むき日本代表をアイルランドで行われる「ゴールウェイ国際オイスターフェスティバル 牡蠣早むき世界大会」へ招待するオイスターフェスティバルを開催する。日付は牡蠣のシーズンが始まるRのつく最初の月が９月で、世界大会が毎年９月の第４週に開催されることからその１週前の第３日曜日に。

敬老の日の前日

心・血管病予防デー

心・血管検診の大切さを広く啓発、普及させることを目的に発足した一般社団法人日本心・血管病予防会（重松宏理事長）が制定。検診を受けることで血管に由来するさまざまな疾病を予防、発見する意識を高め、包括的に診断、治療することで、治療後の改善を図るのが目的。日付は主に高齢者を対象に心血管病予防の活動を行ってきたことから「敬老の日」の前日とした。

９月第３月曜日

敬老の日

「多年にわたり社会に尽くしてきた老人を敬愛し、長寿を祝う日」というのが祝日法による敬老の日の定義。1951（昭和26）年に作られた「としよりの日」が、1966年に「敬老の日」となった。2002年までは

9月15日とされていたが、2003年より9月第3月曜日とされた。

グランド・ジェネレーションズデー

若々しく年齢を重ね、豊かな知識と経験を持ち、第二の人生をさまざまなライフスタイルで楽しんでいるGRAND GENERATION（G.G）世代。その世代にエールを送り、より輝きを増す日にと、イオンなどのショッピングセンターを全国展開するイオンリテール株式会社（千葉県千葉市）が制定。日付は「敬老の日」を尊重して。

軽量の日

梱包材として使われる気泡シート「プチプチ」気泡ボード「プラパール」。これらの商品はとても軽くてお年寄りでも楽に運べることから「プチプチ」「プラパール」などを製造販売する川上産業株式会社が制定。日付はギリシャ神話に登場するかわいい妖精「ナイアド」を記念日のシンボルとしたことから。「ナイアド」は、以前は第9惑星であった海王星の第三衛星の名前であるため、9月と第3月曜日を組み合わせたもの。

海老の日

長いひげを持ち、腰の曲がった姿が凛とした老人の相に似ていることから長寿の象徴とされる海老。目玉が出ていて「お目出たい」といわれる縁起の良い海老。その海老を「敬老の日」に食べて、高齢者の方々に感謝と敬意を表し、末永い健康と長寿をお祝いする日にと、愛知県西尾市の老舗の海老専門業者・毎味（ことみ）水産株式会社が制定。「敬老の日」には海老を食べるという新しい食文化を提案している。

月　間

歯ヂカラ探究月間（1日～30日）

歯を丈夫で健康にするガム「リカルデント」などをブランドに持つ株式会社モンデリーズ・ジャパンが制定。夏は食生活が乱れがちで歯の体力＝歯ヂカラも弱まる傾向にあることから、食生活をリセットする機会でもある9月1日から30日までの1か月間を、歯が本来持っている力を見直し強化するなどの探究時期にしようと提唱したもの。

旧　暦　神無月（かんなづき）

語源:もとは「神の月」の意とされるが、後世、八百万（やおよろず）の神々が出雲に集まるため全国から神々がいなくなる「神無し月」という解釈が定着した（逆に出雲では「神在月」とされる）。

英　名　October

語源：もともとは「８番目」を意味するラテン語が語源だが（足が８本ある蛸はoctpusというのはこのため）、改暦の際に名称を変更したなかったことからズレが生じているとされる。

異　名　神去月（かみさりつき）／神在月（かみありつき）／初霜月（はつしもつき）／良月（りょうげつ）／吉月（きつげつ）／時雨月（しぐれづき）／小春（こはる）

誕生石　トルマリン（電気石）／オパール（蛋白石）

誕生花　菊／コスモス／ガーベラ／クルクマ

星　座　天秤座（～ 10/23頃）、蠍座（10/24頃～）

10月は実りの秋、芸術の季節なので、食べ物や文化に関連した記念日が多い。なかでも１日と10日は一年に数日ある記念日が集中する特異日で、さまざまな行事が行われるため、日本記念日協会のホームページへのアクセス数も急増する。しかし、スポーツの秋の象徴だった「体育の日」は、日付を移動する祝日になってから話題性を大きく失い、さらには名称も「スポーツの日」と変更されてしまった。記念日は何年にもわたり続けることでその文化が育っていく。国民の祝日なら国民に親しまれてこそのもの。

コスモス

10/1

たまご蒸しパンの日

愛知県名古屋市に本社を置き、パンを中心とした食品の製造販売を行うフジパン株式会社が制定。ふわふわの食感が人気の、満月のように黄色く丸い「たまご蒸しパン」をさらに多くの人に食べてもらい、「たまご蒸しパン」市場全体を盛り上げるのが目的。日付は十五夜、十三夜のお月見シーズンに食べてもらいたいことから、その日付に近い10月1日としたもの。また同社の商品「おいしいたまご蒸しパン」が発売された日でもある。

まずい棒の日

2018年に誕生したスナック菓子「まずい棒」。その発売元で千葉県銚子市に本社を置く銚子電気鉄道株式会社が制定。同電鉄の「お化け屋敷電車」の企画・演出を担当する怪談蒐集家の寺井広樹氏が考案した「まずい棒」のネーミングは「経営状況がまずい」にちなんでおり、この商品を多くの人に味わってもらうのが目的。日付は漫画家の日野日出志氏が手がけたパッケージのキャラクター「まずえもん」の誕生日（安銚18年９月31日＝10月１日〈架空〉）から。同社の竹本勝紀社長の「まずい・・もう１本！」を合言葉に生誕祭を行う。

電話健康相談の日

健康をサポートする各種インフラサービスを提供するティーペック株式会社が制定。いつでも、どこからでも利用できる電話健康相談を日常の医療・健康サポートツールとして多くの人に活用してもらうのが目的。日付は1989年10月１日に同社の24時間年中無休の電話健康相談サービス「ハロー健康相談24」が開始されたことにちなんで。

電動工具の日

電動ドリル、電動ドライバー、電動のこぎり、電動グラインダーなど、プロ用からDIY用、園芸用など、さまざまな用途の電動工具を製造販売する工機ホールディングス株式会社が制定。電動工具の安全で効果的な使い方をより多くの人に知ってもらい、その普及と発展が目的。日付は電動工具と親和性が高いネジ穴のプラス（＋）マイナス（－）を漢数字に見立て十月一日としたもの。また、秋の文化祭などに電動工具を使い作品を作ってもらいたいとの思いから。

超熟の日

愛知県名古屋市に本社を置き、「Pasco」のブランドで知られる敷島製パン株式会社が制定。余計なものは入れない、小麦本来のおいしさが人気の食パン「超熟」をはじめとする超熟シリーズ。そのおいしさをさらに多くに人に知ってもらい、日本中に「豊かで楽しい食卓」を届けるのが目的。日付は「超熟」が発売された1998年10月1日から。

裏ビックリマンの日

ビックリマンチョコシリーズの企画開発を行う株式会社ロッテと大日本印刷株式会社による、ビックリマンプロジェクトが制定。ビックリマンファンを「ビックリ」させる「裏」にちなんだ企画（菓子のパッケージの印刷文字を反対にするなど）を行い、ビックリマンファンに喜んでもらうのが目的。日付は「ビックリマンの日」である4月1日から半年後で、カレンダーの裏側に当たる10月1日に。

ピンクリボンの日

「エスティローダー」「アラミス」「クリニーク」などの化粧品ブランドで知られるエスティローダーグループが制定。同社が社会貢献活動として世界規模で行っている乳がんの知識を啓発するキャンペーン「ピンクリボンキャンペーン」をさらに広めるのが目的。日付は「乳がん早期発見強化月間」の初日となる10月1日。

和の日

公益財団法人地球友の会が制定。日本の文化、伝統を見つめ直し、調和、感謝、助け合い、譲り合いといった「和の精神」を広めることが目的。日付は10と1を「101」として人（1）と人（1）が和（輪＝0）で結ばれる形であることと、神様が出雲に集まって平和について語り合う月（神無月＝10月）の最初の日との意味から。多くの人々がこの日にお互いの幸せを祈り、和解する日にとの願いが込められている。

商品検査の日

兵庫県神戸市の生活協同組合コープこうべ・商品検査センターが制定。同組合は「安全な食べものを食べたい」という組合員の願いにこたえ、1967年10月1日に国内の生活協同組合で最初に商品検査室を開設。以来、消費者の視点に立った地道な商品検査活動を続け、2017年で50周年になることを記念したもの。日付は開設した日から。

札幌ホテル夜景の日

北海道札幌市のセンチュリーロイヤルホテル、JRタワーホテル日航札幌、ホテルエミシア札幌、宝飾品販売会社の株式会社プロポーズで構成する「札幌ホテル夜景の日実行委員会」が制定。同委員会のある札幌市は2015年10月に全国の夜景鑑定士により「日本新三大夜景都市」

のひとつに選ばれたことから、食と夜景を組み合わせた新しい夜景観光を創造、発信して、札幌の夜景が新たな観光資源であることを多くの人に知ってもらうのが目的。日付は2016年10月１日より各ホテルで「夜景ディナー企画」がスタートしたことにちなんで。

日本茶の日

豊臣秀吉が1587（天正15）年のこの日に北野の松原で大茶会を開いた故事から、日本茶飲料のメーカー、株式会社伊藤園が制定。10月上旬は「お茶まつり」などを開いている茶業家も多い。

都民の日

1898（明治31）年のこの日、東京市が誕生し、市役所が開設されたことに由来するもので、1952（昭和27）年に制定。

uni（ユニ）の日

1958（昭和33）年のこの日に、高級鉛筆「uni（ユニ）」が発売されたことから製造販売元の三菱鉛筆株式会社が制定。なめらかな書き味と、「uni」色と呼ばれる独特の軸色は多くの人を魅了し続け、高級鉛筆の代名詞としてのブランドを確立している。

日本酒の日

全日本酒造組合中央会が1978（昭和53）年に制定。新米による酒造りにかかるのが10月であること、酒造年度が10月1日から始まるなどの理由から。

コーヒーの日

全日本コーヒー協会が1983（昭和58）年に設けた日。10月１日がコーヒー年度のスタートにあたり、これからの季節、温かいコーヒーがよく飲まれるようになるため。

メガネの日

メガネの愛用者の方々に感謝の気持ちを表そうと、日本眼鏡関連団体協議会が1997年に制定。日付の由来は、10月１日は1001と表記することができ、両端の１がメガネのツルを、内側の０がレンズと見立てられ、メガネの形を意味していることから。

香水の日

秋はファッションの季節であり、新しい秋冬の服に合わせて香水への関心が高まる時期であることから、日本フレグランス協会が制定。人々の気持ちを豊かにする香水の魅力を広め、クリスマスから年末にかけての香水マーケットの賑わいを目指している。

食物せんいの日

10月1日を1001と見立て、「せんい」（ち）と読む語呂合わせから「食物せんいプロジェクト」が制定。現代人に不足しがちな食物繊維の摂取向上のきっかけの日とするのが目的。「食物せんいプロジェクト」は、アサヒ飲料、アサヒフードアンドヘルスケア、敷島製パン、日本製粉、ロッテ、ロート製薬が共同で食物繊維入りの商品展開などを行う。

乳がん検診の日

毎年、乳がん早期発見強化月間の初日である10月1日に、東京タワーが乳がん早期啓発のシンボルカラーであるピンク色にライトアップされる。それを見た一人でも多くの女性が乳がんの検診に行くことを思い出し、早期発見から命が救われることを願い、乳がん患者などで構成する「あけぼの会」が制定。記念日登録の申請は支援企業のエスティローダーグループオブカンパニー株式会社。

ひろさきふじの日

りんごの晩生種「ふじ」よりも1か月早く熟す着色系枝変り「ひろさきふじ」は、1996年10月1日に東京の太田市場に初めて上場し高値で取引され、早世ふじブームを巻き起こした。今でも「日本一早いサンふじ」として10月1日に初セリが行われることから、そのブランド化に取り組んできた青森県弘前市の「つがる弘前農業協同組合ひろさきふじの会」が制定。

食文化の日

「世界の『食』を豊かにする」ことをコンセプトに「食文化の開拓者」をスローガンとして掲げている愛媛県今治市の日本食研株式会社が制定。日付は豊かな「食」を通じて幸福を提供し続けたいとの熱意から会社の創業記念日（1971年10月1日）から。

磁石の日

磁石の特性や機能、存在価値をより広く社会に認知してもらうことを目的に、磁石のトップメーカーのニチレイマグネット株式会社が制定。日付は磁石は「＋（N極）と－（S極）」から成り立つことにちなみ、＋（10）と－（1）を組み合わせてのもの。

頭皮ケアの日

ヘアサロン市場における頭皮ケア商品の代表的メーカー資生堂プロフェッショナル株式会社が制定。自宅での頭皮ケアや、サロン技術者によるヘッドスパなどの頭皮ケアを習慣化し、頭皮を健やかに保つことで根元から張りのある美しい髪を育んでもらうのが目的。日付は10を

「頭（とう）」1を「皮（ひ）」と読む語呂合わせから。

雨といの日

住宅やビル、工場などの設備に関する事業を手がける大阪府門真市のパナソニック株式会社エコソリューションズ社が制定。自社製品の雨といブランド「アイアン」のPRと、年に一度は雨といの点検を行ってほしいという思いが込められている。日付は､「雨と（10）い（1）」と読む語呂合わせから。

天下一品の日

滋賀県大津市に本社を置き、鶏がらベースの濃厚こってりラーメンを特徴とするラーメンチェーン店「天下一品」を全国展開する株式会社天一食品商事が制定。日付は10と1で10（テン＝天）と1（イチ＝一）の語呂合わせから。1999年以降、毎年10月1日を中心に、お客様への感謝を込めて「天下一品祭り」を開催している。

トンカツの日

各種冷凍食品の製造販売を手がけ、全国の量販店、コンビニ、外食産業などに流通させている株式会社味のちぬや（香川県三豊市）が制定。食欲の秋であり、スポーツの秋でもあるこの季節に、トンカツを食べて元気に、そして勝負に勝つ（カツ）ことを目指して頑張ってもらいたいとの思いが込められている。トン（10）カツ（勝つ＝1番）の語呂合わせも。

確定拠出年金の日

年金加入者が自分の責任で資産形成のための賢い選択を行えるようになるための効果的な教育を、中立の立場で支援する特定非営利活動法人確定拠出年金教育協会が制定。協会では日頃から確定拠出年金についての調査やセミナーを行っている。日付は2001年10月1日に確定拠出年金法が施行されたことから。

トライの日

「資格を取る」「家を建てる」「マラソンを完走する」「新商品を開発する」など、個人や企業が何かの目標を持って挑戦をする、何か新しいことを試みる（トライ）、その出発点となる日をと東京の渡邉渡氏が制定。日付は「ト（10）ライ（1）」と読む語呂合わせから。

ポイントカードの日

日本最大の共通ポイントカード「Tカード」を運営する株式会社Tポイント・ジャパンが制定。共通ポイントカードはリアル店舗やネットサービスなど、業界を横断した多くの企業からサービスを受けられるカードで、その価値を高め「人のため・人と人が社会をつなぐポイント、みんなのポイント」を目指すことが目的。日付はTカードが誕生した2003年10月1日から。

AOAの日

韓国の人気ガールズグループ「AOA」が韓国で1位に輝いた楽曲「ミニスカート」での日本デビューを記念してユニバーサルミュージック合同会社が制定。日付は日本でのデビューが2014年10月1日であることと、10月1日＝101として、数字の最初の1をアルファベットの最初の文字のAに置き換え、0は見た目からそのままOにすると「AOA」となることから。「AOA」の名前の由来は「空から降りてきた天使たち『Ace of Angels』」というコンセプトから生まれたもの。

スカルプの日

総合毛髪関連事業の株式会社アデランスが制定。自社の育毛コースである男性向けの「HairRepro（ヘアリプロ）」や女性向けの「Benefage（ベネファージュ）」、その他ヘアケア商品の販売や毛髪関連サービスのPRが目的。日付は10と1で「とうひ（頭皮）」と読む語呂合わせから。スカルプ（scalp）は英語で「頭皮」の意味。

ハロウィン月間はじまりの日

ハロウィンのパレードやイベントなどで有名な東京・渋谷。その渋谷駅の東口に位置する「渋谷駅東口商店会」が制定。10月31日の「ハロウィン」のある10月を「ハロウィン月間」と位置づけ、1か月間さまざまな活動を展開することで地域の活性化を図るのが目的。記念日としての日付はそのはじまりの日である1日とした。

10/2

イオンレイクタウンの日

埼玉県越谷市の日本最大のエコ・ショッピングセンター「イオンレイクタウン」を運営するイオンリテール株式会社とイオンモール株式会社が制定。年間5400万人もの人が訪れるイオンレイクタウンは国内トップクラスのエコへの取り組みをはじめとして、ウォーカブル（歩きやすい）、ユニバーサル（誰にでもやさしい）、コミュニティ（憩いの場になる）をキーワードに、人と自然に心地よい空間とサービスを提供しており、そのPRが目的。日付はオープンした2008年10月2日から。

直売所（ファーマーズマーケット）の日

全国農業協同組合中央会（JA全中）が制定。生産者が消費者に直接、農産物を販売する直売所のファーマーズマーケットは、地産地消、農業振興、地域活性化などに欠かせない存在で、多くの人に知ってもらうのが目的。日付は「JAファーマーズマーケット憲章」が制定された2003年10月２日から。また、採れたてのイメージから「採れ（10）たてに（２）会おう・行こう」の語呂合わせも。

美術を楽しむ日

四美大校友会同窓会連合が制定。若い人々をはじめとしてすべての人に美術を身近に感じ体験する機会をもってもらい、美術の素晴らしさと可能性を伝えるのが目的。日付は「芸術の秋」として親しまれている季節であり､10と２を「美（Be）10月（ジュ）２日（ツ)」と読んで。ちなみに四美大とは女子美術大学、多摩美術大学、東京造形大学、武蔵野美術大学の四校のこと。

ALDの日

特定非営利活動法人ALDの未来を考える会が制定。日本名で「副腎白質ジストロフィー」と言われる先天性代謝異常、特定疾患に指定された遺伝性の難病「ALD」（Adrenoleukodystrophy）について、より多くの人に知ってもらうのが目的。日付はALD研究の第一人者であった五十嵐正紘医師が1976年に世界で初めてALD患者の脳、副腎に飽和極長鎖脂肪酸が蓄積していることを発見し、この研究が最初に医学誌に受理された日から10月２日に。

グラノーラの日

グラノーラの日本トップシェアブランド「フルグラ®」を国内で展開するカルビー株式会社が制定。お米、パンに続く「第3の朝食」としてグラノーラが日本の食卓に根付くためにその認知度向上が目的。日付は10と２で10をスプーン（１）とお皿（０）に見立て、グラノーラの主原料であるオーツ麦を「02」と読む語呂合わせから1002で10月２日に。

雷山地豆腐の日

10月２日の「豆腐」の語呂合わせで福岡県福岡市で雷山地豆腐店を営む野田昌志氏が制定。雷山地豆腐は糸島市雷山の水を使い、大豆の味が濃いのが特徴の人気豆腐。

奈川・投汁(とうじ)そばの日

長野県松本市奈川にある株式会社奈川温泉「富喜の湯」が制定。「富喜の湯」の名物料理であり、奈川の伝統的な食文化である投汁そばの保存と情報発信がその目的。投汁そばは、そばつゆを沸かす鍋に、そばを入れたとうじ籠を浸し、それを引きあげて薬味をかけて食べる野趣に富んだもの。日付は10（とう）と２（じ）で投汁の語呂合わせと、この頃が奈川の新そばの最盛期に当たるため。投汁そばとともに、奈川そばの振興を図る。

杜仲(とちゅう)の日

中国では古くから漢方として利用され、日本では医薬品やお茶として広く親しまれている杜仲。その歴史や有用性を多くの人に知ってもらい、知識を深める日にと日本杜仲研究会が制定。日付は10と２で「トチュウ」と読む語呂合わせから。

スンドゥブの日

韓国の家庭料理のスンドゥブチゲが作れる赤いスンドゥブチゲ用と、白いスンドゥブチゲ用のスープを発売している株式会社ダイショーが制定。寒くなる季節に備えて体が温まり、豆腐と卵で簡単に作れるスンドゥブチゲを食べて元気になってもらいたいとの願いが込められている。日付は10と２でスンドゥブチゲの材料の「豆腐」と読む語呂合わせから。

「跳び」の日

「なわとび」の全国一の売上高、シェアを誇る愛知県。その愛知県名古屋市に本部を置き、なわとびの普及促進活動を行う、特定非営利活動法人日本なわとびプロジェクトが制定。なわとびを使って人々の基礎体力向上を図ることが目的。日付は10と２で「跳び」と読む語呂合わせで。また、なわとびは両手で持って跳ぶため、７月８日を「『なわ』の日」に制定し、二つの記念日により両方の手が「なわを持つ」イメージを表すことで、その定着を目指している。

とんこつラーメンの日

福岡県久留米市の「久留米ラーメン会」が制定。今や世界に広がる「とんこつラーメン」の発祥の地である久留米の認知度を上げ、「とんこつラーメン」を地元で味わってもらうことが目的。日付は10と２を「とんこつ」と読む語呂合わせから。

10/3

榮太樓飴の日

文政元年に創業し、東京・日本橋に本店を構える老舗の和菓子店、株式会社榮太樓總本鋪が制定。自社の代表的商品である榮太樓飴をさらに多くの人に知ってもらい、そのおいしさを味わってもらうのが目的。

日付は榮太樓飴の生みの親である細田栄太郎の誕生日（1832年10月３日）から。また、この頃は七十二候の「水始涸」の初日で農産物の収穫期となり、天然の原材料だけで作られている榮太樓飴にふさわしい日との思いも。

アンパンマンの日

子どもたちに絶大な人気を誇る国民的キャラクター「アンパンマン」(やなせたかし氏原作）の記念日。日付はテレビアニメ「それいけ！アンパンマン」が日本テレビ系列で放送を開始した1988年10月３日から。アンパンマンはいつまでも子どもたちに愛と勇気を届け続ける。

飲むオリーブオイルの日

和歌山県白浜町に本社を置き、安心、安全な食べ物を提供しているクオリティライフ株式会社が制定。身体によい成分が多く含まれているエクストラバージンオリーブオイルを飲む習慣をつけることで、健康と食の楽しさを提案するのが目的。日付は同社がトルコのエーゲ海沿岸の太陽を浴びて育ったオリーブを搾ったエクストラバージンオリーブオイルを輸入販売していることから、10がトルコ、３がサンシャイン（陽光）を表す語呂合わせで。

ドイツパンの日

1978年から日本におけるドイツパンの普及活動を行っているドイツパン研究会が制定。近年、伝統的なドイツパンによるドイツの食習慣が健康に良いと見直されていることから、さらなる普及を目指すのが目的。日付は1990年のこの日に、東西に分かれていたドイツが統一され、ドイツの象徴的な日との判断から。

洗浄の日

環境にやさしい「水」の持つ優れたエネルギーを利用した高圧洗浄。その活用、普及の一環として、洗浄従事者の技能向上、作業方法の改善などを目的に活動している社団法人日本洗浄技能開発協会が制定。日付は「千（セン）は10の３乗（ジョウ)」の語呂合わせから。

センサの日

光電センサ、変位センサ、画像センサおよび画像処理用LED照明などを手がけ、高品質の産業用センサの製造販売で知られる京都市に本社を置くオプテックス・エフエー株式会社が制定。センサの技術は自動車、電子部品、医薬品、食品など、世界のさまざまな業界で使われ、多くのものづくりに貢献している。日付は10月３日＝1003で「センサ」の語呂合わせから。

とろみ調整食品の日

介護医療食品の開発販売を手がける株式会社フードケア（神奈川県相模原市）が制定。高齢化社会が進むなか、高齢者の誤嚥（ごえん）による窒息死や肺炎が多発していることから、とろみ調整食品の大切さ、使い方の重要性を多くの人に知ってもらい、誤嚥防止を広めていくことが目的。日付は「と（10）ろみ（3）」と読む語呂合わせから。

ごめんなさいカレーの日

観光土産物や食品などの製造販売などを手がける株式会社楽喜（らっき）が制定。姓が山口の人、山口県出身の人だけが購入できるなど、そのユニークな販売方法が話題を集めてきた自社の名物商品「山口さんちのごめんなさいカレー」の新商品の発売に合わせてPRするのが目的。日付は10と3で「ごめんなさい」とお詫びをするときの最大限のポーズである「土（10）下座（3）」の語呂合わせから。

10/4

天使のシャンパンの日

人気のシャンパン「ANGEL CHAMPAGNE」の日本正規代理店であるANGEL JAPAN株式会社が制定。「完全なる美」を探求するという意味が込められた「ANGEL CHAMPAGNE」は独創的な風味を持つ。多くの人にその魅力を知ってもらうことが目的。日付は10と4で「天使＝てん（10）し（4）」と読む語呂合わせから。

日本刀の日

岡山県岡山市に本部を置き、伝統美術工芸品である日本刀の古来の刀剣製作技術の研究開発および新作刀剣の普及を目指す、全日本刀匠会が制定。日本刀に対する正しい知識を広めるとともに、美術品としての美しさ、文化的な価値、継承していくべき技術の大切さを伝えるのが目的。日付は10と4で「刀（とう＝10）匠（し＝4・ょう）」の語呂合わせから。

糖質ゼロの日

2008年9月に日本酒で初めて糖質ゼロの商品を発売した京都府京都市伏見区の老舗日本酒メーカー、月桂冠株式会社が制定。後味がすっきりとして旨味のある日本酒「糖質ゼロ」は健康を気遣う人だけでなく、超淡麗辛口で料理との相性を高める軽快な飲み口であることを多くの人に知ってもらうのが目的。日付は10と4で「糖（とう＝10）質（し＝4・つ）」と読む語呂合わせから。

10月

等身大フォトの日

広島県広島市に本社を置き、全国で写真集の製作などを手がける株式会社アスカネットが制定。子どもの成長記録として赤ちゃんの大きさを等身大の写真で残すことで得られる感動と、今までなかった「等身大撮影」をより多くの人に知ってもらうのが目的。日付は10と４で「とう（10）し（４）んだい＝等身大」と読む語呂合わせから。

証券投資の日

日本証券業協会がより多くの人に証券投資に興味と関心を持ってもらうために1996年に制定し、2003年に日本記念日協会に登録。その後、2009年に登録名称を「投資の日」と変更したが、2017年からは再び「証券投資の日」として再登録した。日付は10と４で「投（とう＝10）資（し＝４）」の語呂合わせから。証券界ではこの日を中心に、全国各地でさまざまな普及活動を行っている。

天使のエステの日

エステティックサロン「レザンジュ」を運営する株式会社ミラックスが制定。フランス語で天使を意味する「レサンジュ」のPRと、多くの女性に天使のような美しさを提供したいとの願いから。日付は10と４で「天＝テン（10）使＝シ（４）」と読む語呂合わせから。

天使の日

トリンプ・インターナショナル・ジャパン株式会社が自社の主力商品「天使のブラ」が累計1000万枚の販売を記録したのを記念して制定。日付は10と４で「天使」と読む語呂合わせから。

徒歩の日

日常生活で歩く習慣を取り戻し、健康になろうと宮崎市の「徒歩を楽しむ会」代表の貞原信義氏が制定。日付は10と４で徒歩（ト・フォ）と読む語呂合わせから。

サンテロ天使の日

ラベルに天使が描かれたイタリア産のスパークリングワイン「天使のアスティ」「天使のロッソ」を楽しんでいただきたいと、酒類専門商社の株式会社モトックス（東大阪市）が制定。サンテロとはイタリアナンバーワンアスティを生産するサンテロ社のことで、日付は10と４で「天使」と読む語呂合わせから。

森永・天使の日

エンゼルマークで知られ、「天使」の商標登録を持つ森永製菓株式会社が制定。日本中の子どもたちに天使のような純真無垢な笑顔になってもらいたいとの願いが込められている。日付は10と４で「天＝テン（10）使＝シ（４）」の語呂合わせから。

ジューCの日

「ジューC」は1965年から販売され、45年以上もの間ロングセラーを続けている日本を代表する清涼菓子。「子どもたちに夢と希望を」の精神でお菓子づくりをしている製造・販売元のカバヤ食品株式会社（岡山県岡山市）が制定。日付は10と４で「ジューC（シー）」と読む語呂合わせから。

トレシーの日

メガネ拭きの代名詞として知られ、超極細繊維を使ったクリーニングクロス「トレシー」を発売する東レ株式会社が、その優れた効果をPRするために制定。1986（昭和61）年に発売された「トレシー」は、スマートフォンや時計、アクセサリー、テレビ、グラス、漆器、家庭用品ど、さまざまなアイテムにも使え、油膜などの脂汚れを驚くほどスッキリ拭き取ることができる。日付は「ト（10）レシー（04）」と読む語呂合わせから。

とんがらし麺の日

即席麺を中心とした食品の製造販売を行う日清食品株式会社が制定。同社の商品である「とんがらし麺」のおいしさをさらに多くの人に味わってもらうのが目的。「とんがらし麺」は辛さとうまみを合わせ持つこだわりの唐辛子練り込み麺と、うま辛なスープが後をひく人気のカップ麺。日付は「トン（10）がらシ（４）」の語呂合わせから。

お取り寄せの日

お取り寄せの口コミポータルサイト「おとりよせネット」を運営するアイランド株式会社が制定。お取り寄せのたのしさ、うれしさ、わくわくがもっと広がるようにとの願いが込められている。日付は10月はおいしいものがあふれる季節で、４日は食（４）に通じることと、「お・と（10）・り・よ（４）・せ」の語呂合わせから。

10/5

トリコの日

芸能界を舞台に幼なじみの三人の愛と成長を描いた恋愛映画「あのコの、トリコ。」を製作する株式会社博報堂DYミュージック＆ピクチャーズが制定。映画の大切なテーマである「誰かをトリコにする恋愛の日」とするとともに、同作品の魅力をアピールするのが目的。日付は全国公開が2018年10月５日であることと、10/5を「ト（10）リ（/）コ（５）」と読んで。幼なじみを演じるのは吉沢亮、新木優子、杉野遥亮の三人の人気俳優。

みそおでんの日

群馬県甘楽町に本社を置き、「こんにゃくパーク」の運営でも有名な、こんにゃくメーカーの株式会社ヨコオデイリーフーズが制定。同社の人気商品である「田楽みそおでん」をPRするのが目的。日付は同社が田楽おでんにみそだれをつけて発売した1994年10月５日にちなんで。

社内報の日

社内報の役割を再認識して企業を元気にするため、活用を促進しようと社内報のコンサルティングなどを手がけるウィズワークス株式会社が制定。日付は10と５で社内を統合（トーゴ）の意味から。

デコの日

デジタルカメラ、携帯電話、ライターなど、さまざまな品を飾るデコレーション。そのアーティスティックな美しさ、魅力を多くの人に知ってもらい、デコレーター技術の普及を目的に、NPO法人日本デコレーター協会が制定。日付は10と５をデコレーションの「デコ」と読む語呂合わせから。

シスターストリート記念日

2013年10月５日、日本とアメリカを代表するファッションストリートである東京・原宿の３商店会（原宿神宮前商店会、原宿表参道欅会、原宿竹下通り商店会）と、ロサンゼルスのメルローズストリートが世界初の「シスターストリート（姉妹通り）」を締結。そのきっかけをつくったアーティストで「原宿カワイイ大使」のきゃりーぱみゅぱみゅが所属するアソビシステム株式会社が制定。ポップカルチャーが生み出す新しい地域経済の発展モデルを作ることが目的。日付は「シスターストリート」が締結された日から。

教師の日

素晴らしい教育を受ける機会をより多くの子どもたちに広めるために、優秀な教師の育成、支援を行っている「認定特定非営利活動法人Teach For Japan」が制定。教師という仕事の魅力、現場の先生方の日々の実践、そのための努力について社会に伝えることが目的。日付は1966年10月５日に国連の教育科学文化機関（ユネスコ）が「教師の地位向上に関する勧告」を調印して「世界教師デー」が生まれたことから同じ日とした。

10/6

どろソースの日

兵庫県神戸市に本社を置き、ソースやドレッシングなどの調味料、お好み焼などの冷凍食品の製造を行うオリバーソース株式会社が制定。同社の主力商品である「どろソース」は、ウスターソースを伝統的な沈殿製法を用いて製造する際、副産物としてとれる「どろ」をベースとして作られている。この旨味とコクのある味わい深い「どろソース」をさらに多くの人に知ってもらうのが目的。日付は10と６を「ど（10）ろ（６）」と読む語呂合わせから。

登録販売者の日

神奈川県横浜市に本部を置く日本チェーンドラッグストア協会が制定。2009年の改正薬事法で一般用医薬品の第２類、第３類を販売する専門資格として「登録販売者」が誕生した。薬の選び方や飲み方を相談できる「登録販売者」の存在をさらに多くの方に知ってもらい、健康な毎日を送ってもらうのが目的。日付は10と６で「トウ（10）ロク（６）」の語呂合わせから。

石油の日

株式会社燃料油脂新聞社が制定。社会のインフラとして人々の生活に欠かせない石油の重要性や、石油販売拠点でもあるガソリンスタンド（サービスステーション＝SS）の社会的意義を多くの人に再認識してもらうのが目的。日付は106を１＝イ、０＝オ、６＝ルと見立てて並べ替えるとオイル（石油）となることと、1973年10月６日に発生した「第一次オイルショック」の教訓などから。

メディカルスパトロンの日

入浴施設「メディカルスパトロン」を運営する株式会社ヘルシーピープルが制定。「メディカル」は医学・医療、「スパ」は温泉・鉱泉、「トロン」は放射性元素の一種とすることから組み合わせた「メディカルスパトロン」の普及と発展が目的。日付は10と６で「ト（10）ロ（６）ン」と読む語呂合わせから。

でん六の日

山形県山形市に本社を置き、豆菓子・甘納豆・チョコレート・おつまみなどを製造販売する、株式会社でん六が制定。社名にもなっている「でん六豆」の発売60周年を記念し、企業イメージの向上と、でん六商品の認知度を高めるのが目的。日付は10と６で「でん＝テン（10）

六＝ロク（６）」の語呂合わせから。

とくしまNAKAドローンの日

徳島県那賀町が、さらなるドローン関連事業の展開を目的に制定。同町では2015年10月に徳島県版ドローン特区に認定されて以来、ドローンを活用した町のPR、UJIターンの促進、交流人口の増加を目指す事業に取り組んでいる。日付は10と６で「ドローン」と読む語呂合わせから。

夢をかなえる日

10と６を「ドリーム」と詠む語呂合わせから、株式会社KUURAKU GROUP（千葉市）が制定。民間企業が若者の夢を叶えるためにバックアップする組織のバイトドリーマーズを設立し、この日に全国のアルバイトを対象とした伝説のアルバイト、優秀なアルバイト、アルバイト起業家などを表彰する予定。

10月

10/7

イオナの日

「イオナ。わたしは美しい。」のメッセージで知られるシンプルスキンケアのパイオニアである、イオナインターナショナル株式会社が制定。肌本来の働きを助ける天然イオンを配合した同社のスキンケア商品の効果と魅力を、多くの人に知ってもらうのが目的。日付は10と７で「イ（1）オ（0）ナ（7）」と読む語呂合わせから。

盗難防止の日

家屋侵入盗難、自動車盗難などの盗難被害を防ぎ、その犯罪をなくそうと、社団法人日本損害保険協会が制定。日付は10と７でトーナンの語呂合わせから。

宿毛の柑橘「直七」の日

高知県宿毛市の特産の柑橘類「直七」。やわらかい酸味と、すっきりとまろやかな味で地元では食酢としてさまざまな料理に使われている。「直七」を扱う「直七の里株式会社」が制定。日付は10月は「直七」の収穫の最盛期であり、直七の直の字に十が含まれていることと、直七の七から10月７日に。

マナーインストラクターの日

接客・接遇のプロを育てる講師を養成している一般社団法人日本マナーOJTインストラクター協会（大阪府大阪市）が制定。この日をきっかけにマナー研修の意識を高め、インストラクターを目指す人、インストラクターをしている人に行動を起こしてもらうのが目的。日付は「マ（10＝マル）ナー（７）」と読む語呂合わせと、10月にマナー研修が多いことから。

キットカットのオトナの日

コーヒーのネスカフェ、チョコレートのキットカットなど、人気の飲料や食品を数多く製造販売するネスレ日本株式会社（兵庫県神戸市）が制定。「キットカット オトナの甘さ」を販売する同社では、すべてのオトナの前向きな一歩をたたえる日にとしている。日付は10と７で「オトナ」と読む語呂合わせから。

トナーの日

オフィスで広く使用されているレーザープリンター用消耗品「トナーカートリッジ」を全国で販売するケイティケイ株式会社（愛知県名古屋市）が制定。日頃から「トナーカートリッジ」を利用していただいているお客様に感謝の気持ちを表すことが目的。日付は「ト（10）ナー（７）」と読む語呂合わせから。

大人のダイエットの日

忙しい大人のための食やダイエットをサポートしている一般社団法人大人のダイエット研究所が制定。忙しい大人が無理なく食事を楽しみながら健康になるために、食と健康を見直すきっかけの日としてもらうのが目的。日付は10と７で「オトナ」と読む語呂合わせから。

10/8

寒露（かんろ）

［年によって変わる］二十四節気のひとつ。露が寒気で凍る前の時期にあたる。紅葉が鮮やかになり、寒冷地では初氷も見られる。

桐葉菓の日

日本三景のひとつ、広島県廿日市市の宮島に本店を置き、もみじ饅頭などの和菓子を製造販売する株式会社やまだ屋が制定。「桐葉菓（とうようか）」は独自の小豆餡をもち粉の生地で包み、ソフトに焼き上げたまろやかな風味の人気商品で、広島市の「ザ・広島ブランド味わいの一品」に認定されている銘菓。そのおいしさをより多くの人に知ってもらうのが目的。日付は10と８で「桐＝とう（10）葉菓＝ようか（８日）」の語呂合わせから。

足袋の日

日本足袋工業会が1988年に制定したものを2018年に記念日登録。和装文化に欠かせない足袋の魅力を多くの人に知ってもらうのが目的。日付は七五三、正月、成人の日などこれから和服を着る機会の増える10月と、末広がりで縁起が良いことから８日で10月８日とした。

頭髪記念日

奈良県奈良市に事務所を置く奈良県理容生活衛生同業組合が制定。頭皮、毛髪に関心を持ち、髪形をチェックすることで気分を高めてもらうのが目的。また、理容師も技術の向上、接客力を磨く日に。日付は10と８で「頭＝とう（10）髪＝はつ（８）」との語呂合わせから。

ドローンパイロットの日

ドローン操縦士資格認定機関である一般社団法人ドローン操縦士協会（DPA）が制定。ドローンの操縦士（パイロット）の育成と、その技術の向上と健全な発展が目的。日付は10と８で「ド（10）ローンパ（８）イロット」と読む語呂合わせから。

地熱発電の日

独立行政法人石油天然ガス・金属鉱物資源機構（JOGMEC）、電気事業連合会、日本地熱協会が制定。発電コストが低く、年間を通じて安定的に発電可能な再生可能エネルギーの地熱発電を、より多くの人に理解してもらうのが目的。日付は日本初の商用地熱発電が岩手県八幡平市の松川地熱発電所で運転を開始した1966年10月８日にちなんで。

はらこめしの日

宮城県亘理町が制定。亘理町荒浜地区が発祥の地とされる「はらこめし」のおいしさを全国に広めるのが目的。はらこめしは煮汁で炊き込んだご飯の上に脂ののった鮭の切り身と大粒のイクラ（はらこ）を贅沢に乗せた宮城県を代表する郷土料理。日付は10月は阿武隈川に鮭が上ってくる鮭漁の解禁の月で、８日の８は「はらこ」の「は（８）」であり、イクラの粒を縦に並べると数字の８に形が似ていることから。10月上旬には「荒浜漁港水産まつり」が開かれ、はらこめしの販売を行う。

糖をはかる日

糖尿病治療の確立とその普及を目指す糖尿病治療研究会が制定。糖尿病の予防と治療に欠かせない血糖の適正な管理の大切さを多くの人に知ってもらうのが目的。糖尿病ネットワークなどのウエブサイトを活用した啓発活動を行う。日付は10と８で「糖（10）をは（８）かる」と読む語呂合わせから。

角ハイボールの日

1937（昭和22）年10月８日、サントリーウイスキー角瓶が発売されたことからサントリー株式会社が制定。ハイボール＝ウイスキーのソーダ割りのおいしさをアピールするのが目的。

ハンドバッグの日

ハンドバッグ業界の活性化と服飾文化の興隆を目指す一般社団法人日本ハンドバッグ協会が、ハンドバッグの需要喚起を目的として制定。日付はハンドバッグの「ハンド」の「ド」から10月、「バ（８）ッグ（９）」から８日と９日の二日間としたもの。

FXの日

1998年に日本の外為法が改正され、個人が直接外国為替を取り引きできるようになり、FX取引が誕生した。この日は日本で初めてひまわり証券が個人投資家にFX取引のサービスを提供した日であり、初めての取引が行われた日であることから、2008年にひまわり証券株式会社が制定。ちなみにFXとは、Foreign Exchangeの略。

運動器の健康・骨と関節の日

骨と関節を中心とした体の運動器官が身体の健康維持にいかに大切かを、より多くの人に認識してもらうために社団法人日本整形外科学会が1994年２月18日に制定。日付の由来は、骨（ホネ）のホの字が十と八を組み合わせたように見えることから。

入れ歯感謝デー（歯科技工の日）

入れ歯や差し歯など歯科技工技術に感謝の意味をこめて、社団法人日本歯科技工士会が制定。日付は10月８日の108で「入れ歯」の語呂合わせから。

陶板名画の日

大塚国際美術館（徳島県鳴門市）は世界中の名画を陶板により原寸大で再現する世界初、世界唯一の陶板名画の美術館。ピカソの「ゲルニカ」など、原画がもつ美術的価値をそのまま味わうことができる陶板名画をアピールすることを目的としている。

コンビニATMの日

1999年のこの日、コンビニATMのパイオニアである株式会社イーネットが、コンビニエンスストアに全国で初めて銀行の共同ATMを設置した。これを記念して同社がコンビニATMのさらなる発展を目指して制定。

プリザーブドフラワーの日

枯れることのなく、その美しさを保ち続ける永久（とわ）の花であるプリザーブドフラワー。その魅力を多くの人に伝えることを目的に「日本プリザーブドアロマフラワー協会」が制定。日付は「永久（とわ）」の花という意味から10と８の語呂合わせでこの日となった。

ようかんの日

練羊羹（ねりようかん）発祥の地とされる和歌山県。その和歌山県串本町にある手作り羊羹で有名な紅葉屋本舗を営む坂井良雄氏が制定。おいしくて疲労回復に良いとされるビタミンB1を多く含む羊羹を食べて、元気になってもらうのが目的。日付は食欲の秋の10月と、縁起の良い言葉の「八福」にちなんで８日。10と８で「いと（10）おいしいよう（８）かん」の語呂合わせも。

そばの日

新そばの時季を迎えるのが10月であり､10＝十は「そ｣､８＝八は「ば」と読めることからこの日を「そばの日」に制定したのは東京都麺類生活衛生同業組合。おいしいそばをもっと多くの人に味わってもらうのが目的。組合には約2500店が加盟している。

東ハトの日

「キャラメルコーン」や「オールレーズン」「ポテコ」「ハーベスト」などのお菓子で知られる株式会社東ハトが制定。日付は10と８を社名の「東ハト」と読む語呂合わせから。企業のイメージアップ、商品の認知度の向上などが目的。

名玄のセルフうどんの日

岡山県岡山市でセルフうどん店を経営する株式会社名玄が制定。名玄はおいしい手打ちうどんを安価でスピーディに提供するために、お客様に手伝ってもらうセルフ方式を考えたセルフうどん発祥の店として有名。多くの人にセルフうどんの魅力を味わってもらうことが目的。日付は創業日である1976（昭和51）年10月８日から。

トレハロースの日

自然界に存在する糖質トレハロースを世界で初めてデンプンから安価で大量生産する技術を開発した株式会社林原（岡山県岡山市）が、トレハロースの認知度向上を目的に制定。野菜や果物の変色を抑え、鮮度を維持し、高い保水力など、さまざまな特徴を持つトレハロースは、菓子、食品、化粧品、入浴剤など幅広い分野で使われている。日付はト（10）レ（0）ハ（8）と読む語呂合わせから。

問屋の日

日本最大の現金卸問屋街として知られる東京都中央区日本橋横山町馬喰町地域にある「横山町馬喰町新道通り会」が制定。江戸時代から続く問屋業が時代に合わせて変化をしながら受け継ぎ、流通業の一翼を担っていることを多くの人に知ってもらうのが目的。問屋街の町並みや豊富な品揃えなどその魅力をPRしていく。日付は「とん（10）や（8）」の語呂合わせから。

焼おにぎりの日

冷凍食品やレトルト食品などの製造販売を手がける株式会社ニチレイフーズが制定。運動会やピクニックなどで屋外で食事をする機会が増える10月に、手軽でおいしい焼おにぎりをさらに多くの人に食べてもらうのが目的。日付は、米という字を分解すると十と八になること、10月は新米の季節であること、「醤油の香ばしさがじゅ（10）わっと、パチパチ（8）とした歯触りの焼おにぎり」の語呂合わせなどから。

永遠の日

NPO法人ホスピス 心のケアを考える会（富山県富山市）が制定。人はだれでも永遠を思う心を持っているとの思いから、永遠を考える日とするのが目的。日付は10と8で「永遠（とわ）」と読む語呂合わせから。

10/9

ポケトークの日

パソコン・スマートフォンソフトウェアおよびハードウェア製品の企画、開発、販売を手がけるソースネクスト株式会社が制定。音声翻訳機市場を牽引する同社のAI通訳機「ポケトーク」は、海外ではもちろん、訪日外国人の増加など日本国内でも外国語が必要となる場面が増えていく中、言葉の壁をなくすコミュニケーションツールとして社会貢献が図れる製品。この「ポケトーク」をより多くの人に便利に使ってもらうことが目的。日付は10と9で「トー（10）ク（9）」と読む語呂合わせから。

ファミリートークの日

京都府京都市に事務所を置き、声と言葉と話し方の研究を通じて数多くの人にレッスンを提供してきた「トークスキルラボ」の梅村みずほ氏が制定。言葉を交わすという行為には無限の可能性が秘められていることから、年に一度、家族や身近にいる大切な人と話をすることで心を通わせるきっかけの日としてもらうのが目的。日付は10と９で「トー（10）ク（９）」と読む語呂合わせから。

シーモネーター・天狗の日

2020年３月23日にデビュー15周年となるHIPHOPアーティストSEAMO（シーモ）。彼が所属する株式会社ソニー・ミュージックレーベルズが制定。彼のもうひとつの顔である「シーモネーター」は天狗を題材とした楽曲を多数制作しており、その魅力をより多くのファンに知ってもらうのが目的。日付は15周年オリジナル作品の発売が2019年10月９日であることと、10と９で「天（テン＝10）狗（グ＝９）」と読む語呂合わせで。

マカロンの日

全日本マカロン協会が制定。フランスを代表する洋菓子のマカロンの魅力をより多くの人に知ってもらうのが目的。日付はマカロンを立てて横から見ると１に見え、置いて上から見ると０に見えることから10月、マカロンのおいしさは人々を幸せな気持ちにすることから吉兆のシンボルの勾玉の形から９日に。この日は二十四節気の「寒露」の期間であり、読み方が「甘露」に通じることから甘いマカロンにふさわしい日としたもの。

熟睡の日

埼玉県所沢市の一般社団法人睡眠栄養指導士協会が制定。睡眠の時間や質が悪い寝不足な人々に、熟睡することの大切さを知り、熟睡のための知識を学び、熟睡体験をしてもらうのが目的。日付は10と９で熟睡の「熟」と読む語呂合わせから。

熟成烏龍茶の日

日本コカ・コーラ株式会社が制定。180日以上じっくり熟成させた国産烏龍茶葉を使用し、烏龍茶本来の華やかな香りをしっかりと引き出した同社の「熟成烏龍茶つむぎ」を多くの人に楽しんでもらうのが目的。日付は10と９を「熟成」の「熟（19）」と読む語呂合わせから。また、年間を通じて烏龍茶本来の豊かな香りと、濃い奥深さを味わってもらうために毎月19日も「熟成烏龍茶の日」としている。

TORQUEの日

京セラ株式会社が制定。同社の高耐久スマートフォン・携帯電話ブランド「TORQUE（トルク）」は日常的に屋外で活動する人を中心に人気の高い製品で、その魅力をさらに広めるのが目的。日付は10と９で

「ト（10）・ル・ク（９）」と読む語呂合わせから。

サイコロキャラメルの日

北海道函館市でキャラメル・チョコレートの製造、販売を行う道南食品株式会社が制定。長年にわたり愛されてきた「明治サイコロキャラメル」を北海道ブランドとして生まれ変わらせ、同社が製造、販売する「北海道サイコロキャラメル」をさらに多くの人に楽しく、おいしく味わってもらうのが目的。日付は「明治サイコロキャラメル」が初めて発売された1927（昭和２）年10月９日から。

ハンドバッグの日

⇨10月８日の項を参照。

熟成ウインナー TheGRANDアルトバイエルンの日

伊藤ハム株式会社が制定。熟成が醸し出すコクと深みが特徴の同社の人気商品である熟成ウインナー「TheGRANDアルトバイエルン」をさらに多くの人に味わってもらうのが目的。日付は10と９で「熟成」の「熟」と読む語呂合わせと、味覚の秋にふさわしいとの思いから。

仙台牛の日

仙台牛銘柄推進協議会と全国農業協同組合連合会宮城県本部が制定。霜降りと赤身のバランス、きめの細かさなどの厳しい基準をクリアし、最高ランクに格付けされた牛肉の「仙台牛」。そのおいしさをより多くの人に味わってもらうのが目的。日付は10月９日を1009（センキュー）として、仙台牛の略である「仙牛」（センギュー）との語呂合わせによる。

土偶の日

「楽しみながら考古学に親しむ」をコンセプトに活動する、土偶の日運営委員会が制定。土偶と縄文のポータルサイト「どぐぽた。」などを通じ、縄文時代の文化について多くの人にその魅力を知ってもらうのが目的。日付は10と９で「土（10）偶（ぐう）」と読む語呂合わせから。記念日登録はクラウドファンディングにより達成。

トラックの日

10と９で「トラック」と読む語呂合わせから、全日本トラック協会が1992年に制定。この日を中心に全国各地で交通安全教室などのイベントを開催し、営業用トラックへの正しい理解を得て、国民生活や産業活動を支えるトラック輸送を目指す。

「とく子さん」の日

タイガー魔法瓶株式会社が省エネパワーが高いVEポットの自社ブラ

ンド製品の「とく子さん」をPRするために制定。電気代が6000円もお得になることから名付けられた「とく子さん」にちなみ、日付は10（と）と9（く）の語呂合わせから。

アメリカンドッグの日

串刺ししたソーセージにホットケーキのような生地をつけて油で揚げたアメリカンドッグを手がけるフルタフーズ株式会社（富山県富山市）が制定。日付は10と9で「ドッグ」と読む語呂合わせから。

トクホの日

特定保健用食品（トクホ）は健康の保持に役立つ機能を示す「保健の用途」を表示することを消費者庁が許可した食品で、生活習慣病予防に向けた生活改善をサポートするもの。特定保健用食品を上手に取り入れて、生活習慣病の予防に役立ててもらおうと「トクホの日」推進委員会が制定。日付は健康の基本である「食事と運動」に関心が高まる秋であり、10と9で「トクホ」と読む語呂合わせから。

金券の日

全国600以上の加盟店で構成され、チケット業界唯一の事業協同組合である「日本チケット商協同組合」が制定。業界の健全な発展とその認知度の向上、そして多くの人に安心して利用いただくのが目的。日付はチケットショップが取り扱う商品券やプリペイドカードなどは生活に役立つお得な金券であることから10と9で「オトク（お得）」と読む語呂合わせから。

糖尿病とこころの日

糖尿病とこころ研究会（島根県出雲市）が糖尿病とこころについて考える日にと制定。研究会では糖尿病とその患者の心理に対する情報交換や研究を行い、糖尿病の専門医と精神科医を中心に、糖尿病治療に関わる看護師、栄養士などのスタッフが参加して、糖尿病患者のこころへのアプローチを検討している。日付は「糖（10）尿病とここ（9）ろ」の語呂合わせから。

散歩の日

東京商工会議所渋谷支部の「シブヤ散歩会議」が制定。散歩を通じて広域の渋谷圏の魅力を発信するのが目的。明治期の渋谷には国木田独歩の住まいがあり、そこで著された小説『武蔵野』にも「散歩」という言葉が登場するなど渋谷は散歩と縁が深い。目的地を定めずに好奇心を持って、てくてく街歩きを楽しむ「散歩」は街の新たな発見にもつながる。日付は10と9を「てくてく」と読む語呂合わせから。

熟成肉の日

国産の黒毛和牛本来のおいしさを提供する「但馬屋」などの焼肉店、ステーキ店を展開する株式会社牛心（大阪府大阪市）が制定。牛一頭を丸ごと、温度、湿度、風などを厳しく管理し、数十日間熟成させた同社の「熟成肉」。そのおいしさを多くの人に知ってもらうのが目的。日付は「じゅ（19）く（9）せい」の語呂合わせから。

10/10

やわもちアイスの日

三重県津市に本社を置き、「井村屋あずきバー」などの人気製品で知られる井村屋グループ株式会社が制定。濃厚なつぶあんとミルクアイスが楽しめる和スイーツアイスの「やわもちアイス」を多くの人に味わってもらうのが目的。日付は同商品に用いられる米やあずきなどの、古くからハレの日に使われてきた農産物の収穫の時期に感謝を込めて10月とし、「やわもちアイス」の容器を横にしてアイスとあんを1に、丸いおもちを0に見立て、1と0を合わせて10日としたもの。

窓ガラスの日

建築用ガラスの生産、流通、販売に関わる団体によって構成される機能ガラス普及推進協議会が制定。窓ガラスの手入れや点検を実施し、必要に応じて建築物や住宅の安全性や居住性を向上させる機能ガラスへの取替えを行う「ガラスの衣替え」をしてもらうことが目的。日付は、ガラスは透明であり、高機能ガラスは2枚のガラス仕様が多いことから「透明＝トー（10）メイ」が2枚あると表し、10が2つ並ぶ10月10日としたもの。また、10月は「住生活月間」と「健康強調月間」であり、同日は「住宅部品点検の日」というのもその理由。

TOTO（トト）の日

株式会社ソニー・ミュージックレーベルズが制定。1978年のデビュー以来、数多くの名曲を生み出してきたアメリカの世界的ロックバンド「TOTO」。2018年のデビュー40周年を記念し、その音楽的魅力をさらに多くの人に感じてもらうのが目的。日付は10と10で「TO（ト）TO（ト）」と読む語呂合わせから。

ちくわぶの日

ちくわぶ料理研究家の丸山晶代氏と宮城県塩釜市の株式会社阿部善商店が共同で制定。東京近郊でしか食べられていないちくわぶを全国の人に知ってもらうのが目的。丸山晶代氏はさまざまなちくわぶ料理のレシピを開発し、株式会社阿部善商店ではちくわぶを東京土産として広めようと「東京ちくわぶ」を販売している。日付は10をちくわぶの棒状の形と穴があいていることに見立てて10月10日に。

プレミンの日

化粧品、医薬外部品の製造、サプリメントの販売などを手がけるゲンナイ製薬株式会社が制定。同社が販売する妊活から出産までサポートする時期別葉酸サプリメントの「プレミン」で、妊娠中を健やかに過ごしてもらうことが目的。日付は昔から言われている妊娠期間の十月十日から10月10日に。

ドットライナーの日

コクヨ株式会社が制定。はみ出しや糸引きがなく最後までスムーズに使え､のりムラや引き直しがなくきれいに塗れる同社のテープのり｢ドットライナー」の良さを、さらに多くの人に知ってもらうのが目的。日付は「ドットライナー」はのりがドット（点）状に粘着する特長を持つ商品なので10と10を「ドッ（10）ト（10)」と「点（10＝ten)」にかけた語呂合わせから。

今の日

洋服、服飾雑貨、ジュエリーなどの製造、販売を手がける株式会社DoCLASSE（ドゥクラッセ）が制定。同社が掲げる「実年齢の“今”を生きることを大切にしてほしい」との願いを込め、ありのままの年齢を美しく表現することの素晴らしさを多くの人に伝えるのが目的。日付は10を「い（１）ま（０)」と読み、それを重ねた10月10日に。

球根の日

奈良県天理市の総合園芸メーカーの株式会社花の大和が制定。数か月の時を経て大輪の花を咲かせる球根は、育てる心を育むのにふさわしいとの思いから球根を普及させるのが目的。日付は10月10日の１と０を縦につなげると球根から芽が出ているように見えることと、この頃から秋植え球根の植え時であることなどから。

ドラムの日

株式会社リットーミュージックが発行するドラム専門誌の「リズム&ドラムマガジン」が制定。ドラムの楽しさをもっと多くの人に知ってもらい､ドラマーが盛り上がる日とするのが目的。日付は10と10を｢１（スティック）０（太鼓）１（スティック）０（太鼓)」として、両手のスティックでドラムを叩いている姿に見えることから。

襖の日

日本内装材連合会が制定。日本建築の中で育まれてきた「襖（ふすま）」の建具としての長所、伝統文化財としての価値、工芸品としての素晴らしさを広め、襖を末永く愛してもらうのが目的。日付は10月は住生活月間であり、戸を葦戸（よしど）から襖に変える時期であることと、和襖の芯が組子であり、十（10）が組子の骨の交差を表すことから10月10日に。

紀文・いいおでんの日

はんぺん、さつま揚げ、ちくわなど、さまざまなおでん種を製造、販売する株式会社紀文食品が、多くの人におでんのおいしさを味わってもらうのを目的に制定。日付はおでんの本格的な季節になるのが10月であることと、10月10日が「1（いい）0（お）10（でん）」と読めることから。

銭湯の日

10月10日は1964年東京オリンピックの開会式の日で、以前は「体育の日」であった。そのことから、スポーツで汗をかいたあとに入浴をすると健康増進につながると東京都公衆浴場業生活衛生同業組合が1991年10月10日に制定。10月10日（1010）を銭湯（セントウ）と読む語呂合わせもその日付の理由のひとつ。

パソコン資格の日

パソコンは0と1の二進法でできていることから、0と1の組み合せのこの日を記念日に制定したのは財団法人全日本情報学習振興協会。パソコン資格の普及が目的。

トッポの日

円筒形の細長い形が1と0で表せることと、商品名の語感から株式会社ロッテが制定。商品名のロッテの「トッポ」はプレッツェルの中にチョコレートを入れた人気のお菓子。

充実野菜の日

株式会社伊藤園が野菜飲料「充実野菜」の発売10年となる2002年に、そのブランドの統合に合わせて、さらなる市場拡大と商品のおいしさと健康性をアピールするために制定。日付は、実りの秋の10月と、充実を10日（じゅうじつ）と読む点を合わせて。

オオヒシクイの日（トットの日）

天然記念物オオヒシクイの飛来数日本一である新潟県豊栄市の福島潟にある「水の駅ビュー福島潟」が制定。10月になると渡ってくるオオヒシクイをいつまでも見続けられるようにとの願いが込められている。

和太鼓の日

インターネットで「Kuniの太鼓」を発信する福井県坂井市の庄山国英氏が2000年12月に制定。和太鼓に対する意識の向上と和太鼓の普及を目的としている。日付はドンドン（10と10）の語呂合わせから。

トートバッグの日

株式会社スーパープランニングが自社商品のひとつトートバッグのPRにと制定。トートバッグの魅力をアピールするイベントを予定している。日付はトート（10と10）の語呂合わせから。ちなみに「トート（tote）」はアメリカ英語で「運ぶ」の意味。

転倒予防の日

寝たきりや介護が必要となる原因の転倒、骨折を予防するための活動を行っている日本転倒予防学会が制定。日付は10と10で「転倒」と読む語呂合わせで、研究集会などを開き、転倒予防の普及、啓発活動などを行う。

トマトの日

トマトの栄養価値やおいしさをアピールし、トマトを使った料理の普及をはかり、人々の健康増進に貢献することを目的に社団法人全国トマト工業会が制定。10月は食生活改善普及月間であり元の「体育の日」（現・スポーツの日）もあって健康への関心が高まる月。10と10で「トマト」と読む語呂合わせから。

お好み焼の日

誰からも愛されているお好み焼。その代表的なメーカーである「オタフクソース株式会社」が制定。日付はお好み焼が鉄板やホットプレートで焼くとジュージュー（10・10）とおいしく音を立てることと、みんなでホットプレートを囲んで食べる様子が輪（10の０）になって見えることから。

貯金箱の日

お金を貯める道具であると同時に、夢に向かって貯めるという行為を楽しむ貯金箱。その貯金箱について考えてもらう日をと、株式会社タカラトミー、株式会社テンヨー、株式会社トイボックス、株式会社バンプレストで構成する「貯金箱の日」制定委員会が制定。日付は１をコイン投入口に、０をコインに見立てたことと、実りの秋にふさわしい日としてこの日に。

LPガスの日

LPガスの普及と促進を図ることを目的に、一般社団法人全国LPガス協会が制定。LPガスは天然ガスとともに二酸化炭素の排出量が少なく、環境に優しいエネルギーとして注目されている。日付は1964（昭和39）年10月10日に東京オリンピックが開催されたとき、国立競技場の聖火がLPガスで点火されたことと、10と10が火で調理をしているときの音「ジュージュー」と読める語呂合わせから。

手と手の日

健康でしっとりなめらかな手肌の実現を目指すハンドクリームブランド「アトリックス」を製造販売するニベア花王株式会社が制定。日頃から頑張っている自分の手や大切な人の手に感謝する「Thanks to your hands」キャンペーンの一環。日付は10と10で「手と手＝10（てん）と10（てん）」と読む語呂合わせから。

テンテの日

さまざまなオリジナルのティッシュボックスカバーを揃えたブランド「tente（テンテ）」を展開する株式会社ヘミングスが制定。同社では十人十色の言葉のように、それぞれの人の好みや部屋のカラー、インテリアにふさわしい素材やデザインなどを揃えた「十人十色tente」を開発している。日付は10と10で「十人（テン）十色（テン）」の「テンテ」と読む語呂合わせから。

ワンカップの日

「ワンカップ」は世界で初めて発売されたカップ酒。その「ワンカップ」を製造販売する兵庫県西宮市に本社を置く日本を代表する酒造メーカーの大関株式会社が制定。日付は「ワンカップ」が誕生した1964（昭和39）年10月10日（東京オリンピックの開会式の日）から。ちなみに「ワンカップ」は大関株式会社の商標登録。

冷凍めんの日

昭和50年代に登場した冷凍めんは「本格的なおいしさをいつでも味わえる」などのメリットにより、着実に市場を拡大してきた。この冷凍めんをさらにPRしようと、一般社団法人日本冷凍めん協会が制定。日付は10月の「冷＝0（れい）」と10日の「凍＝10（とう）」の語呂合わせから。

おもちの日

国内産水稲もち米だけを原料として使い、良質で安全安心な包装餅を製造して、餅の食文化の発展に務めている全国餅工業協同組合が制定。日付は10と10が角もちと丸もちが並ぶ形に見えることと、従来この日は餅と関係の深いスポーツの元の「体育の日」（現・スポーツの日）

であったことから。

岡山県産桃太郎トマトの日

岡山県産桃太郎トマトの食味が良く糖度がのる時期にあたることから、全国農業協同組合岡山県本部（JA全農おかやま）が制定。日付は食欲の秋にもマッチし、10と10で「トマト」の語呂合わせであり、マスコットキャラクターの「赤丸ぴん太郎」が誕生した日から。

赤ちゃんの日

ベビー・マタニティ用品を中心にオリジナリティあふれる商品を提供する株式会社赤ちゃん本舗（大阪市）が、赤ちゃんとお母さん、お父さんのしあわせを願って制定。日付はおよそ10か月間が妊娠期間であり、昔から「妊娠は十月十日（とつきとうか）」と言われてきたことから。

LPG車の日

環境性能に優れ、低コストで実用的とされるLPガス自動車の普及を図ることを目的に、LPガス自動車普及促進協議会と一般社団法人全国LPガス協会が制定。日付は1964（昭和39）年10月10日に東京オリンピックが開催されたとき、国立競技場の聖火はLPガス（プロパンガス）で火が点ともされたことから。

肉だんごの日

食肉加工・畜産エキス加工の代表的メーカー日本ピュアフード株式会社が制定。自社の人気商品で鍋物などには欠かせない鶏肉などを入れた肉だんごのおいしさをアピールするのが目的。日付は10と10の形が串とだんごを連想させること、この頃から鍋の季節となることから。

JUJUの日

ソニーミュージック所属の「JUJU（ジュジュ）」。10と10を「じゅじゅ」と読む語呂合わせから株式会社ソニー・ミュージックアソシエイテッドレコーズが制定。JUJUは2007年10月10日にファーストアルバム「Wonderful Life」をリリース。2008年10月10日にはニューヨークでライブ、2012年10月10日には武道館でコンサートを行うなど、自身の記念日を大切にしているアーティスト。2012年10月10日に第１回「記念日文化功労賞」を受賞。

ふとんの日

人が健康を維持するために大切な睡眠を支えるふとん。その業界団体の全日本寝具寝装品協会が制定。ふとんの知識の普及を図り、ふとんを通して健康な睡眠について考えてもらうのが目的。日付は10と10で10が２つになり「ふ（２）と（10）ん」と読む語呂合わせから。

ポテトサラダの日

キユーピーグループの一員で、サラダ、総菜、麺とパスタ、デザートなどの食品を製造販売するデリア食品株式会社が制定。旬のじゃがいものおいしさを活かした同社のポテトサラダの販売促進が目的。日付は北海道産のじゃがいもの収穫時期である10月で、ポテト＝PoTaToのTaToが1010をイメージできること。また、ポテトサラダの主原料である人参、じゃがいも、きゅうり、玉ねぎを横に並べると1010に見えることなどから。

萌の日

インターネットプロバイダー業務などを手がける株式会社インターリンクが制定。2014年に誕生したドメイン「.moe」の普及促進と、二次元（アニメ·漫画のキャラクターなど）や、人以外の三次元（動物·フィギュア・電車・城など）に「萌の告白」ができる日とするのが目的。クールジャパンのひとつでもあるオタク文化の中で好意を表す「萌」は、海外でも親しみを持たれている漢字。日付は「十月十日」を並び替えると「萌」の字に見えることから。

ジュジュ化粧品の日

「明日も輝く笑顔とともに」をスローガンに、笑顔の似合うセルフ化粧品を作り続けているジュジュ化粧品株式会社が制定。1946年の創業以来変わらない「笑顔のそばにジュジュ化粧品がありますように」との思いが込められている。日付は「ジュ（10）ジュ（10）」の語呂合わせから。

青森のお米「青天の霹靂」の日

「青天の霹靂（せいてんのへきれき）」が青森県産のお米として初の食味ランキング「特A」を取得したことを記念して、全国農業協同組合連合会青森県本部（JA全農あおもり）が制定。「青天の霹靂」はやや大きめの粒で、粘りとキレのバランスがよく上品な甘みと旨みのある味わい深いお米で、その認知度向上と消費拡大が目的。日付は10月はお米のできる秋であり、10と10を「1010」として「センテン＝青天」の語呂合わせから。

亀田の柿の種の日

せんべい、あられなどの米菓・菓子などを製造販売する亀田製菓株式

会社（新潟県新潟市）が制定。1966（昭和41）年に同社が初めて発売したピーナッツ入りの「柿の種」は2016年で発売50周年を迎えたロングセラー商品で、そのおいしさをさらに多くの人に味わってもらうのが目的。日付は10月10日の10の1が「亀田の柿の種」の種で、0がピーナッツに見えることから。

トマトアンドオニオンの日

全国でレストランチェーン「TOMATO & ONION」を経営する株式会社トマトアンドアソシエイツ（兵庫県西宮市）が制定。ハンバーグ、ステーキ、パスタ、ドリア、ピザなど、数多くの人気メニューを持つ同店のブランド力のさらなる向上が目的。日付は10と10が店名の最初にある「トマト」の語感に似ていることから。

美容脱毛の日

エステティックサロン「レザンジュ」を運営する株式会社ミラックスが制定。「美しい肌になりたい」と願う女性に、美容脱毛という方法を通じてその願いを叶えるのが目的。日付は10を１と０に分け、毛が有るを１、毛が無しを０として、10月10日で「有る無し・有る無し」と読む語呂合わせから。

じゅうじゅうカルビの日

全国で焼肉レストラン「じゅうじゅうカルビ」を経営する株式会社トマトアンドアソシエイツ（兵庫県西宮市）が制定。新鮮な食材と親しみやすい店内、そして魅力的な食べ放題システムで人気の同店のブランド力のさらなる向上が目的。日付は10と10が肉を焼く時の「じゅうじゅう」と同じ語感であり、シズル感を連想させることから。

朝礼の日

朝礼専門誌『月刊朝礼』を刊行している株式会社コミニケ出版（大阪府大阪市）が制定。企業で日々行われている「朝礼」を活性化して、社員一人ひとりの「朝礼」に対する姿勢を見つめ直し、働く意識や意欲、礼儀やマナーの質を高めるのが目的。日付は漢字の「朝」を分解すると「十＝10・月・十＝10・日」となることと、1010で「一礼一礼」と読めることから。

てんとう虫の日

フランス生まれのアニメーション映画「ミニスキュル～森の小さな仲間たち～」の配給・宣伝を行う株式会社東北新社が制定。実写とCG

を組み合わせた美しい映像の本作品には、主役であるてんとう虫をはじめとした小さなムシたちが生きる美しい自然の素晴らしさを後世まで残していきたいとの願いが込められている。日付は「てん（10）とう（10)」と読む語呂合わせから。

愛しとーとの日

福岡県那珂川市に本社を置き、基礎化粧品・下着・健康食品の企画、製造、販売などを手がける「株式会社愛しとーと」が制定。自社製品やサービスなどをとおして愛を届けるのが目的。同社は佐賀県吉野ヶ里町で豆腐バイキングレストランも運営している。日付は社名を「愛しとーと」とした2014年10月10日を「141010」として「1（愛）4（し）10（とー）10（と)」と読む語呂合わせから。

10/11

ハンドケアの日

愛知県名古屋市に本社を置き、さまざまな分野の研究開発、予防医療ヘルスケア製品事業などを手がけるCaetus Technology（カエタステクノロジー）株式会社が制定。同社はハンドクリームブランド「ハンズエーピーピー」を製造販売しており、手肌の乾燥で悩んでいる人にハンドクリームを塗り始める日としてもらうのが目的。日付は10月は相対気温が一気に10%以上も下がり乾燥が始まる時期であることと、10と11で「手（10）にいい（11)」と読む語呂合わせから。

爪休めの日

医薬品・医薬部外品の製造受託を手がけるシミックCMO株式会社が制定。同社販売の、爪の表面を滑らかに整える足爪用浸透補修液「ザンミーラネイル」のPRとともに、足爪を休めてしっかりとケアしてもらうのが目的。日付は足の爪は両足で10あることと、足の指は英語で「toe（トゥ)」なので10月、足爪にいい（11）で11日に。

カミングアウトデー

NPO法人バブリング（神奈川県横浜市）が制定。LGBTなど社会的にマイノリティとされる人々をはじめとして、ありのままの自分を表現できずにもがいているすべて人が「大切な人と自分らしく生きていきたい」とカミングアウトするきっかけの日とするのが目的。日付は同法人の設立日が2014年10月11日であることから。

10/12

豆乳の日

豆乳を飲み続けることで、体の中から美しさを引き出してもらい、豆乳市場の活性化を図ることを目的とした「豆乳習慣普及委員会」の誕生を記念して生まれた日。10月は元の「体育の日」(現・スポーツの日)もある健康や体のケアに気をつける月。そして12日は10と2で「豆乳」と読む語呂合わせから日本豆乳協会が制定。

PRの日

広報・PRの仕事を教え、プロフェッショナルを育てる学校M.I.Cを運営する株式会社ミエ・エファップ・ジャポンが制定。広報・PRの仕事の重要性を知ってもらうのが目的。日付はPRのPには数字の10が、Rには数字の12が隠れていると見て取れることから。

ネット銀行の日

ネット銀行をより多くの人に知ってもらうことを目的に株式会社ジャパンネット銀行が制定。日付は同社が2000年10月12日に日本初のインターネット専業銀行として営業を開始したことから。この日、ジャパンネット銀行は「戦後初の普通銀行免許取得」「新たな形態の銀行の第一号」「日本初のインターネット専業銀行」というチャレンジングな銀行としてスタートを切った。

10/13

ペットの健康診断の日

全国の獣医師の団体、Team HOPE（チームホープ）が制定。ペットが健康で長生きするためには病気の早期発見、早期治療が不可欠であることから、動物病院で健康診断を受けることの大切さを広めるのが目的。日付は10と13を「獣（10）医（1）さん（3）」と読む語呂合わせから。

スマイルトレーニングの日

印象評論家の重太みゆき氏が制定。重太氏が考案した世界中を笑顔にするトレーニングの「スマイルトレーニング」をより多くの人に知ってもらうのが目的。「スマイルトレーナー®」の養成活動も行っている。日付は重太氏が所属する株式会社エムスノージャパンの創立日（2006年10月13日）から。

豆の日

陰暦の９月13日には「十三夜」として名月に豆をお供えし、ゆでた豆を食べる「豆名月」の風習があったことにちなみ全国豆類振興会が制定。日付は暦の「十三夜」とすると毎年日付が大きく変動してしまうので新暦の10月13日とした。豆類に関する普及活動などを行う。

世界血栓症デー

国際血栓止血学会が世界的に行っていることに呼応して、一般社団法人日本血栓止血学会が制定。心筋梗塞、脳梗塞など、心血管系疾患の原因となる血栓症についての認識を高め、原因、危険性、症状、予防法、治療などの促進を図るのが目的。日付は血栓症という用語を作り出し、その主要な原因を提唱したドイツの病理学者ルドルフ・ウィルヒョウ（Rudolf Virchow）の誕生日（1821年10月13日）にちなんで。

10/14

鉄道の日

1872（明治５）年の９月12日（新暦10月14日）、日本で初の鉄道が、新橋～横浜間で開業したことを記念して、1922（大正11）年に日本国有鉄道が制定したのが鉄道記念日。1994年、運輸省（現・国土交通省）の発案により「鉄道の日」と改称された。

くまのプーさん原作デビューの日

世界中で愛されている「くまのプーさん」の原作が発売された日（1926年10月14日）を記念日として制定したのはウォルト・ディズニー・ジャパン株式会社。プーさんとゆかいな仲間達が楽しく暮らす100エーカーの森にちなみ、環境・森林保護を考える日としている。

焼うどんの日

焼うどん発祥の地の福岡県北九州市小倉で、まちおこしの活動をしている小倉焼うどん研究所が制定。小倉の焼うどんを全国に広め、その歴史、地域に根ざした食文化を理解してもらうのが目的。日付は2002年10月14日に、静岡県富士宮市の「富士宮やきそば学会」との対決イベント「焼うどんバトル特別編～天下分け麺の戦い～」を行い、北九州市小倉が焼うどん発祥の地として有名になったことから。

塩美容の日

神奈川県横浜市でオリジナル製品の企画・販売、塩美容事業などを手がける合同会社ドクター・プラーナビーが制定。洗顔、マッサージ、入浴など、美容面でもさまざまな使い方のある塩の魅力を多くの女性に伝えることが目的。日付は10を「い（1）いお（0）しお」、14を「い（1）いし（4）お」と読む語呂合わせから。

10/15

トイコーの日

自動車や電車、バイクなどのミニカーやラジコン、乗用玩具の企画、製造、販売を手がける株式会社トイコーが制定。同社が2020年に創立40周年を迎えるにあたり、お客様への感謝の気持ちを伝えるとともに、商品を愛してくれる子どもたちに笑顔になってもらうことが目的。日付は10と15で「ト（10）イコー（15）」の語呂合わせから。

10月

化石の日

日本古生物学会が制定。日本の化石、古生物学の象徴の日として、より多くの人に化石や古生物学に関心を持ってもらうのが目的。日付は日本を代表する化石でアンモナイトの一種であるNipponites mirabilis（ニッポニテス・ミラビリス）が新種として報告された1904（明治37）年10月15日から。

演ジャズの日

兵庫県神戸市で歌謡教室を開き、浦部演ジャズメンバーズの浦部晃氏が制定。新しい歌のジャンルのひとつで、演歌をジャズ風にアレンジした「演ジャス」の魅力を多くの人に知ってもらうのが目的。日付は「演ジャズ」のイベントを行った2017年10月15日から。

すき焼き通の日

すき焼きに関する本『すき焼き通』（向笠千恵子著・平凡社新書）が刊行されたことをきっかけに、すき焼き店とすき焼き愛好家で結成された「すきや連」が誕生。すき焼きのおいしさと楽しさをアピールする日にと『すき焼き通』の刊行日（2008年10月15日）を記念日とした。

10/16

リゼクリニックの日

全国で医療脱毛クリニック「リゼクリニック」を運営する医療法人社団風林会が制定。医療脱毛とエステ脱毛の違いを理解し、正しい知識を持って自分にあう脱毛方法を見つけてもらうことが目的。日付は数字の１の形を体毛に見立て、それが脱毛で無くなることを０として10

月、「医療＝いりょう」の語感が16と似ていることから16日とし、合わせて10月16日としたもの。

世界食料デー

1945年のこの日、国連食糧農業機関（FAO）が設立されたことを記念して、1981年に制定されたもの。世界中の人々が食糧不足で苦しまないためにはどうすればよいかをテーマにシンポジウムなどが開かれる。

人と色の日・自分色記念日

人が生まれながらにもつ髪や目、肌の色などと調和して、その人にいちばん似合う色が自分色（パーソナルカラー）。個性を引き立て、魅力を引き出すパーソナルカラーの効果的な活用法などを提案する有限責任中間法人の日本パーソナルカラリスト協会が制定。日付は10と16で「ヒトイロ＝人色」と読む語呂合わせから。

グリーンリボンDAY

家族や大切な人と「移植」のこと、「いのち」のことを話し合い、お互いの臓器提供に関する意思を確認しておく日にと、社団法人日本臓器移植ネットワークが制定。日付は「臓器移植法」が施行された1997年10月16日に由来する。名称は世界的な移植医療のシンボルであるグリーンリボンにちなみ、グリーンは成長と新しいいのちを意味し、リボンは臓器提供者（ドナー）と移植が必要な患者（レシピエント）のいのちのつながりを表現している。

10/17

秦野名水の日

神奈川県秦野市の秦野名水ロータリークラブが制定。2017年に創立30周年を迎えた同クラブの長年の奉仕活動や異業種交流活動を記念するとともに、2015年に環境省が開催した名水百選選抜総選挙で「おいしい秦野の水～丹沢の雫～」がおいしさが素晴しい名水部門で１位となったことなどから、市民のために丹沢の美しい自然と環境を守っていくことが目的。日付は同クラブが設立された1987年10月17日から。

カラオケ文化の日

カラオケ事業者の全国協議機関である全国カラオケ事業者協会が制定。「カラオケは我が国が生んだ最大の娯楽文化」との認識から、その普及に努めてきた同団体の設立日（1994年10月17日）を記念日としたもの。カラオケを通じた文化活動の支援や国際文化交流、「カラオケ白書」

の発行などを行う。

10/18

キャディーの日

名門ゴルフクラブとして名高い小金井カントリー倶楽部がプレイヤーを支えてくれるキャディーに感謝する日として制定。日付は10を「1＝ゴルフのピン」と「0＝ホール」に、18をワンラウンドの標準的なホール数と見立てて10月18日としたもの。

すきっ戸の日

福岡県北九州市に本社を構え、設計施工・建築工事などを手がける株式会社今村工務店が制定。同社オリジナルの木枠の窓「すきっ戸」のPRが目的。「すきっ戸」は窓が片側に完全に引き込まれるので、部屋を開放的にできる。日付は窓の形のイメージと住宅の住から「十」で10月。漢字の木を分解すると「十」と「八」になることから18日で10月18日に。

統計の日

国民に統計の重要性を理解してもらおうと1973（昭和48）年に政府が制定した日。1870（明治３）年に今の生産統計の起源となった「府県物産表」についての太政官布告が公布されたのが、旧暦の9月24日（新暦の10月18日）だったことから。

ドライバーの日

トラック、バス、タクシーなどに乗務するすべてのプロドライバーに感謝するとともに、プロドライバーの地位向上を目指す日にと、物流業界の総合専門紙「物流ウィークリー」を発行する株式会社物流産業新聞社が制定。日付は10と18で「ドライバー」と読む語呂合わせから。

10/19

トイレクイックルの日

生活に役立つ数多くの製品を手がける花王株式会社が制定。いつでも誰でも手軽にトイレ掃除ができるトイレクイックルを使って、家族みんなで清潔で快適なトイレにしてもらいたいという同社の思いが込められている。日付は10と19で「トイ（101）レク（９）イックル」と読む語呂合わせから。

ほめ育の日

子どもたちの教育への投資（寄付）団体である一般財団法人ほめ育財

団が制定。「ほめ育」を通して、世界中の人を輝かせることが目的。日付は同財団の代表理事である原邦雄氏が「ほめ育」の活動をスタートした2007年10月19日から。大切な人や自分への「一日一ほめ」で、ほめ言葉であふれる毎日をとの願いが込められている。

伊勢の神棚の日

三重県伊勢市で神棚、神具などを製造販売する株式会社宮忠が制定。伊勢の神棚製造技術を知ってもらうことで、伊勢の伝統工芸品の認知度を高め、地域の活性化を図ることが目的。日付は伊勢神宮の建築様式である「唯一神明造」を模した「伊勢の神殿」が三重県指定伝統工芸品に認定された1994（平成６）年10月19日から。

住育の日

住宅の健康とそこに住む人の健康を守るために、業種を超えた専門家が集まり研究活動などを行っている大阪に本部を置くNPO法人日本健康住宅協会が制定した日。住宅についての教育を行う「住育」の大切さをアピールするのが目的。日付は10月が住宅月間であることと、10と19で「住育」と読む語呂合わせから。

イクメンの日

男性の育児休暇を推進すべく、パパが育児を楽しみ、頑張る日をと「イクメンオブザイヤー実行委員会」が制定。イクメンとは「子育てを楽しむだけでなく、ママを幸せにできちゃうパパのこと」。日付は10（父さん）と19（育児）の語呂合わせから。

いか塩辛の日

いか塩辛などの海産物を手がける株式会社小野万（宮城県気仙沼市）が制定。新鮮な素材の良さを生かし、豊かな風味を加えたおいしい小野万の塩辛は多くの人に愛されている。日付はいかの10本の足から10月、熟（19）成された味から19日に。また、原材料のいかの旬が秋でもあることも由来のひとつ。

愛知のいちじくの日

⇨「１年間に複数日ある記念日」の項を参照。

相続税を考える日

2015年１月からの税制改正により相続税が増税されることを受けて、長年にわたり相続税のことを業務としてきた、すばる会計事務所が制定。相続税について事前に知識を深めて、家族で話し合い、専門家に相談するきっかけにしてもらうのが目的。日付は10（ソ）と19（ゾク）で「相続」と読む語呂合わせから。

医療用ウィッグの日

抗がん剤治療による脱毛および脱毛症（円形脱毛症）などに悩む人が治療中も髪のおしゃれを楽しめる医療用ウィッグを手がける株式会社グローウィング（大阪府大阪市）が制定。安心安全な医療用ウィッグを普及させるのが目的。日付は病院のマークが漢字の十に似ているので数字に置き換えて10月、「ウィッグ」の語呂合わせで19日としたもの。

10/20

アップルペイント外壁塗装の日

長野県松本市で総合リフォーム・住宅防水塗装などを手がけるアップルペイント株式会社が制定。建物を長く維持していくために不可欠な外壁塗装の大切さと、その内容を正しく理解してもらうのが目的。日付は10で「と（10）」、20を二つという意味の「双（そう）」と読む語呂合わせから。

床ずれ予防の日

一般社団法人日本褥瘡（じょくそう）学会が制定。「床（とこ）ずれ」は寝具や車椅子などと長時間皮膚が接触することで血流が悪くなり、皮膚やその下の組織がダメージを受ける創傷のことで、医学的には褥瘡と言う。この病気への理解を深め、適切な予防、管理を広めるのが目的。日付は10と20で「床（10）ずれ（20）」と読む語呂合わせから。

新聞広告の日

1958（昭和33）年に日本新聞協会が制定。新聞広告の生活情報源としての役割の大きさをアピールすることが目的。日付は10月15日からの新聞週間の中の区切りのよい日。

老舗の日

日本は創業100年を超える企業が世界一多いといわれる。その世界に誇るべき老舗の良さを見直すのを目的として、老舗の商品を扱う「老舗通販.net」を運営するスターマーク株式会社が制定。日付は商売の神様として知られる恵比寿様の祭り、恵比寿講の日から。

はっかない恋デー

北海道北見市の「まちづくりプランニング」が制定。北見地方はかつて天然ハッカの名産地で、昭和初期には世界の70%超を生産していたが、現在では天然のハッカがない。「ハッカが無い」現状と「はかない」をかけて記念日を制定し、はかない恋に悩んでいる人の手助けをし、まちづくりに役立てるのが目的。日付はハッカを収穫して精油の製造時期であり、恋の神様のいない神無月である10月と、はっか（20日＝はつか）ないの語呂合わせから。

10/21

あかりの日

1879（明治12）年のこの日、アメリカの発明王エジソンが白熱電球を完成したことにちなみ、一般社団法人日本電気協会照明関係４団体（照明学会・日本電球工業会・日本照明器具工業会・日本電気協会）が1981（昭和56）年に制定したもの。

禅寺丸柿の日

神奈川県川崎市麻生区の麻生（あさお）観光協会が制定。約800年前の鎌倉時代前期に麻生区の王禅寺で発見され、日本最古の甘柿とされる禅寺丸柿を多くの人に知ってもらうことが目的。日付は2012年のこの日に、麻生区は区制30周年を迎えたことを記念した「禅寺丸柿サミット」が行われ、麻生区の「区の木」として禅寺丸柿が制定されたことから。

バック・トゥ・ザ・リサイクルの日

循環型社会を目指してリサイクル技術の開発やリサイクルの仕組みの提案などを行う日本環境設計株式会社が制定。映画「バック・トゥ・ザ・フューチャー」で、ごみを燃料にした自動車型のタイムマシーン「デロリアン」が到着する未来が2015年10月21日であることから、その10月21日を「ごみがごみでなくエネルギーに生まれ変わる日」としてこの名称の記念日とした。2015年の第１回の記念日には古着をリサイクル技術によって糖化し、バイオエタノールに変えた燃料で映画仕様の「デロリアン」の走行イベントを映画会社のNBCユニバーサルと共同で開催した。

10/22

キャットリボン（猫のピンクリボン）の日

埼玉県所沢市に事務局を置き、動物のがん治療の質と治療成績の向上を目指す一般社団法人日本獣医がん臨床研究グループ（JVCOG）が制定。人と同様に猫においてもがんは多く、中でも発生率が高い乳がんによって多くの猫が命を落としている。乳がんの早期発見、早期治療を普及し、乳がんで苦しむ猫をゼロにすることが目的。日付は10月が人の乳がん啓発月間（ピンクリボン月間）であることと、22で猫の鳴き声である「ニャンニャン」の語呂を組み合わせて10月22日に。

アニメの日

一般社団法人日本動画協会「アニメNEXT100」が制定。日本初の国産アニメーションが公開されてから100年になる2017年に、日本のアニメーションの魅力を世界に向けて発信するのが目的。日付は日本最初のカラー長編アニメーション映画「白蛇伝」が公開された1958年10月22日から。

ドリップコーヒーの日

神奈川県横浜市に本社を置き、コーヒーなどの通信販売を手がける株式会社ブルックスが制定。誰でも簡単においしく入れられるドリップバッグコーヒーの良さを多くの人に知ってもらうのが目的。日付は秋が深まりよりドリップコーヒーがおいしくなる時期と、10と22を「ド(10) リップコーヒーを、ふぅ～ふぅ～ (22) しながら飲んで、心も体も温まってもらいたい」との思いから。

あんこうの日

茨城県北茨城市平潟港温泉で「あんこうの宿 まるみつ旅館」を経営する株式会社魚の宿まるみつが制定。あんこうの食文化を多くの人に伝えるのが目的。日付はあんこう鍋発祥の地の北茨城市で初めて民宿を営み、あんこう料理を全国に広めた同宿の創業者である武子光男氏の命日であり、「あんこう研究所」の開業日でもある10月22日にちなんで。

図鑑の日

福岡県福岡市などで子どもの歯科医院を運営する「医療法人元気が湧く」が開設した絵本と図鑑の民間図書館「絵本と図鑑の親子ライブラリー」(ビブリオキッズ&ビブリオベイビー) が制定。言葉や絵、図形などから形のあるものを立体的に捉え、想像力を育む図鑑の力を多くの人に知ってもらうことと、子どもから大人まで図鑑に親しむ環境を整えることが目的。日付は日本で最初に「図鑑」の書籍名称を用いた『植物図鑑』の初版が発行された1908 (明治41) 年10月22日にちなんで。

10/23

霜降(そうこう)

[年によって変わる] 二十四節気のひとつ。秋が一段と深まり、霜が降りることが多くなる。冬の近づきを感じる頃。

じゃがりこの日

カルビー株式会社が制定。同社の「じゃがりこ」は子どもから大人まで幅広いファンを持つ人気のスナック菓子。毎年この日に日頃の感謝と今後への期待をファンに伝える日とするのが目的。日付は「じゃがりこ」が発売された1995年10月23日にちなんで。

10/24

天女の日

天女伝説のある全国各地の自治体で構成する、天女サミット共同宣言市町が制定。天女を活用したまちづくりのプロモーションと認知度の向上、活動の活性化が目的。2016年の「天女サミット」には福島県川俣町、滋賀県長浜市、京都府京丹後市、大阪府高石市、鳥取県湯梨浜町、鳥取県倉吉市、沖縄県宜野湾市が参加。日付は10と24で「天（10＝テン）女（24）」と読む語呂合わせから。

マーガリンの日

マーガリンなどの食用加工油脂を製造販売する会社で構成される、日本マーガリン工業会が制定。植物性、動物性の油脂を原料としたマーガリンのソフトな風味や舌触りの良さ、おいしさをより多くの人に伝えるのが目的。日付はマーガリンの生みの親であるフランス人のメージュ・ムーリエ・イポリットの誕生日（1817年10月24日）から。

国連デー

1945年のこの日、国際連合が正式に発足したことに由来する。日本は1956（昭和31）年に加盟が認められた。国際連合の本部はニューヨークにある。

文鳥の日

10と24で「手に幸せ」の語呂合わせと、この時期に手乗り文鳥のヒナが出回ること、それに「1024」の数字で、文鳥を表せることから、この日を記念日としたのは文鳥にくわしいライターの伊藤美代子氏。江戸時代から愛されてきた文鳥について考える日。

吾郷会の日

島根県邑智郡美郷町の社会福祉法人「吾郷会（あごうかい）」が法人として認可され、設立登記を行ったのが1986年10月24日。吾郷会はこの日以来、老人福祉の分野において地域に密着、貢献することを目的に精進して多くの事業所を展開している。初心を忘れることのないようにと設立した日を記念日としたもの。

10/25

新潟米の日

日本を代表するおいしいお米の産地、新潟県。その新潟のお米をもっと多くの人に食べてもらおうと、JA全農にいがたが制定。日付は新潟米のコシヒカリとこしいぶきが、いいお米の代表であることから、10月25日（1025）を「い（1）いお（0）米､に（2）いがたコ（5）シヒカリ、こしいぶき」と読む語呂合わせから。

信濃の国カレーの日

長野県産の牛肉、ブナシメジ、トマト、リンゴ、牛乳などをふんだんに使った「信濃の国カレー」を製造販売するセントラルフーズ株式会社（長野県松本市）が制定。「信濃の国カレー」のおいしさ、長野県の食材の素晴らしさを多くの人に知ってもらうのが目的。箱は切り絵作家の柳沢京子氏のデザイン。「信濃の国」の歌詞が全文掲載されている。日付は長野県の県歌「信濃の国」が1900（明治33）年10月25日に行われた長野県師範学校の創立記念大運動会で、女子生徒の遊戯に使われたのが最初とされることから。

10/26

ズブロッカの日

食品や酒類の流通業、飲食店経営などを手がけるリードオフジャパン株式会社が制定。ポーランドの代表的なウォッカブランド「ズブロッカ」の魅力的な味わいや楽しみ方を広めるのが目的。「ズブロッカ」はポーランドの北東部に位置する、世界遺産のビアウォヴィエジャの森で自生するバイソングラスを使用することで独特な香りを引き出している名酒。日付は10と26で現地の発音「ジュ（10）ブ（2）ロッカ（6）」の語呂合わせから。

歴史シミュレーションゲームの日

神奈川県横浜市に本社を置く株式会社コーエーテクモゲームスが制定。コンピュータゲームに歴史シミュレーションゲームというジャンルを切り開いた同社の「川中島の合戦」が発売35周年を迎えたことを記念したもの。日付は「川中島の合戦」が発売された1981年10月26日から。

税理士相互扶助の日

税理士業界で最も歴史のある相互扶助組織、日本税理士共済会が制定。「助け合い」の精神を深く心に刻み、会の発展を図るのが目的。日付は1953年10月26日に同会の前身である厚生委員会が誕生し、この日を創立記念日としていることから。

柿の日

全国果樹研究連合会カキ部会が柿の販売促進を目的に制定。日付は俳人の正岡子規が1895（明治28）年の10月26日からの奈良旅行で、有名な「柿くへば鐘が鳴るなり法隆寺」を詠んだとされることにちなむ。

青森のお米「つがるロマン」の日

実りの秋の10月とつがるの２とロマンの６を組み合わせて記念日としたのは、JA全農あおもり。青森で作付けされているおいしいお米の「つがるロマン」を全国にPRする日。

青汁の日

乾燥する冬を前に多くの人に青汁で健康になってもらいたいと青汁のトップメーカー、株式会社アサヒ緑健が制定。日付は10を英語のIO（アイオー）に見立てて青と読み、26を汁（ジル）と読む語呂合わせから。

きしめんの日

愛知県の名物「きしめん」をもっと多くの人に食べてもらおうと、愛知県製麺工業協同組合が制定。日付は食欲の秋である10月と、「きしめん」の特徴であるツルツル感を２（ツ）と６（ル）で表した26日の組み合わせから。「きしめん」は茹でた麺に熱いつゆをかけ、油揚げや鶏肉などの具と共にかつお節やネギを入れて食べることが多く、これからの季節はさらにおいしくなる。

どぶろくの日

「御園竹」「牧水」などの銘柄で知られ、長野県佐久市（旧望月町茂田井）にある明治元年創業の老舗の蔵元・武重本家酒造株式会社が制定。濁酒（どぶろく）の魅力を広めるのが目的。日付はどぶろくのシーズンが始まる10月下旬であり「10（ど）と26（ぶろく）」と読む語呂合わせから。同社では「十二六甘酸泡楽」略して「どぶろく」という濁酒を販売している。

デニムの日

岡山県倉敷市児島の児島ジーンズストリート推進協議会が制定。「国産ジーンズ発祥の地児島」はジーンズをはじめとしたデニム製品が全国的に有名。地元ジーンズメーカーのショップが連なり、個性あふれるジーンズがそろうジーンズストリートからデニムの魅力をより多くの人に知ってもらうのが目的。日付は10と26で「デ（10）ニム（26）」と読む語呂合わせから。

弾性ストッキングの日

日本静脈学会弾性ストッキング・圧迫療法コンダクター養成委員会（神奈川県横浜市）が制定。弾性ストッキングとは圧迫圧を加えることで四肢の循環を改善させる医療機器で、静脈血栓の予防、静脈疾患やリンパ浮腫の治療などに欠かせないもの。この弾性ストッキングを広く一般にPRすることが目的。日付は1848年10月26日にイギリス人ウイリアム・ブラウン氏が弾性ストッキングの特許をイギリスで取得したことにちなんで。

10/27

テディベアの日

長野県北佐久郡立科町の蓼科テディベア美術館が制定。クマのぬいぐるみの総称である「テディベア」は、アメリカ合衆国第26代大統領のセオドア・ルーズベルト（愛称・テディ）が子熊の命を救った逸話が由来とされる。そのことからテディベア愛好家の中では彼の誕生日である10月27日を「テディベアの日」としてきた。記念日を通してテディベアに思いを寄せ、やさしい気持ちを持って感謝し合う日とするのが目的。

機関誌の日

機関誌などの冊子、ポスター、書籍などの商業印刷・出版印刷を手がける第一資料印刷株式会社が、機関誌の持つ多彩な魅力を伝えるために制定。日付は、洋学者の柳河春三（やながわしゅんさん）により日本で最初の本格的な雑誌とされる「西洋雑誌」が創刊されたのが1867年10月であることと、機関誌の会員同士の「つな（27）がり」から10月27日に。

文字・活字文化の日

出版文化の推進を目的に2005年に「文字・活字文化振興法」が制定されたことから、同法により読書週間（10月27日から11月９日までの２週間）の初日のこの日が「文字・活字文化の日」と制定された。

10/28

豆花記念日

愛知県名古屋市などで飲食店の経営を手がける株式会社alto & Co.が制定。同社が運営するコーヒーショップ「THE CUPS」で台湾の伝統的なスイーツの「豆花（トウファ）」を提供して、全国に広く浸透させるのが目的。日付は10と28で「トウ（10）ファ（28）」と読む語呂合わせから。

透明美肌の日

美しい素肌を「透明美肌」と表現して、その大切さを再確認してもらおうと「美白の女神（ミューズ）」として知られる株式会社クリスタルジェミーの中島香里社長が制定。日付は10と28で「透明美肌」と読む語呂合わせから。

おだしの日

「おだし」にこだわった飲食チェーンを展開する株式会社太鼓亭（大阪府箕面市）が制定。和食の要である「おだし」の正しい情報の提供と、おいしく、ヘルシーで体にも良い「おだし」の魅力を知ってもらうのが目的。日付は「おだし」素材の代表格かつお節の「燻乾カビ付け製法」を考案した江戸時代の紀州印南浦（現在の和歌山県印南町）の漁民、角屋甚太郎氏の命日（1707年10月28日）から。

10/29

和服の日

佐賀県佐賀市に本社を置き、和服を中心に女性のファッションに関連した商品を販売する株式会社鈴花商事が制定。「洋服」と対を成す意味合いの「和服」は日本固有の衣装の呼び名に最もふさわしいとの思いから、その呼称を広めることで和服の素晴らしさをさらに多くの人に知ってもらうのが目的。日付は10と29で「いい（1）わ（0）ふ（2）く（9）＝良い和服」と読む語呂合わせから。

凄麵の日

茨城県八千代町に本社を置き、カップ麵などの食品事業を中心に展開するヤマダイ株式会社が制定。ゆでたての旨さ、お店のラーメンのような本格的な味を追求した自社製品の「凄麵（すごめん）」をさらに多くの人に食べてもらうのが目的。日付は「凄麵」の第１作目が2001年10月29日に発売されたことから。

てぶくろの日

総合手袋メーカーの株式会社東和コーポレーション（福岡県久留米市）が制定。手を使うことで進化してきた人類。そんな大切な手を守る作業用手袋に関心を持ってもらうのが目的。日付は10と29で「て」（10）「ぶ」（2）「く」（9）ろの語呂合わせと、素手で行う作業がつらくなり手袋をし始める時期に入ることから。

トニックの日

生活用品、化粧品などを幅広く扱う日本を代表するメーカーの花王株式会社が制定。抜け毛を抑え、コシのある髪を育てる自社製品「サクセス薬用育毛トニック」など、男性化粧品のヘアトニック、育毛トニックをアピールするのが目的。日付は「ト」(10)「ニック」(29) と読む語呂合わせから。

国産とり肉の日

一般社団法人日本食鳥協会が国産とり肉の安全性やおいしさをPRするために制定。国産とり肉は食鳥検査法によって1羽1羽に対して3段階の厳しい検査を行い、合格した安全なものだけが出荷される。日付は干支の10番目が酉(とり)であるため10月に、肉の語呂合わせから29日とした。

10月

10/30

初恋の日

1896(明治29)年の10月30日、島崎藤村が『文学界』46号に「こひぐさ」の一編として初恋の詩を発表したことを記念する日。制定したのは藤村ゆかりの宿の長野県小諸市の中棚荘。記念イベントとして初恋をテーマとした作品(俳句、短歌、エッセイ、写真など)をはがきで応募してもらう「中棚荘・初恋はがき大賞」を行った。

香りの記念日

第7回国民文化祭「世界の香りフェア IN 能登」を開催した石川県七尾市が1992年に制定。国民文化祭初の香りイベントが開催された日をその記念日としている。

たまごかけごはんの日

「たまごかけごはん」をキーワードに日本の古き良き食文化やふるさと、家族愛などを考えるきっかけとなる日をと、島根県雲南市の「日本たまごかけごはんシンポジウム実行委員会」が制定。日付は第1回日本たまごかけごはんシンポジウムが開催された2005年10月30日から。この時期はたまごの品質が良いと言われており、またおいしい新米が出回る時期でもある。

マナーの日

ビジネスマナー、一般マナーなど、あらゆる場面において必要不可欠な「マナー」について見直し、生活に役立ててもらうことを目的にNPO法人日本サービスマナー協会が制定。日付は協会が設立された

2008年10月30日から。協会では接客サービス研修、認定資格、検定試験など、サービスマナーの普及と向上の活動を行っている。

リラクゼーションの日

一般社団法人日本リラクゼーション業協会が制定。安心・安全・安定的なサービスの提供によるリラクゼーション事業の健全な発展と社会的認知度の向上が目的。日付は総務省の日本標準産業分類にて「リラクゼーション業（手技を用いるもの）」が新設されたことから、その告示日（2013年10月30日）を記念日とした。

10/31

ガスの記念日

一般社団法人日本ガス協会が、都市ガス事業の役割をより多くの人に伝えることを目的に制定。日付は横浜で初めてガス燈が灯され、都市ガス事業の始まりとなった1872（明治５）年10月31日から。

クレアおばさんのシチューの日

江崎グリコ株式会社が､同社の人気商品「クレアおばさんのシチュー」をより多くの人においしく味わってもらうために制定。日付は、これまで10月31日のハロウィンに定番メニューがなかったことから、食材が出そろうこの時季に「クレアおばさんのシチュー」で家族と楽しく食卓を囲んでほしいとの思いが込められている。

出雲ぜんざいの日

出雲地方では旧暦の10月を神在月（かみありづき）と呼び、その神在祭に振る舞われたのが「神在（じんざい）もち」。これが「ぜんざい」の語源となったと言われていることから、出雲観光協会が制定。日付は神在月（出雲以外の地では神無月（かんなづき））の10月のなかでも、語呂合わせで読める10月31日を選んだもの。

陶彩の日

色鮮やかな日本の自然の中、豊かな食卓を「器（うつわ）」で彩りよく演出し、よりおいしく食べてほしいとの願いを込めて、日本陶彩株式会社（岐阜県土岐市）が制定。同社は和陶器を百貨店に納入している商社が共同出資して運営している会社。日付は10と31で「陶（10）彩（31）」と読む語呂合わせから。

天才の日

「誰もが一冊の本を書くことができる」との思いから1999年に吉田浩氏により設立され、数多くのベストセラーや作品を手がけてきた

SOHO型の編集プロダクションの株式会社天才工場が制定。天才工場の天才という名前には、誰もが天才であるとのメッセージが込められており、自分の才能に気づき、天才のひとりであることを再確認する日。日付は10と31で「天才」と読む語呂合わせから。

ハロウィン

ヨーロッパを起源とする行事で、のちにキリスト教の万聖節の前夜祭にあたることから、アメリカでは子どもの祭りとして定着している。幽霊や魔女などに仮装して歩いたり、カボチャのランタンを飾ったり、子どもがお菓子をもらうなどのイベントが行われる。

菜の日

⇨「1年間に複数日ある記念日」の項を参照。

10月

年によって日付が変わる記念日

10月第1土曜日

アウトドアスポーツの日

10月はスポーツの月。アウトドアスポーツは自然の中で行うものが多く、土との関係が深いので第1土曜日を記念日に。10月の十と第1土曜日の一を合わせると土にもなる。スポーツ用品のミズノの直営店・エスポートミズノが制定。

10月第2月曜日

スポーツの日

国民の祝日のひとつ。「スポーツにしたしみ、健康な心身をつちかう」こととされている（国民の祝日に関する法律）。1964年の東京オリンピック開会式の日を記念して1966（昭和41）年に国民の祝日「体育の日」として制定。2020年からは「スポーツの日」に。

鯛の日

日本有数の真鯛養殖地である三重県の三重県漁業協同組合連合会が制定。消費拡大と三重県の鯛をPRすることが目的。日付はこの日が国民の祝日の「スポーツの日」の前身の「体育の日」であることから「体育の日＝タイ（イ）クの日＝鯛喰う日＝鯛の日」と結ぶ言葉合わせから。

10月第３土曜日

中性脂肪の日

大阪府大阪市に事務局を置く一般社団法人中性脂肪学会が制定。中性脂肪（トリグリセリド＝TG）は身体のエネルギーになる重要な栄養素だが、たまり過ぎても不足しても病気になる。中性脂肪について学び、知識を深めることでより多くの人に健康になってもらうのが目的。日付は2019年から毎年10月第３土曜日に学術集会、市民公開講座などを開催して中性脂肪の啓発活動を行うことから。

10月第３日曜日

まごの日

９月15日の「敬老の日」からほぼ１か月後の10月の第３日曜日を、おじいちゃん、おばあちゃんから孫にメッセージを伝える日にしようと提唱したのは日本百貨店協会。百貨店のもつ商品性、文化性、交流性を生かして社会にアピールをしている。

葛西まつりの日

東京都江戸川区の葛西事務所に事務局を置く「葛西まつり実行委員会」が制定。葛西地区で開催されている「葛西まつり」の認知度をさらに高めて、まつりを盛り上げることが目的。日付は毎年開催日となっている10月第３日曜日。例年、模擬店・ステージ・パレードなどでにぎわう「葛西まつり」は1976（昭和51）年から開催されている。

10月第４日曜日

ハンドメイドの日

⇨「１年間に複数日ある記念日」の項を参照。

10月最終木曜日

マッコリの日

韓国の農水産物や食文化の紹介など、貿易振興活動を行っている韓国農水産食品流通公社が制定。韓国の伝統的な醸造酒であるマッコリを、より多くの人に親しんでもらうのが目的。日付は毎年、新米で作ったマッコリが市場に出回り始めるのがこの時期であることから10月の最終木曜日とした。

コラム6

社会に役立つ記念日

「記念日を作り、日本記念日協会に認定登録をしてもらえれば、自社の商品、サービスの売り上げが伸びる」と考える企業は多い。たしかに費用対効果を考えると通常のPR、広告などよりもはるかに安く、大きな効果を上げられることだろう。

しかし、記念日を作り、日本記念日協会に認定登録をしてもらいたいという人の中には「自分たちの活動の記念日を制定することで広く社会にアピールして、世の中を良くしたい」と考えている企業、団体も少なくない。

そのひとつの例が10月１日の「乳がん検診の日」などの病気の予防、啓発を目的とした記念日だ。

日本記念日協会のホームページの「今日の記念日」で「がん」とキーワード検索すると他にも「口腔がん検診の日」（11月15日）、「小児がんゴールドリボンの日」（４月25日）、「がん支えあいの日」（６月21日）など、がんに関連した記念日がいくつも登録されている。

こうした記念日が設けられることで検診を受けるきっかけになり、早期発見の効果が得られ、がんと闘病している人たちへの励ましにつながっていく。

また、視覚障害者の安全な歩行を助ける点字ブロックの安全性確保のために設けられた３月18日の「点字ブロックの日」は、この日をきっかけに「点字ブロックの上に物を置かないで！」と訴える活動が全国に広がりつつある。

阪神淡路大震災の日の１月17日は「おむすびの日」に制定され、人と人との心を結ぶ力となり、東日本大震災の３月11日は命の尊さを思い、命の大切さを考え、災害時の医療体制などを考える「いのちの日」になった。

ほかにも仕事と生活の調和のとれた生活を目指す11月23日の「ワーク・ライフ・バランスの日」や、毎月12日に社会全体で子育てを考える「育児の日」など、日々の暮らしを大切にするための啓発を目的とした記念日も増えている。記念日を活用した社会貢献をもっと進めていきたいと思う。

NOVEMBER

旧　暦　霜月
語源：霜が立ち始める「霜降り月」の略。

英　名　November
語源：もともとは「９番目」を意味するラテン語が語源だが、改暦の際に名称を変更したなかったことからズレが生じているとされる。

異　名　暢月／神楽月／神帰月／霜降月／子月／雪待月／雪見月

誕生石　トパーズ（黄玉）／シトリン（黄水晶）

誕生花　椿／クリスマスローズ

星　座　蠍座（～ 11/22頃）、射手座（11/23頃～）

11月は１年で最も記念日が多い月。数字の１が並ぶ月であり、11を「いい」と読めるなど形や語呂合わせで作りやすいこともあるが、冬を前にした季節なので企業が何かイベントを仕掛けてみたいという気になるからだろう。

とくに11日は1111となるので覚えやすく、広告もしやすい。長い棒状の商品に記念日を設定するとしたらいちばんふさわしい日。エンピツや万年筆など次々と記念日になりそうだ。また、「ポッキー＆プリッツの日」の認知度の高さもこの日を選択する大きな要因になっている。

クリスマスローズ

11/1

サステナブルU.S.ソイの日

アメリカの大豆生産者を代表するアメリカ大豆輸出協会と、栄養補助食品などを販売する三基商事株式会社（大阪府大阪市）が制定。持続可能（サステナブル）な栽培方法で生産されたアメリカ大豆や大豆製品に付けられる「アメリカ大豆サステナビリティ認証マーク」の日本での普及と、大豆たんぱくの健康価値とサステナブルの重要性を広めるのが目的。日付は大豆の収穫が本格化する11月の初日である11月1日に。

低GIの日

食品に含まれる糖質の吸収度合いを示す「Glycemic Index（GI＝グライセミック・インデックス)」の研究を行う日本Glycemic Index研究会が制定。GI値の低い「低GI」の認知度の向上と理解を深めてもらうのが目的。つい食べすぎてしまいがちな食欲の秋に「低GI」の食品を多くとることで血糖値をコントロールし、健康的で楽しい食卓にとの願いが込められている。日付は11を「体にいい（11)」、1を「Index（指標）のIを1」と見立てて11月1日に。この日から11月7日までを「低GI週間」と制定している。

地方港混載の日

神奈川県横浜市に本社を置き、国際輸送業などを行うセイノーロジックス株式会社が制定。地方港から海上混載の輪を広げることで、地方の活性化や国際化のほか、国内トラック輸送の削減による地球環境への貢献など、社会的メリットに役立てることが目的。日付は同社の創立日であり、会社名にある「logix」、地方を意味する「local」、混載を意味する「lcl」(LESS than CONTAINER LOAD＝lcl）の頭文字である「l」を数字の1に見立てて11月1日に。

ラジオ体操の日

株式会社かんぽ生命保険が2018年にラジオ体操制定90周年を記念して制定。ラジオ体操は「いつでも、どこでも、だれでも」気軽に取り組める体操として、同社の前身である逓信省簡易保険局によって提唱、開発され、幅広い世代に親しまれている。日付は1928年11月1日の朝7時に東京中央放送局から、初めてラジオ体操の放送が行われたことから。

Ⅲ型コラーゲンの日

卵殻膜に着目したスキンケアサプリメントや健康食品、化粧品の開発、販売などを手がける株式会社アルマードが制定。美と健康、未病予防のために、修復作用が高く肌を美しく保つ「Ⅲ型コラーゲン」を摂取することの大切さを広めるのが目的。日付は「Ⅲ型」のローマ数字のⅢが、アラビア数字の１が３本並んでいるように見えることから11月１日に。

サービス介助の日

公益財団法人日本ケアフィット共育機構が制定。おもてなしの心と安全な介助技術を修得する、サービス介助士（ケアフィッター）の育成を通じて、誰もが安心して暮らせる共生社会とするのが目的。日付はサービス介助士が誕生した日から11月１日に。

本の日

全国各地の老舗書店で結成された書店新風会が制定。読者に本との出会いの場である書店に足を運ぶきっかけの日としてもらうとともに、情操教育の一環としての「読書運動」の活性化が目的。日付は11と１で数字の１が本棚に本が並ぶ姿に見えることと、想像、創造の力は１冊の本から始まるとのメッセージが込められている。

ベイクチーズタルトの日

焼きたてチーズタルト専門店「BAKE CHEESE TART」を運営する株式会社BAKEが制定。「記憶に残る、ひとくち」を日本から世界に広め、より多くの人に届けるのが目的。日付はスイーツの街・自由が丘にある「BAKE CHEESE TART」本店がオープンした2014年11月１日にちなんで。

ロンパースベア１歳の誕生日の日

「ロンパースベア」の製作、販売などを手がける株式会社エンパシージャパンが制定。子どもが着ていた思い出のベビー服でつくる世界でたったひとつのぬいぐるみ、ロンパースベア。子どもの１歳の誕生日に一生大切にできるロンパースベアを贈る文化を広めるのが目的。日付は１歳にちなんで数字の１が並ぶ11月１日に。

いい医療の日

日本唯一の医師を代表する職能団体である公益社団法人日本医師会が制定。より良い医療のあり方について、国民と医師とがともに考えながら、さらなる国民医療の向上に寄与していくことが目的。日付は日本医師会が設立された日（1947年11月１日）であり、11と１で「いい

(11）医（1）療」と読む語呂合わせから。

紅茶の日

1791（寛政3）年のこの日、大黒屋光太夫がロシアのエカテリーナ2世から紅茶を贈られたとの史実をもとに、日本紅茶協会が1983（昭和58）年に制定。紅茶の葉は「紅茶の木」から採れるのではなく、緑茶を完全発酵させたもの。

計量記念日

1993年11月1日、新「計量法」が施行されたことを記念し、従来の6月7日の記念日を変更して経済産業省により制定された。

川の恵みの日

川魚を扱う株式会社うおすけ（三重県多気町）が、川に感謝し、川の環境と自然を考える日にと制定。日付の由来は11月1日の数字を並べると川になり、川の字と似ていることから。

野沢菜の日

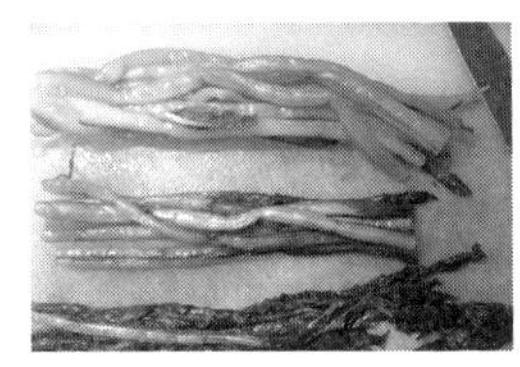

野沢菜発祥の地である長野県野沢温泉村の野沢温泉観光協会が制定。野沢菜の蕪主(かぶぬし)を募る「のざわな蕪四季会社」の蕪主総会が毎年11月1日に開かれることと、野沢菜の収穫時期にあたることからこの日に。野沢菜は長野県の味の文化財にもなっている信州の名産品。

日本点字制定記念日

1825年にフランスで考案された点字は、東京盲啞学校（当時）の教頭、小西信八が視覚障害者の文字として優れていることを見出し、教員や生徒などにより日本語を表す点字に翻案する研究が続けられた。1890（明治23）年11月1日に教員の石川倉次の案が採用され、ここに日本の点字が制定。この記念日の登録は神奈川県大和市にある特定非営利活動法人日本点字普及協会による。

深川！マイ・米・デー

北海道有数のお米の産地である深川市が制定。農家の方々が1年間苦労して生産されたお米の収穫に感謝して、おいしい深川産のお米を市民の方々に味わってもらいたいとの思いから。日付は新米の収穫を終えた頃であることと、第1回深川農業まつりが開かれた1977（昭和52）年11月1日にちなんで。

ウェザーリポーターの日

世界中の気象観測・分析・予測などを行う気象情報会社、株式会社ウェザーニューズ（千葉県千葉市）が制定。同社では一般の方（ウェザーリポーター）から現地の空の様子を写真やコメントで送ってもらい、それを天気予報に反映する参加型の天気予報サービスを行っており、ウェザーリポーターの輪をさらに広げることが目的。日付は2005年11月１日にウェザーリポーターの企画が始まったことから。

キクマサピンの日

菊正宗酒造株式会社（兵庫県神戸市）が自社商品の日本酒「キクマサピン」が2013年に発売30周年を記念して制定。「キクマサピン900ml」は世界的な食品コンテスト「モンドセレクション」で金賞に輝く名酒。日付は日本酒のおいしくなる季節に合わせるとともに、ピン＝１とかけて11月１日とした。

警備の日

警備業の全国組織「一般社団法人全国警備業協会」が制定。社会の安全・安心への関心の高まりとともに、その果たす役割がますます需要になっている警備業に対する理解と信頼を高めることが目的。日付は1972（昭和47）年の11月１日に警備業法が施行されたことから。

スーパーカーの日

スーパーカーのオーナーの集まりである「一般社団法人日本スーパーカー協会」が制定。スーパーカーの魅力を広く発信するのが目的。日付はスーパーカーを公道走行車の中で最も速く、最も美しく、最も官能的なクルマと位置付け、パフォーマンス、スタイル、エモーションの３つにおいてナンバーワン（No.1）であるとの視点から、１が３つ並ぶ11月１日を記念日としたもの。また、スーパーカーならではの屋外のイベントに適した時期であり、覚えやすい日であることもその理由。

ソーセージの日

日本の食肉加工業界に多大な貢献を果たした大木市蔵氏の出身地である千葉県横芝光町の横芝光町商工会が制定。大木氏は1917（大正６）年11月１日、第１回神奈川県畜産共進会に就職先の店主名義で日本で初めてソーセージを出品。全国各地で食肉加工の技術指導にあたり、多くの弟子を育てた。また、日本農林規格（JAS）の制定に携わるなどした大木氏の功績を後世に伝え、大木式ハム・ソーセージを復刻して地域の特産品とするのが目的。日付は日本初のソーセージが世に出た歴

史的な日から。

11/2

ペア活の日

京都府京都市に本社を置く株式会社ワコールが制定。大切な人と大切な時間を二人で過ごして楽しむ「ペア活」を勧め、そのファッションアイテムを同社のウェブストアから購入してもらうのが目的。日付は11と2の11を1人+1人と見立て、2で2人（ペア）となることから。

リジョブの日（いい縁につながる日）

美容、ヘルスケア、介護などの「おもてなし業界」の求人メディア事業やCSV推進プロジェクトなどを展開する株式会社リジョブが制定。同社の設立10周年を記念して、主要事業である「想いが伝わる求人メディアの運営」と、途上国の人々の経済的自立をサポートする「咲くらプロジェクト」、地域の人々との縁を深める「つぼみプロジェクト」を推進することで、「日本が誇る技術とサービスを世界の人々に広め、心の豊かさあふれる社会を創る」というソーシャルビジョンの実現が目的。日付は同社の設立日であり、1102で「いい（11）えん=縁（0）に（2）つながる」と読む語呂合わせから。

阪神タイガース記念日

1985（昭和60）年のこの日、プロ野球の阪神タイガースが西武ライオンズを日本シリーズで破り、球団創設以来初の日本一となったことを記念して、タイガースファンが制定。掛布、バース、岡田らによる圧倒的な攻撃力でセ・リーグを制し、さらに日本一となった。

キッチン・バスの日

11月3日の「文化の日」の前日を家庭の日として家庭文化の在り様をみんなで考えようと、キッチン・バス工業会が制定。システムキッチンおよび浴槽・浴室ユニットなどに対する理解の促進と工業会の認知度向上もその目的。Kitchen-Bathの、Kはアルファベットの11番目、Bは2番目というのも日付の由来。

習字の日

「正しい美しい愛の習字」を基本理念として、習字文化の向上と、習字教育、書道教育の普及と振興などを目的に活動を行っている公益財団法人日本習字教育財団が制定。文字を書くことに親しみを持ってもらい、手書きで文字を書く大切さを伝えていきたいとの願いが込められている。日付は11と02を「いい文字」と読む語呂合わせから。

書道の日

「正しい美しい愛の習字」を基本理念として、書道文化の向上と、書道教育、習字教育の振興と普及などを目的に活動を行っている公益財団法人日本習字教育財団が制定。文字を書くことに親しみを持ってもらい、手書きで文字を書く大切さを伝えていきたいとの願いが込められている。日付は11と02を「いい文字」と読む語呂合わせから。

タイツの日

11月は女性がタイツでおしゃれをするベストシーズンであること。そして、タイツは片足ずつ編み、あとで１つに縫製されることから形が数字の11と似ており、２つがペアであることから11と２を組み合わせたこの日を記念日としたのは、株式会社エムアンドエムソックス（大阪市）。

都市農業の日

東京都農業協同組合中央会が制定。2015年４月22日に都市農業振興基本法が成立したことを機に都市農業への注目を高め、ひいては日本の農業全体を盛り上げることが目的。日付は11月が各地で収穫を祝う農業祭の時期であり、11月２日には「東京都農業祭」が開かれ、農林水産大臣賞を決める農畜産物品評会などが行われること。そして、この日は都市農業振興基本法が成立した日から194日後なので194の１＋９＝10で「と」、４＝「し」と読む語呂合わせから。

11/3

文化の日

国民の祝日のひとつ。1948（昭和23）年に「自由と平和を愛し、文化をすすめる日」として国が制定。

ほるもんの日

京都府京都市に事務局を置き、内分泌代謝学に関する研究の進歩普及を図る一般社団法人日本内分泌学会が制定。ホルモンや内分泌疾患に関する正しい知識を一般に広め、早期診断、早期治療につなげるのが目的。日付は代表的なホルモンであるアドレナリンを発見した高峰譲吉博士の誕生日（嘉永７年11月３日）から。内分泌学会の公式キャラクター「ほるもん」にちなみ、記念日名を「ほるもんの日」とした。

高野豆腐の日

全国凍豆腐工業協同組合連合会（長野県長野市）が、「高野豆腐」の名前を国内外に向けて発信することを目的に制定。日付はおせちの伝統食材の高野豆腐を食べて新年を迎えてほしいとの思いを込め「高野（こうや）＝58」と読む語呂合わせから、新年まで残り58日である11月３日としたもの。また、この日は「文化の日」でもあり、日本の食文化や和食について考える日にとの願いも込められている。

難聴ケアの日

埼玉県さいたま市に本社を置き、補聴器を中心とした聴覚関連機器の販売などを手がける株式会社岡野電気が制定。専門家として多くの人の「聞こえの改善」に携わってきた同社。難聴が原因で起こるさまざまな障害の重大性を知る機会をつくること、難聴予備軍の人に正確な情報を提供すること、そして障害が発生する前に対策を取ってもらい、難聴を改善するきっかけの日とすることが目的。日付は11と３で「いい（11）耳（３）」と読む語呂合わせと、難聴ケアを文化にしたいという思いも込めて「文化の日」である11月３日とした。

クラシックカーの日

日本で最も古いクラシックカークラブである日本クラシックカークラブが制定。同クラブは自動車を美学的な見地から論評した浜徳太郎氏の元に愛好家が集い、1956年に誕生。日本におけるクラシックカーの研究と保存、文化価値の啓蒙と次世代への継承を目指す同クラブの活動を通じて、クラシックカー文化を育んでいくことが目的。日付は同クラブの設立記念日である1956年11月３日から。

いいお産の日

一般社団法人日本助産学会、公益社団法人日本助産師会、公益社団法人日本看護協会、公益社団法人全国助産師教育協議会が合同で制定。すべての子どもたちが幸せに生まれ、すべての女性が安全で安楽に、満足したお産を迎えられることを祈って、お産について多くの人に知識と関心を持ってもらうことが目的。日付は11と３で「いい（11）お産（３）」の語呂合わせから。

オゾンの日

特定非営利活動法人日本オゾン協会と日本医療・環境オゾン学会が共同で制定。人間の生活や地球環境に大いに貢献しているオゾンに対する正しい理解を広めるのが目的。日付はオゾンの化学記号がO_3であり、11月３日を「いい（11）オゾン（03）」と読んで。

ハンカチーフの日

日本ハンカチーフ協会が、日用品やファッションアイテム、ギフトアイテムとしてのハンカチーフ（ハンカチ）の魅力を広めるために制定。

ハンカチが正方形になったのは、18世紀にマリー・アントワネットがハンカチをすべて正方形にするよう夫のフランス国王ルイ16世に布告させたことからと言われている。日付は、マリー・アントワネットの誕生日である11月2日に近い祝日である文化の日（11月3日）としたもの。

話せるほけんの日

損保ジャパン日本興亜保険サービス株式会社が制定。「あなたの一生に寄り添う伴走者でいたい」というキャッチフレーズを掲げ、保険のことから暮らしのことまで気軽に相談できる新しいタイプの損保系来店型保険ショップ「話せるほけん」のPRが目的。日付はその1号店である三軒茶屋店がオープンした2016年11月3日から。

ゴジラの日

日本映画の金字塔「ゴジラ」を製作する東宝株式会社が制定。世界的な怪獣映画として知られる「ゴジラ」の魅力をさらに多くの人に知ってもらうのが目的。日付は第1作が公開された1954（昭和29）年11月3日から。この日はファンの間でもゴジラの誕生日とされている。

バケットリストの日

沖縄県本部町の「旅する絵本作家 リック・スタントン」こと本田隆二氏が制定。「バケットリスト」とは、一生のうちにやってみたいことをまとめたリストのこと。多くの人が楽しい未来をリストに書いて、日々の生活が素敵なものになるようにとの願いが込められている。日付は11と3で「いい（11）未（3）来を描く日」の語呂合わせから。

ビデオの日

一般社団法人日本映像ソフト協会と日本コンパクトディスク・ビデオレンタル商業組合により結成された、ビデオの日実行委員会が制定。2016年にDVDソフトの発売（1996年11月）から20年、Blu-rayソフトの発売（2006年11月）から10年を迎えたことを記念したもの。日付は11月3日の「文化の日」にゆっくり家でビデオを観てほしいとの思いから。

アロマの日

ヨーロッパで生まれ育った香りの文化のアロマセラピー。その自然がもたらす香りの効用を認識し、感謝しつつ、日本文化のひとつとして定着することを目的に社団法人日本アロマ環境協会が制定。日付は「文化の日」に合わせて。

いいレザーの日

日本の皮革製品に関する知識を広め、レザーの魅力とその価値を知ってもらおうと社団法人日本皮革産業連合会が制定。日付は11月３日（1103）を「いいレザー」と読む語呂合わせから。

文化放送の日

東京のAMラジオ局「文化放送」が制定。自社のラジオ番組の魅力を知ってもらうのが目的。日付は周波数の1134kHzにちなんで、11月３日と11月４日に。

調味料の日

一般社団法人日本野菜ソムリエ協会が「日本の伝統調味料を通して、豊かな食生活を提起する日」として制定。日付は伝統調味料を見直して和食の素晴らしさを文化として考えようと「文化の日」に合わせた。また、11と３で「いい味」と読む語呂合わせでもある。調味料業界の活性化も目的のひとつ。

合板の日

丸太を薄くむいた板（単板）を貼り合わせて作る合板。天然木に比べ、狂いにくく、ほとんど伸び縮みしない合板を通して、自然と人が共存共栄できる豊かな社会づくりに貢献することを目的に「合板の日」実行委員会が制定。日付は日本における合板の創始者、故・浅野吉次郎氏がかつらむきにする機械を初めて製造し、合板を作った1907（明治40）年11月３日にちなんで。

11/4

いい刺しゅうの日

全国の刺しゅう業者などで組織された日本ジャガード刺繍工業組合（大阪府大阪市）が制定。手刺しゅうや機械刺しゅうなど、さまざまな刺しゅうに関心を持ってもらうことで業界を活性化させ、刺しゅうの素晴らしさを広げていきたいとの思いが込められている。日付は11と４で「いい（11）刺（４）しゅう」の語呂合わせから。

いい推しの日

岐阜県中津川市付知町で、まちづくり企画やゲストハウスの運営を手がける株式会社ゴシンボクが制定。アニメやアイドルが好きな人たちが、いちばん応援している相手（推し）について語り合う日とし、同社運営のゲストハウスで推しのキャラクターやアイドルの誕生日を祝うイベントなどを企画。日付は1104で「いい（11）推し（04）」と読む語呂合わせから。

40祭の日

山形県天童市の山形に縁のある昭和52年度（昭和52年４月２日～昭和53年４月１日）生まれの同い年のグループ「山形52会」が制定。同会が主催する山形県初の「２回目の成人式40歳」で、より多くの人との交流を深め、地域の活性化へつなげるのが目的。日付は「２回目の成人式40祭」の開催日である2017年11月４日から。

文化放送の日

⇨11月３日の項を参照。

かき揚げの日

各種冷凍食品の製造販売を手がける株式会社味のちぬや（香川県三豊市）が制定。サクサクとした食感と野菜などの具材のおいしさで人気のかき揚げを多くの人に食べてもらうのが目的。日付はかき揚げはうどんやそばなどの麺類に乗せて食べられることが多いことから、カレンダーで「めんの日」の11月11日の上の同じ曜日となる11月４日としたもの。

いいよの日

兵庫県神戸市の聴きプロ、北原由美氏が制定。一人ひとりの思いは誰にも否定されることなく、どう思っても「いいよ」と受け止めるのが聴くということ。「いいよ」とほめる社会、許す社会になればとの願いが込められている。日付は11と４で「いいよ」の語呂合わせから。キャッチコピーは「どう思ってもいいよ 受け止めるから 聴きプロがつくったいいよの日」。

11/5

新宿日本語学校・にほんごの日

1975年から日本語教育を行う学校法人江副学園新宿日本語学校が制定。独自の視覚的教授法である江副式教授法とオリジナルブレンド学習システムであるVLJ（Visual Learning. Japanese）などを活用して、日本語教育を行う同校のさらなる教育の充実とサービスの向上が目的。日付は11は１が２本であることから「日本」と読み、５は「語（ご）」と読むのを合わせて「日本語」となることから11月５日に。

予防医学デー

北里大学北里研究所病院が制定。科学的根拠をもった疾病予防、健康増進を図る新たな生活習慣、社会システムを提案し普及させる「予防医学」で、多くの人の健康に寄与することが目的。日付は予防医学の父といわれる北里柴三郎博士が設立した北里研究所の設立日（1914年11月５日）から。

ごまの日

全国胡麻加工組合が制定。油分、たんぱく質、ビタミン、ミネラル、食物繊維などが豊富で栄養価が高く、健康に良いごまをより多く摂取してもらうのが目的。日付は11と５で「いい（11）ご（５）ま」と読む語呂合わせと、ごま和えなどごまとの相性の良いほうれん草の旬の始まりの時期であることから。

縁結びの日

出雲大社

出雲路は古くから縁結びの地として知られる。出雲地方では神在月（かみありづき）と呼ばれる旧暦の10月、全国から神々が出雲に集まり、結婚、恋愛、健康などさまざまな縁について会議が行われることから、人々の良いご縁が結ばれる日をと、神話の国・縁結び観光協会が制定。日付は11月５日で「いいご縁」と読む意味も含まれている。

いい男の日

美しい生活文化の創造のために、化粧品事業、ヘルスケア事業を展開する株式会社資生堂が制定。いきいきと素敵に生きる男性を応援する日。日付は11と５で「いい男」の語呂合わせから。

いい酵母の日

酵母を摂取することの大切さを広くアピールしようと、酵母の製品を扱う株式会社日健協サービス（埼玉県鴻巣市）が制定。日付は11と５を「いい酵母」と読む語呂合わせから。同社では４月15日を「よい酵母の日」に制定している。

おいしいあなごの日

大阪府堺市のあなごの専門店「松井泉（まついいずみ）」が制定。より多くの人にあなごのおいしさを知ってもらい、あなごの食文化を伝えていくのが目的。堺では古くからあなご漁が盛んで、あなごを加工する技術を持った「堺もん」と呼ばれるあなご屋が軒を並べるほどにぎわい、堺名物のひとつとされてきた。日付は一年で最も脂がのっておいしい時季であることと、11と５を「おい（１）しい（１）あな（０）ご（５）」と読む語呂合わせから。

津波防災の日

内閣府（防災担当）が制定。2011年3月11日に発生した東日本大震災を受けて、津波による被害から国民の生命、身体、財産を保護することを目的に制定された「津波対策の推進に関する法律」の中で、この日が「津波防災の日」と決められている。「津波防災の日」の普及を通じて、津波防災に関する国民意識の向上を図るのが目的。日付は江戸時代の1854年に中部地方から九州地方の太平洋沿岸に大きな津波被害をもたらし、『稲むらの火』のモデルにもなった安政南海地震の発生した日にちなんで。

11/6

パンわーるどの日

岡山県総社市の総社商工会議所とパン製造販売店などで構成する「パンわーるど総社／So-Ja！ pan委員会」が制定。総社市は岡山県内一のパンの製造出荷額を誇り、人気のパン屋も多い「パンの街」。このおいしい総社のパンを多くの人に食べてもらうのが目的。日付は同市の各パン屋などが市の特産品である古代米「赤米」を使って仕上げた「フルーツシューケーキ」を発売した2016年11月6日にちなんで。

巻寿司の日

［立冬の前日、年によって変わる］⇨「1年間に複数日ある記念日」の項を参照。

アリンコのいいロールケーキの日

ロールケーキやクレープなど、人気洋菓子の製造販売を手がける株式会社パティスリードパラディが制定。しっとり、モチモチした生地で人気のロールケーキ専門店「ARINCO（アリンコ）」を運営する同社では、さらに“いい”ロールケーキをお客様に届けることを目指している。日付は「いい（11）ロールケーキ（6）」の語呂合わせから。毎年、色々な“いい”ロールケーキを販売する。

11/7

立冬（りっとう）

［年によって変わる］二十四節気のひとつ。暦の上での冬の始まり。陽の光が弱くなり、朝夕など冷え込む日が増える。

いいレナウンの日

1902年に創業の老舗のアパレル企業で、アパレル製品および雑貨などの企画、製造、販売を手がける株式会社レナウンが制定。記念日を通してお客様への感謝の気持ちを表すとともに、社会や社員とのコミュニケーションを図ることが目的。日付は11月7日を「1107」として「いい（11）レナ（07）ウン」と読む語呂合わせから。

湯たんぽの日

［立冬、年によって変わる］愛知県名古屋市に本社を置き、「立つ湯たんぽ」などの製造販売で知られるタンゲ化学工業株式会社が制定。室町時代から使用され、手軽に体や足を温められる湯たんぽの文化を幅広い年齢層に広め、さらに愛用してもらうのが目的。日付は湯たんぽの温かさが嬉しくなる頃の「立冬」とした。また「立冬」の「立」から同社の「立つ湯たんぽ」の「立つ」にちなんでいる。

腸温活の日

兵庫県神戸市に本社を置き、豆や昆布などの食物繊維製品を発売するフジッコ株式会社が制定。朝、食物繊維の入った温かい食事をとる「腸温活」を広めて、腸や全身の調子を良くしてもらうのが目的。日付は二十四節気の「立冬」の頃は昼夜の温度差が激しく腸の機能が低下しやすいため、「腸温活」を意識してもらおうと11月7とした。

HEALTHYA・日本製腹巻の日

愛知県名古屋市に本社を置き、国産肌着の企画製造を行う株式会社HEALTHYA（ヘルシア）が制定。気候の変化やエアコンの冷えからお腹を守るアイテムとして人気の日本製腹巻。同社の高品質でオシャレな腹巻をアピールするのが目的。日付は11月7日を1107として「いい（11）おな（07）か」と読む語呂合わせと、二十四節気のひとつ「立冬」になることの多い日から。

マルちゃん正麺の日

マルちゃんブランドで知られる東洋水産株式会社が制定。特許製法「生麺うまいまま製法」により、切り出した生の麺をそのまま乾燥して作る「マルちゃん正麺」は、なめらかでコシのある食感が人気。そのおいしさを、さらに多くの人に味わってもらうのが目的。日付は即席袋麺の価値が見直されるきっかけになったともいわれる同商品が発売された2011年11月7日から。

ココアの日

［立冬、年によって変わる］1919（大正８）年に、日本で初めてカカ

オ豆からの一貫ライン製造による飲用ココアを発売した森永製菓株式会社が制定。同社のココアのおいしさをより多くの人に味わってもらうのが目的。日付はココアは体が温まる飲み物として11月上旬から飲む機会が増え始めることから、冬の気配を感じ始める立冬とした。

鍋の日(なべのひ)

二十四節気の立冬となることの多いこの日を「鍋の日」と定めたのは、鍋料理に欠かせないつゆなどのメーカーのヤマキ株式会社。冬に向かい鍋物がよりおいしくなる季節をアピールし、家族で鍋を囲んで団らんを楽しんでもらうのが目的。

鍋と燗の日

[立冬、年によって変わる] 日本を代表する酒造会社各社で結成された「日本酒がうまい!」推進委員会が制定。一家団らんの中心にある鍋と、その傍らに置かれた燗酒。この日本らしい古き良き風習をあらためて見直して、温かい鍋とともに、温かい日本酒を愉しむ機会を広めるのが目的。日付は本格的な寒さを迎える立冬に。

にかわの日

古くから弦楽器の接着に使われている「にかわ(膠)」。その成分もゼラチンであることから、日本ゼラチン・コラーゲンペプチド工業組合が制定。ゼラチンの原点ともいえる「にかわ」の魅力をより多くの人に知ってもらうのが目的。日付は1963(昭和38)年11月7日に、日本にかわ・ゼラチン工業組合の創立総会が開かれ、現在の工業組合への第一歩を踏み出したことから。

もつ鍋の日

食肉や牛、豚などのもつ(ホルモン)を扱う株式会社丸協食産(長崎県佐世保市)が制定。もつ鍋のおいしさ、動物からもたらされる資源の有効活用などを広めるのが目的。日付は11と7で「いいもつ鍋」の語呂合わせから。また、7月13日は「もつ焼の日」。

いい女の日

美のプロフェッショナルとして幅広く活動する美容家のたかの友梨氏が代表取締役を務め、女性の心と体を癒すトータルエステティックサロンを全国展開する「たかの友梨ビューティクリニック」が制定。同社では創業当時から「1107」を「いいおんな」と読む語呂合わせから、サロンの電話番号などに多数使用しており、この日を美しくなりたい女性を応援する特別な日としている。

釧路ししゃもの日

地域のブランドとして「釧路ししゃも」を全国にアピールする釧路地域ブランド推進委員会が制定。日付は釧路のししゃも漁が10月下旬から11月下旬までで、いちばんおいしい時期に合わせて行っている「ししゃもフェア」の初日がこの日であり、11と７の語呂合わせで「いいな釧路ししゃもの日」と読めることから。

ソースの日

「焼く」「煮る」「隠し味に」など、さまざまなソースの使い方を普及させることを目的に、一般社団法人日本ソース工業会が制定。日付は同会が任意団体として設立されたのが1947（昭和22）年11月７日であったことと、ウスターソースのエネルギー量が100グラムあたり117(イイナ）キロカロリー（日本食品標準成分表五訂より）であることから。

11月

立冬はとんかつの日

［立冬、年によって変わる］揚げたてのとんかつと特製ソースや岩塩・味噌ダレが人気のとんかつ店「とんかつ比呂野」を経営する株式会社比呂野（愛知県名古屋市）が制定。夏の暑さに負けないようにと「土用の丑の日」にうなぎを食べる習慣に倣い、毎年、寒さが本格化してくる立冬にはとんかつを食べて活力（かつりょく）をつけ、冬の寒さを乗り切ってもらおうとの同店の思いが込められている。「立冬はとんかつ」という新しい食文化の提案の日。

夜なきうどんの日

［立冬、年によって変わる］全国で讃岐釜揚げうどんチェーン店「丸亀製麺」を展開する株式会社トリドールホールディングスが制定。寒さが本格化する冬の夜にうどんを食べることで身体をあたためる「夜なきうどん」という食文化、習慣を伝えていくのが目的。日付は暦の上で冬の始まりを告げる二十四節気のひとつ「立冬」に。

いいおなかの日

牛乳、アイスクリーム、生クリーム、ヨーグルトなど乳製品の製造、販売を手がけるタカナシ乳業株式会社（神奈川県横浜市）が制定。「タカナシヨーグルト・おなかへGG！」などを通じて、ヨーグルトの良さを多くの人が知り、「いいおなか」を心がけるきっかけにしてもらうのが目的。日付は「いい（11）おなか（07)」と読む語呂合わせから。

11/8

いい泡の日

山梨県北杜市小淵沢町に本社を置き、自然の力を活かした化粧品や健康商品の研究、製造、販売を手がけるアルソア本社株式会社が制定。水とミネラルにこだわったスキンケアシリーズの石けん「アルソアクイーンシルバー」の泡はモコモコ、ふわふわできめ細かく弾力があり、肌に負担をかけずに汚れを落とせることをアピールするのが目的。日付は11と８で「いい（11）あわ（８）」と読む語呂合わせから。

堅あげポテトの日

カルビー株式会社が制定。厚切りじゃがいもを低温で丁寧にフライすることで、噛むほどにじゃがいもの風味が楽しめる堅い食感のポテトチップス「堅あげポテト」を多くの人に味わってもらうのが目的。日付は「堅あげポテト」が発売された1993年11月８日にちなんで。

八ヶ岳の日

八ヶ岳を愛する人々により結成された八ヶ岳の日制定準備委員会が制定。11月８日を「いいやつ」と読む語呂合わせでこの日に。山梨県と長野県に位置する八ヶ岳は、その雄大さ美しさから多くのファンをもつ山脈として知られている。

刃物の日

生活文化と切りはなせない道具の刃物を、作り手と使い手が一緒になって感謝する日。日付はふいご祭が行われる日と､11と８で「いい刃」の語呂合わせから。岐阜県関市、岐阜県関刃物産業連合会、新潟三条庖丁連、越前打破物協同組合、東京刃物工業協同組合、京都利器工具組合、高知土佐山田商工会、島根県吉田村、堺刃物商工業協同組合連合会が制定。

いい歯ならびの日

歯ならびへの関心を高め、かみ合わせの大切さをPRしようと、日本矯正歯科学会が制定。市民公開講座を開いたり、日本歯科医師会とともに啓発活動を行う予定。118で「いい歯」の語呂合わせ。

いいお肌の日

ユニリーバのブランドのひとつ「Dove（ダヴ）」は、女性の美をサポートするスキンケアブランドとして多くの女性を支援してきた。その女性の美しい肌の大切さを社会的にアピールするためにユニリーバ・ジャパン株式会社が制定したのがこの記念日。日付は11と８で「いい肌」と読む語呂合わせから。

歯ぐきの日

歯周病と知覚過敏の危険性と、それらを防ぐために歯ぐきのケアが大切であることをアピールするために佐藤製薬株式会社が制定。日付は11月8日と9日で「いい歯ぐ（き)」と読む語呂合わせから。

おもてなしの心の日

アパレル業界向けの人財サービス、キャリア支援サービスなどを手がける株式会社インター・ベルが制定。人と人とのつながりを大切にして、多くの人に幸せになってもらうために「おもてなしの心」を広めるのが目的。日付は「人と人（11）のつながりを、おもてなし（0）の心でつなげる（∞)」の意味と、11と8を共感や感動が輪のようにつながっていく「いい輪」、日本文化の代表の和の心から「いい和」と読む語呂合わせから。

11月

徳島県れんこんの日

徳島県のブランド農産物として知られる蓮根をPRしようと、JA全農とくしまに事務局を置く徳島県蓮根消費拡大協議会が制定。徳島県の蓮根は京阪神の主要な卸売市場では第1位の占有率を誇っており、年末をピークに周年出荷している。日付は出荷量が増え、品質もしっかりしている時期であり、11と8で「いいはす＝良い蓮」と読む語呂合わせから。

信楽たぬきの日

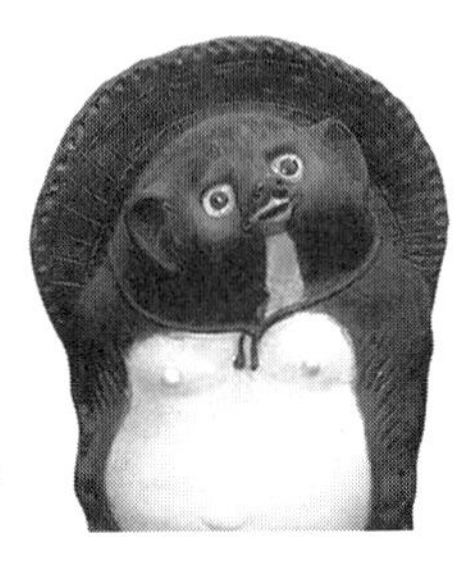

信楽焼(しがらきやき)で有名な滋賀県甲賀市信楽町の信楽町観光協会が2008年8月8日に記念日登録した「たぬき休むでぇ～（DAY)」から、よりイメージアップを図ることを目的に2012年8月8日に「信楽たぬきの日」と名称を変更。日付は1と1が重なるいちばん良い月の11月と、信楽焼の狸(たぬき)の特徴である八つの縁起物の八相縁起から8日を組み合わせたもの。全国の店先などで愛嬌よく商売繁盛に頑張っている信楽焼の狸の記念日。

11/9

いい地球の日

三重県津市に本社を置き、園芸植物の生産・卸販売、小売販売などを手がける株式会社赤塚植物園が制定。「一人の健康から地球の未来まで」を理念とする同社は、花と緑、水に関連するさまざまな事業を展開。持続可能な社会の実現や地球環境の改善を目指し、一人ひとりが地球に良いことを考え、行動する文化を根付かせることが目的。日付は11と９で「い（１）いち（１）きゅう（９）」の語呂合わせから。

IT断食の日

システム開発・コンサルティング事業、ITソリューション事業などを展開する株式会社ドリーム・アーツが制定。会議などにPCを持ち込まずに、良質なアナログ時間を人と協創（ともに創造すること）する時間に振り向けることが目的。日付はITの使い方を見直して、オフィスに「いい（11）空（９）気」を取り入れるとの意味から11月９日に。「IT断食」は同社代表取締役社長の山本孝昭氏の著書『「IT断食」のすすめ』から広く知られるようになった言葉。

赤塚FFCの日

三重県津市の株式会社赤塚植物園が制定。園芸植物の生産・卸販売、小売販売、貿易業務(種苗、園芸資材等)などを手がける同社は、植物や動物の機能を高める水の研究を行い、独自の技術「FFCテクノロジー」を開発。この技術から生まれた製品を多くの人に知ってもらうのが目的。日付は開発者であり赤塚グループの創始者の赤塚充良代表取締役会長の誕生日（1933年11月９日）と、11と９で「い（１）いち（１）きゅう（９）＝いい地球」と読む語呂合わせから。

119番の日

1987（昭和62）年に自治省消防庁が消防発足40年を記念して設けた日で、防火・防災の意識を高めてもらうのが目的。日付は消防のダイヤルナンバー119にちなんで。

歯ぐきの日

⇨11月８日の項を参照

いい靴の日

美と健康をテーマに活動する「いい靴の日プロジェクト」（発起人・埼玉県加須市「Yoga Good Wing」代表・吉羽咲貢好氏）が制定。痛みのない体を作り、自分の足に合う靴と出会い、正しい歩き方を手に入れることで、いつまでも若々しくキラキラした毎日を過ごそうという思いを全国に広げるのが目的。「足の美と健康を意識する日に」との願いが込められている。日付は11と９で「いいくつ」と読む語呂合わせから。

アイシングクッキーの日

日本で初めてアイシングクッキー講師を養成する認定講座を作った一般社団法人日本サロネーゼ協会（兵庫県芦屋市）が制定。アイシングクッキーの楽しさや技術を全国に普及させることが目的。アイシングクッキーとは砂糖やクリームなどでデコレーションしたクッキーのことでクリスマスやバレンタインのお菓子としても喜ばれる。日付はアイシングクッキーが作りやすい気候であり、「アイ（11）シングク（9）ッキー」の語呂合わせから。

タピオカの日

ヨーグルト・デザート・チルド飲料の製造販売などを行う安曇野食品工房株式会社（本店・長野県松本市、本部・東京都中央区）が制定。自社のタピオカ入りの商品のPRが目的。日付は、台湾で人気の珍味奶茶（タピオカミルクティー）を2002年11月に同社が日本で初めてチルドカップ容器で製造販売したことと、当時この商品がQ-PON（キューポン）とも呼ばれたことから、そのQ（9）を組み合わせて11月9日とした。

11/10

和紅茶の日

兵庫県神戸市で和紅茶の専門販売店koccha-waccha（コッチャワッチャ）を運営するkigg（キッグ）が、和紅茶をより多くの人に味わってもらうために制定。和紅茶とは、主に日本茶として栽培されている品種から紅茶の茶葉を作る日本生まれの紅茶。日付は秋も深まる紅葉の時期で、季節的にも色合い的にも紅茶がおいしく感じられる11月と、和紅茶はストレートで楽しめるものが多いので、10を横にするとティーカップとソーサーに見えることから10日を組み合わせて11月10日に。

下半身痩せの日

東京港区芝公園の下半身痩せ専門のパーソナルジム「Style A 芝公園」が制定。トレーニングによって健康的に下半身を痩せさせ、多くの人に笑顔になってもらうのが目的。日付は、スラッとした美脚をイメージさせる11月11日の日付のほうを、痩せていないイメージの10日とし、11月10日としたもの。

希少糖の日

香川県高松市の一般社団法人希少糖普及協会が制定。希少糖とは自然界での存在量が少ない単糖（糖の最小単位）や糖アルコールのこと。

この希少糖の利用を普及させ、希少糖関連技術の進歩、人類の健康と社会の発展に寄与するのが目的。日付は11と10で「いい（11）糖（10）の日」と読む語呂合わせから。

ヒーターの日

オイルヒーター、パネルヒーター、ファンヒーターなどの暖房機器を手がけるデロンギ・ジャパン株式会社が制定。冬の始まりとされる立冬を過ぎて寒さが本格的になる前に、ヒーターを準備して寒い冬を暖かく過ごしてもらうのが目的。日付は11と10で熱を意味する「ヒー(11)ト（10)」と読み、それを生み出すヒーターにふさわしいことから。

ホワイト企業普及の日

次世代に残すべき会社を増やすことを主旨に、ホワイト企業の研究、認定などを行う一般財団法人日本次世代企業普及機構が制定。人が成長できる経営、ワークライフバランス経営、多様性を意識した経営などを実践しているホワイト企業の普及が目的。日付は11と10を「いい（11）人の輪（10)」と読み、それを広げることがホワイト企業の根幹との思いから。

断酒宣言の日

社団法人全日本断酒連盟が制定。連盟の結成記念大会が1963（昭和38）年の11月10日に開催されたことと、「もう、飲ベンバー（ノヴェンバー＝11月)、酒、止まる（10日)」の語呂合わせからこの日としたもの。

ハンドクリームの日

11月10日を「いい手（ン)」と読む語呂合わせからハンドクリームメーカーのユースキン製薬株式会社が制定。11月10日は平均の最低気温が10度を割る境い目の日で、ハンドクリームの需要が高くなる日でもある。

いい音・オルゴールの日

長野県の諏訪地方で作られているオルゴールは「いい音」を目指し続けた高い技術から半世紀にわたり世界のトップシェアを誇っている。そのオルゴールの文化、歴史を伝えるために建てられた下諏訪町の「日本電産サンキョー株式会社」と「日本電産サンキョーオルゴール記念館 すわのね」が制定した記念日で、日付は11と10で「いい音」と読む語呂合わせから。

トイレの日

11・10で「いいトイレ」と読むことから、浄化槽設備の普及拡大や公衆トイレの環境整備の啓蒙のために日本トイレ協会が1986（昭和61）年に制定。

いい頭皮の日

ヘアードライアーや頭皮エステなどヘッドスパ商品を手がけるパナソニック株式会社が制定。頭皮ケアの重要性を考え、アピールするのが目的。日付は11と10で「いい（11）頭（10）皮」と読む語呂合わせから。

いい友の日

大切な友との絆を見つめ直す日を作りたいと、音楽、メディア、イベントなどのプロデュースを手がける株式会社シティーウェーブが制定。「いい友の日」は大切な友だちに音楽をプレゼントする日として、友だちをテーマにしたラジオ番組などを制作する。日付は11と10で「いい友」と読む語呂合わせから。

ポスティングの日

首都圏ポスティング協同組合が制定。「配布物やお届けするスタッフ、それらを受け入れてくれる社会に感謝する日」がその趣旨。日付は「いい（11）とどけ（10）」と読む語呂合わせから。同組合のロゴマークは「届」の文字をモチーフに、あらゆる道をたどり、確実に送り届けることをデザイン化したもの。

人と犬・愛犬笑顔の日

一年に一度、愛犬家が人と犬とのつながり、絆を確認して愛犬とともに過ごし、ともに笑う日をと、人と犬のホームケアが学べる「Studio hito to inu」（大阪府大阪市）を主宰する小野真希さんが制定。「愛犬の笑顔はあなたの笑顔から」がキャッチフレーズ。日付はスマイルマークが11と10でできているように見えることから。

無電柱化の日

景観や防災などの観点から電柱を無くす「無電柱化」を目指している「無電柱化民間プロジェクト」が制定。電柱が無くなることで景観が良くなり観光の振興に役立ち、巨大地震などに対する防災機能が高まることを広く世の中に知らせることが目的。日付は11月10日を1110として、1を電柱に見立て、それが0（ゼロ）になることを願って定められた。

かりんとうの日

全国の「かりんとう」メーカーによって構成される全国油菓工業協同組合が制定。日本の伝統菓子である「かりんとう」のおいしさを、すべての年代の人に知ってもらい消費拡大を図ることが目的。日付は「かりんとう」の棒状の形を11で表し、砂糖の糖を10と読む語呂合わせから。

11/11

いただきます、やますの日

千葉県市原市に本社を置き、千葉県の土産の開発、卸し、販売などを手がける株式会社やますが制定。「千葉の美味しいを大切に」「何気ない日常を特別に」をスローガンに掲げる同社は2020年で創業50周年。この節目に、作り手の思いや商品の意図をより多くの人に伝えたいと「いただきます」の言葉と「やます」の社名入りの記念日としたもの。日付は千葉県はピーナッツ、落花生の名産地で、11月11日は「ピーナッツの日」と言われており、千葉県の商品を数多く扱う同社にとってふさわしい日との思いから。

うまい棒の日

遊び感覚あふれる楽しい菓子の企画、販売を手がける株式会社やおきんが制定。同社を代表する国民的駄菓子の「うまい棒」が2019年に発売40周年を迎え、これからもより多くの人に愛され続けられるようにとの願いが込められている。日付は「うまい棒」を４本並べると「1111」と似ていることから11月11日に。

スティックパンの日

山崎製パン株式会社が制定。そのまま手軽に食べられ、子どものおやつにもなるスティックパンは、人にも「１本どうぞ」と勧めやすくコミュニケーションツールにもなる。その良さを広めるのが目的。日付は11と11をスティックパンが並んでいるように見立てて。

クラブツーリズム・ひとり旅の日

「ひとりでも気軽に参加できる旅（ツアー）を作ってほしい」との声を受け、1997年から“ひとり”だけど“独り”じゃない。参加者全員がひとりの『ひとり旅』を展開するクラブツーリズム株式会社が、もっと多くの人に気軽に参加してもらい、その魅力を感じてもらいたいと制定。日付はひとりを表す数字の１が集まる11月11日に。

ととのえの日

サウナ専門のアパレルブランド「TTNE PRO SAUNNER（ティーティーエヌイープロサウナー）」が制定。サウナ浴により心身ともに健康になった状態をサウナ用語で「ととのう（ととのえる）」という。

より多くの人にこの体験を通して健やかに過ごしてもらうのが目的。日付は１がきれいに４つ並び、整って見える11月11日に。

シルク・ドゥ・ソレイユ『キュリオス』の日

株式会社フジテレビジョンが制定。同社が主催するシルク・ドゥ・ソレイユ創設30周年記念作品『キュリオス』の日本公演に親しんでもらうのが目的。日付は『キュリオス』は舞台後方の壁にかかっている時計が11時11分の時を刻むところからショーがスタートする設定なので11月11日に。

イオン液体の日

イオン液体研究会前代表世話人の大野弘幸氏（東京農工大学前学長）が制定。イオン液体は融点の低い塩（えん）で、室温程度でも液体状態であるものも多い。電気を通しやすい、蒸気圧がほとんどない、といった性質から、幅広い分野での応用が期待でき、その認知度向上が目的。日付はイオン液体はカチオン（陽イオン）とアニオン（陰イオン）で構成されることからプラス（＋）とマイナス（－）を組み合わせた十一月十一日とした。

岩下の新生姜の日

「岩下の新生姜」で知られる、岩下食品株式会社（栃木県栃木市）が制定。冬が近づくこの季節に、さまざまな料理に使えて手軽においしく、たくさん食べられる同社の新生姜で身体を温めてもらうのが目的。日付は同社の新生姜は独自の栽培方法により、細長く独特な形状に成長することから見た目が数字の１に似ており、食卓にたくさん１が並んだ姿に見立てて11月11日に。

きみしゃんいりこの日

福岡県芦屋町の有限会社ナラティブきみしゃん本舗が制定。同社が製造販売する、いりこ煮の「きみしゃんいりこ」のおいしさを多くの人に知ってもらい味わってもらうのが目的。日付は11を「いりこ」の一匹の形を数字の１に見立て、１が４つ並ぶ11月11日とした。「きみしゃん」とは同社の初代で、独自の秘伝のタレを生み出した渡邉紀美子氏の愛称「きみしゃん」から名付けたもの。

YEGの日

日本商工会議所青年部が制定。「YEG」とは商工会議所青年部の英語名(YOUNG ENTREPRENEURS GROUP）の頭文字をとったものであり、同時にそのコンセプトである若さ（YOUTH)、情熱(ENERGY)、広い視野（GENERALIST）を持つ経営者を意味し、その活動の発展が目的。日付は全国組織の日本商工会議所青年部が誕生するきっかけとなった「商工会議所青年部第一回全国大会」が1981年11月11日に開催されたことから。

勇者の日

アーティストの「AKIRA」こと杉山明氏と、「AKIRA」ライブを主催した川辺恵子氏が制定。勇者とはアメリカインディアンの長老いわく「障がい者や大きな試練を越えてきた人」のこと。誰にも試練はあるため生きているすべての人の記念日ともいえるが、とくに障がい者＝勇者であることを知ってもらうのが目的。日付は人を表す数字の1が一年で4つある唯一の日だから。人と人がつながり集う日にとの願いが込められている。

生ハムの日

一般社団法人日本生ハム協会が制定。生ハムの普及と、そのおいしさと食文化をPRするのが目的。日付は生ハムの生産が盛んなスペインでは古くから「サン・マルティンの日」である11月11日に、豚を加工して生ハムを作る習慣があることにちなんで。スペインでは収穫祭の日であり、冬の始まりの日として知られる。

串カツ田中の日

大阪の伝統的な庶民の味「串カツ」。その串カツ専門の居酒屋を全国展開する株式会社串カツ田中が制定。現在の「串カツ田中」の味の原点、田中勇吉氏より受け継いだ独自のレシピでつくる串カツを、より多くの人に笑顔で味わってもらうのが目的。日付は11月11日の1111が「串カツ田中」の串が並んでいるように見えることから。

プラズマクラスターの日

大阪府堺市に本社を置く家電メーカーのシャープ株式会社が制定。同社が開発したプラズマクラスターは、プラズマクラスターイオンを作り空気中に放出する技術で、浮遊ウイルスやカビ菌などの作用を抑えられる。この技術を応用したエアコン、空気清浄機、洗濯機など、さまざまな家電製品をPRするのが目的。日付はプラズマクラスターイオンは自然界に存在するのと同じ＋（プラス）と－（マイナス）のイオンであることから、十一と見立てて11月11日に。

わんわんギフトの日

愛犬を遠隔地から見守り、おやつを与えることのできるスマートドッグカメラ「Furbo（ファーボ）」を発売するTomofun（トモファン）株式会社が制定。大好きな人にクリスマスプレゼントを贈るように、大好きな犬にも１年に１日、大事なギフトを贈る日とするのが目的。日付は犬の鳴き声のワン（１）がいちばん多い11月11日に。

ライスパワー No.11の日

香川県綾川町で清酒、米醸造発酵製品、化粧品、医薬部外品の製造販売を行う勇心酒造株式会社が制定。同社が研究開発して生み出した体の中から健やかにする成分「ライスパワーエキス」。その中でも厚生労働省から、肌の水分を保つ力を改善する水分保持能改善効果が認められている「ライスパワー No.11」を多くの人に知ってもらうのが目的。日付は名称の「ライスパワー No.11」の11が重なる日から。

ミュージカル『キャッツ』の日

日本で最も多く上演されているミュージカルが劇団四季の『キャッツ』。日本演劇界の構造を改革し、市民に演劇文化を根付かせたとされる『キャッツ』の日本初演の日（1983〈昭和58〉年11月11日）を記念日として劇団四季が制定。

ジュエリーデー

社団法人日本ジュエリー協会が1986年に制定。1909（明治42）年11月11日に、日本で正式に宝石の単位のカラットを採用したのを記念して設けられたもの。

めんの日

数字の１が並ぶこの日は、細く長いめんのイメージにぴったりと、全国製麺協同組合連合会が1999年11月11日に制定。１が４つ並び、１年間の中のシンボリックなこの日（11月11日）とともに、毎月11日もめん類への関心をもってもらうために「めんの日」としている。

磁気の日

磁気治療器として知られるピップエレキバンのピップフジモト株式会社が磁気治療についての、より正しい理解を深めてもらうことを目的に、1992年５月に制定した日。日付の11月11日は、磁石のN極（＋）とS極（－）にちなみ＋－を重ねた日であることから。

鮭の日

漢字の「鮭」のつくりの部分を分解すると十一十一となるところから、この日を「鮭の日」と制定したのは、大阪市中央卸売り市場内の「鮭の日委員会」で1992年のこと。

ポッキー＆プリッツの日

江崎グリコ株式会社が自社の人気商品ポッキーとプリ

ッツのPRにと制定。その形が数字の１と似ていることと、秋の行楽シーズンに大いにポッキーとプリッツを楽しく食べてもらおうとこの日に。１が６つ並ぶ平成11年11月11日からスタートした。

サッカーの日

サッカーは１チーム11人で行うスポーツ。イレブン対イレブンの戦いを日付に置き換えたもの。11を選手の両足と見て、11・11でひとつのボールをめぐって争うスポーツであることも表している。スポーツ用品のミズノの直営店・エスポートミズノが制定。

きりたんぽの日

きりたんぽ発祥の地、秋田県鹿角市の「かづのきりたんぽ倶楽部」が制定した日。きりたんぽをキーワードにまちの活性化を図るのが目的。日付は、たんぽ串がイロリに立って焼かれている姿が1111と似ているところからこの日に。

おりがみの日

数字の１が４つ並ぶ11月11日。その１を正方形のおりがみの１辺と見立て、全部で４辺を表すことから、この日を記念日としたのは株式会社日本折紙協会。またこの日は世界平和記念日に当たり、平和を願うおりがみの心に通じるものがあることもその日付の理由。

長野県きのこの日

全国農業協同組合連合会長野県本部が制定。生産量日本一を誇る長野県産やまびこしめじ、なめこ、えのきたけなど長野県産のきのこの味の良さなどをアピールする。日付は1111できのこがニョキニョキと生えている姿に似ていることから。

介護の日

2005年に「がんばらない介護生活を考える会」が制定した「介護の日」。会の発足日から９月25日を記念日としていたが、2008年に厚生労働省が11月11日を「介護の日」としたことから「がんばらない介護の会」でもこの日に日付を変更し、国民全体が介護について考える日となるようにさまざまな活動を行っている。

鏡の日

11と11は左右対称であり、漢字にして裏返しても同じになる鏡文字との理由から2006年にこの日を記念日としたのは、鏡を扱う業界団体の全日本鏡連合会。鏡が生活に役立つ必需品であることを大いにアピールする。

コピーライターの日

コピーライター養成講座を開講してから60年以上になる株式会社宣伝会議が制定。11月11日は1111と鉛筆（ペン）が並んだように見えることから。市場の活性化を図ることを目的としている。

おそろいの日

親子、兄弟、姉妹、友だちのコミュニケーションをひろげ、一緒に楽しめる文化を創ることで、世界がもっとHAPPYになってほしいとの思いから、株式会社フェリシモ（兵庫県神戸市）が制定。日付は11と11が並んでいるように見え、ひとつ欠けても成り立たないことが「おそろい」のコンセプトにふさわしいことから。

スーツセレクトの日

紳士服の専門チェーン店を全国展開する株式会社コナカ（神奈川県横浜市）が制定。品質とコストパフォーマンスを兼ね備えたスーツの提案をしている自社のSUIT SELECTブランドの認知度向上などが目的。日付はSUIT SELECTのロゴマークである通称フェアフラッグマークが縦４本のラインの形状をしており、11（月）11（日）と似ていることから。

まつげ美人の日

「まつげ美人」を増やしたいとの願いを込めて、日本を代表する化粧品メーカーの株式会社コーセーが制定。付けまつ毛やエクステではなく、日本女性の黒く、しなやかなまつげの美しさを考える日。日付は11が「まつげ」を表し、それを重ねることで２つの「まつげ」を意味している。自社ブランド「ファシオ」で「まつげ美人」を選定。

いい出会いの日

11月11日に出会った独身の男女が、翌年の11月22日に結婚をして「いい夫婦」になることを祈って、11月22日の「いい夫婦の日」をすすめる会が制定。日付は11月11日を1111として、中の１を１本横にすると１＋１（＝２）となり、独身の２人が「いい出会い」をして「いい夫婦」になることを意味していることから。

ジャックポットの日

レストランや居酒屋の運営を手がける株式会社ジャックポットプランニングが制定。ジャックポットには大当たり、成功、ラッキーなどの意味があり、11月11日は同じ数字が４つ並ぶ１年の中の唯一の日であることから記念日とした。

豚饅の日

豚饅（ぶたまん）の発祥の地・神戸の豚饅をPRしようと、神戸豚饅サミット実行委員会が制定。2011年11月の第１回KOBE豚饅サミットでは、日本で初めて豚饅を販売したとされる神戸の南京町の「老祥記」をはじめ、神戸元町の「四興楼」三宮の「一貫楼」などの名店が創作豚饅を披露。日付は豚饅の原材料の豚の鼻の形が（11）で11に見えることから。

モールアートの日

曲げて巻きつけるだけでできるモールアート。世代を超えて楽しめる新しいハンドメイドであるモールアートの魅力を多くの人に知ってもらうことを目的に、日本知育モールアート協会（滋賀県草津市）が制定。日付はモールを１に見立て、モールアートの無限に造形できる特長から１が並んだこの日を記念日とした。

美しいまつ毛の日

まつ毛美容液や美容液入りマスカラをいち早く商品化するなど、まつ毛関連業界のトップランナー企業である株式会社アルマードが制定。美しく健康的な「地まつ毛」を作り出すことが目的。日付はまつ毛が豊かなことをイメージさせる「１」がいちばん多く並ぶ日であることから。

立ち飲みの日

かつては密な社交場として地味な存在だった立ち飲みも、今では女性も気軽に出入りできるメジャーな存在になり酒文化と食文化の一翼を担っている。立ち飲みをこよなく愛し『東京居酒屋名店三昧』（東京書籍）の著者である作家の藤原法仁氏と浜田信郎氏が制定。日付は11と11の形が、人が集って立ち飲みをしている様に似ていることから。

ネイルの日

NPO法人日本ネイリスト協会が2009年に制定。同協会は「ネイルエキスポ」の主催などを行い、ネイル文化を育んでいる。日付は11月が「ネイルエキスポ」の開催月であることと、爪の英語表記であるNAILの中には縦線が４本あり、11月11日の1111と同じように見えることなどから。

チンアナゴの日

東京スカイツリータウンの中にある「すみだ水族館」が、館の人気者チンアナゴをさらにアピールするために制定。チンアナゴは、細くニョロニョロした体を持つアナゴ科の仲間で、ゆらゆらと流れに身をまかせ、みんなで同じ方向を向いている姿が愛らしい。日付は砂の中から体を出している姿が「1」に似ており、群れで暮らす習性があることから、一年間に最も「1」が集まる日付を選んだ。

たくあんの日

全日本漬物協同組合連合会が制定。日本の漬物の代表格であるたくあんの需要拡大を図ることが目的。たくあん漬けは天日干しや塩漬けで水分を抜いた大根を漬けたもの。日付は11月11日という文字が、たくあん用の大根を並べてほしてある様子に似ていることと、たくさんの「1＝わん＝あん」があることから。

サムライの日

きものの着付け教室の運営、和服の販売仲介など、和装関連事業を行う日本和装ホールディングスが制定。日頃きものを着る機会の減った日本男子にきものの格好良さを再認識してもらい、日本の誇るきもの文化の継承と普及を促進することが目的。日付は同社グループの運営する男きもの専門店が「SAMURAI」であり、11は漢数字で十と一を組み合わせると士（サムライ）となることから。

ベースの日

楽器のベースの素晴らしさを広めることを目的に「ベースの日制定員会」が制定。ベースに親しんでもらうきっかけの日にとJ-WAVEのラジオ番組「BEHIND THE MELODY ~FM KAMEDA」にて音楽プロデューサーでベーシストの亀田誠治氏が提案。J-WAVEの音楽専門クラウド・ファンディング「J-CROWD MUSIC」で大勢の人々の支援を得て登録が決定した。日付はベースの弦は４本で、11月11日は１が４つ並びベースの弦のように見えることから。

いい獣医の日

1980（昭和55）年開業の南大阪動物医療センター（大阪府大阪市平野区）が制定。獣医という言葉の認知度をより高め、獣医師の存在意義、技術の向上、後進の育成の重要性をあらためて見つめ直すとともに、獣医療の発展に寄与するのが目的。日付は11と11で「いい獣医」と読む語呂合わせから。

11/12

皮膚の日

皮膚科を専門とする臨床医の集まりである日本臨床皮膚科医会が制定。皮膚の健康と皮膚疾患についての正しい知識の普及と、皮膚科の専門医療に対する理解を深めるのが目的。日付は11と12で「いい（11）皮膚（12）」と読む語呂合わせから。

ベビーカーにやさしいまちづくりの日

一般社団法人ベビーカーの利用環境づくり推進協議会が制定。ベビーカーを利用しやすい環境づくりに取り組み、社会全体で子どもをやさしく見守り子育てを行っていく「子育てしやすいまち・環境づくり」が目的。日付は11と12で「ベビーカーにやさしいいい（11）まちで育児（12）しやすい環境づくり」の語呂合わせから。

コラーゲンペプチドの日

ゼラチンを分解し低分子化した高純度のたんぱく質であるコラーゲンペプチド。肌の潤いを保つ、新陳代謝を盛んにして脂肪の蓄積を抑えるなどの効果が期待されているコラーゲンペプチドの普及を目的に、日本ゼラチン・コラーゲンペプチド工業組合が制定。日付は第１回コラーゲンペプチドシンポジウムが開かれた2009年11月12日から。

「四季」の日

「くらしの中にクラシック」をモットーに2007年３月29日に愛知県名古屋市にオープンした宗次ホール。その代表の宗次徳二氏が結婚前の1970年４月18日に妻の直美さんに、自身がクラシック好きになるきっかけとなったヴィヴァルディの「四季」をプレゼントしたことから、２人にとって40回目の結婚記念日である2010年11月12日にその記念日を制定。宗次ホールではこの日にカップルや夫婦で「四季」を聴き、四季の移ろいを力を合わせて歩んでもらおうとコンサートを開催する。

11/13

チーかまの日

魚肉の練製品・レトルト食品の製造、販売などを手がける株式会社丸善が制定。「チーかま」はかまぼこを基調にチーズを混ぜ合わせた製品。料理にはもちろん、おやつやお酒のおつまみなど、幅広い世代に愛されている「チーかま」をさらに多くの人に味わってもらうのが目的。

日付は11月11日が「チーズの日」で11月15日が「かまぼこの日」といわれていることからその中間の日の11月13日に。「チーかま」は同社の登録商標。

いいひざの日

寒さが増してひざが痛み出す時期に、コンドロイチンZS錠などの関節痛の薬を開発するゼリア新薬工業株式会社が、ひざ関節痛の治療や予防を広く呼びかけるために制定。日付の理由には覚えやすいように11と13で「いいひざ」と読む語呂合わせも含まれている。

消費者がつくったシャンプー記念日

自分たちの髪の悩みから「消費者にしかできない商品づくり」に取り組み、シャンプーを開発、試作を重ねて改良し、その商品が多くの消費者に愛されている株式会社ネイチャー生活倶楽部（熊本市）が制定。日付は11と13を「いいかみ（髪）」と読む語呂合わせから。

11/14

人生100年時代の日

アサヒ飲料株式会社が制定。人生100年時代を迎えるにあたり、自分の健康を見つめ直す日とし、同社の健康飲料（特定保健用食品〈トクホ〉、機能性表示食品、乳酸菌活用飲料）を生活の中に取り入れてもらうことで、より多くの人の健康をサポートするのが目的。日付は11と14でココロもカラダも健康な「良い＝いい（11）歳＝とし（14）」の語呂合わせから。

いい上司(リーダー)の日

会員制のビジネススクール「リーダーズアカデミー」などを主催する一般社団法人日本リーダーズ学会が制定。いい上司（リーダー、経営者）を支えてくれる社員や家族、そして顧客、株主、取引先などのステークホルダーの方々に感謝することを忘れない日。日付は11と14で「いい（11）上司（14）」の語呂合わせから。

いい石の日

職人が尊ぶ聖徳太子の命日にあたる14日を「太子講」としていたことと、11月14日を「いい石」と読む語呂合わせからこの日を制定したのは、山梨県石材加工業協同組合。制定年は1999年。

アンチエイジングの日

生活習慣病を予防する予防医学の定着と、年齢を重ねてもいききと活躍するための活力となる「見た目の若さ」を保ち続ける方法の認知拡大を目的に、特定非営利活動法人アンチエイジングネットワークが制定。自分自身の心と身体に向き合う日としての普及を目指している。日付は11と14で「いいとし（良い歳）」と読む語呂合わせから。

医師に感謝する日

医療施設支援事業を展開する株式会社Dプラスが制定。お世話になっている主治医に感謝の気持ちを込めてハンカチを贈ろうと提案している。日付は11が人と人（患者と医師）との結びつきを表し、14が医師を意味する語呂合わせから。患者と医師によってより良い医療を進めるのが目的。

11/15

七五三

数え年で男の子は５歳、女の子は３歳と７歳のとき、その成長を祝い、神社に参詣する行事。11月15日に行うようになったのは、江戸時代、徳川綱吉の子・徳松の祝いがこの日に行われたことからだといわれている。

いいインコの日

大阪府大阪市と東京都文京区に本社を置く文具メーカーのセキセイ株式会社が制定。同社は創業者がセキセイインコを飼っていたことから社名をセキセイにし、社章にもセキセイインコを使用するなどインコとの縁が深いため、そのかわいさを多くのインコファンとともに広めていくのが目的。日付は11と15で「いい（11）インコ（15）」と読む語呂あわせで。

蔵（KURA）の日

信州を愛する大人の情報誌『KURA』（くら）が創刊されたのが2001年のこの日。出版元のカントリープレスが制定した。『KURA』は知恵や資産の詰まった蔵になぞらえ、信州の暮らしに関わる「情報の蔵」を目指す人気月刊誌。

きものの日

古くから七五三のお宮参りの日であり、子どもたちの成長を願う日として、きもの姿が似合う日であるこの日を記念日として制定したのは日本きもの連盟。全国2000店の呉服店で組織する日本きもの連盟は歴史のあるこの日をきものを着る運動のシンボル的な日として、きものの美しさ、文化的な要素をアピールしていく。

のど飴の日

1981（昭和56）年11月に、日本で初めて商品名に「のど飴」と名のつくのど飴「健康のど飴」を発売したカンロ株式会社が制定。2011年の発売30周年を記念したもの。日付は発売月の11月と、11月中旬より最低気温が一桁になりのど飴の需要期になること、11と15で「いいひと声」と読む語呂合わせなどから。

口腔がん検診の日

2008年11月15日に開催された「第21回・日本歯科医学総会」において、口腔がん検診の普及をテーマにシンポジウムが行われ、口腔がん撲滅運動のシンボル「レッド＆ホワイトリボン」が発表された。このことを記念して口腔がん検診の普及と啓発を目的に、社団法人東京都玉川歯科医師会が制定。

予防争族（相続）を考える日

税理士法人アプト会計事務所小諸事務所（長野県佐久市）が制定。相続とは税金だけの問題ではなく、遺産を巡って家族で争う「争族」になってしまう事例がよく見受けられる。家族間の争いを未然に防ぐという意味の「予防争族（相続）」のことを考えてもらうのが目的。日付は「七五三」であるこの日に将来にわたって仲のよい子どもたちであってほしいとの願いを込めて。

11/16

いい色・琉球びんがたの日

沖縄県那覇市に事務局を置く「一般社団法人琉球びんがた普及伝承コンソーシアム」と「琉球びんがた事業協同組合」が制定。琉球びんがたとは沖縄の伝統工芸で多様かつ鮮明な色彩を特徴とする染物のことで、その伝承、普及、さらなる発展を目指すことが目的。日付は11と16で「いいいろ」と読む語呂合わせと、11月は「伝統的工芸品月間」でもあることから。

いいビール飲みの日

適正な飲酒を呼びかけているビール酒造組合が制定。女性にお酒と上手くつきあうための知識を身につけてもらい、生活習慣病のリスクを高める飲酒をしている人を少なくすることが目的。日付はアルコール関連問題啓発週間中（11月10日から16日）であることと､11と16で「いい（11）ビール（16）」と読む語呂合わせから。

いいいろの日

愛知県下で塗装と塗料に関する事業を営む業界の団体「愛知昭和会」が1991年11月16日に制定。「色」が日常生活に与える影響を見直すとともに、塗装のもつ美粧性、機能性、簡易性などを広くアピールするのが主な目的。日付は11と16で「いいいろ」の語呂合わせから。

いいいろ塗装の日

1998年に創立50周年を迎えた社団法人日本塗装工業会が、一般社会に対してペインティングの正しい理解をより深めてもらおうと制定。色彩などについての関心を高めてもらう意味から、日付は11と16を「いいいろ」と読む語呂合わせで。

自然薯の日

冬が来るのにそなえて、体に良い自然薯を食べて体力をつけてもらおうと、自然薯の食事処「麦とろ童子」を静岡県熱海市で営む清水元春氏が制定。日付は11月16日を「いいいも」（6＝もの字に似ている）と読む語呂合わせと、自然薯の最盛期であることから。

自然薯のむかご

ぞうさんの日

山口県周南市の市民プロジェクト「絵本と物語のある街」が制定。周南市には1960（昭和35）年に開園した徳山動物園があることから、動物園のシンボル的存在のゾウの記念日を制定して、この日をきっかけに親子・家族・地域の絆を深めるのが目的。日付は「絵本と物語のある街」の創立日（2010年11月16日）にちなんで。また、周南市は童謡『ぞうさん』などで知られる作詞家のまどみちお氏の故郷であり、誕生日（1909年11月16日）と合わせることで、まど氏への尊敬の意味も込められている。

いい色・色彩福祉の日

「色彩」「環境」「福祉」を共通のテーマとして、さまざまな活動を行っている一般社団法人日本色彩環境福祉協会が制定。色彩の持つ力を理解して、環境や福祉に貢献する人材を育成する「色彩福祉検定」など、協会の活動を広めるのが目的。日付は11と16で「いい色」と読む語呂合わせから。

源流の日

「水源地の村」として知られ、吉野川源流の森や水を守り育てる取り組みを行っている奈良県吉野郡川上村が制定。村と村民が協力して森や水の大切さを考え、伝えていく日とするのが目的。日付は川上村で2014年11月16日に「第34回全国豊かな海づくり大会～やまと～」の放流事業が行われたことから。

11/17

将棋の日

将軍・吉宗の頃に、11月17日に御城将棋という年中行事を行っていた史実から、日本将棋連盟が1975（昭和50）年に制定。江戸時代の将棋家元には幕府から俸禄が支給され、名人位は将棋御三家の世襲だった。実力制名人制度が開始されたのは1937年のこと。

日本製肌着の日

国産肌着の企画製造を行う株式会社HEALTHYA（ヘルシア、愛知県名古屋市）が制定。高い技術力を持つ日本の高品質なインナーを国内外にPRすることが目的。日付は11を２本（＝日本）の線に見立て、17をインナーと読む語呂合わせから。

11/18

いいイヤホン・ヘッドホンの日

イヤホン・ヘッドホンの専門店「e☆イヤホン」を運営する株式会社タイムマシンが制定。イヤホンやヘッドホンの魅力を世界に向けて発信するのが目的。日付は11と18で「いい（11）イヤ（18）ホン」と読む語呂合わせから。

いい家の日

株式会社アサツーディ・ケイの「ADK不動産プロジェクト」が住宅市場のさらなる活性化を願い制定。多くの人に「自分にとって本当にいい家とは何か」を考えてもらうきっかけを作るとともに、住宅について関心を持ってもらうのが目的。日付は「いい（11）いえ（18）」と読む語呂合わせから。

住宅リフォームの日

家のメンテナンスとリフォームの提案により、住空間を快適に安心できる住まいづくりを考える日にと、福島県いわき市の志賀塗装株式会社が制定。住宅リフォームの相談会などを行う。日付は11と18で「いい家」と読む語呂合わせから。

カスピ海ヨーグルトの日

手軽に手作りできて増やせるカスピ海ヨーグルトを食べる習慣を広め

て、人々の健康増進を図ることを目的に、日本にカスピ海ヨーグルトをもたらしたといわれる家森幸男京都大学名誉教授とカスピ海ヨーグルトを扱うフジッコ株式会社が制定。日付は2002年から始まった純正菌種を安心安全に届けるための頒布活動が100万人に到達した2006年11月18日にちなんで。

雪見だいふくの日

株式会社ロッテが自社の「雪見だいふく」をPRするために制定。「雪見だいふく」は冷たいアイスをやわらかいおもちで包んだ和菓子感覚の商品で、おもちとアイスの絶妙な食感が人気。1981（昭和56）年の発売以来ロングセラーとなっている。日付は11月の「いい」と、パッケージのふたを開けて縦に見たときに18に見えるために11月18日としたもの。

SKBケースの日

業務用音響機器・楽器などの輸入販売を行う株式会社サウンドハウス（千葉県成田市）が制定。同社は、世界の一流楽器メーカーの指定ケースを手がけるアメリカのケースメーカー・SKB社の正規代理店であることから、その優れた品質と技術を多くの人に知ってもらうのが目的。日付はSKB社の創業日の1977年11月18日から。

11/19

いい育児の日

参画する県知事による「日本創生のための将来世代応援知事同盟」が制定。家庭や家族を大切にするライフスタイルや、子どもの成長と子育てを社会全体で応援する機運を高めて、子育てを支える家庭や地域の大切さをアピールし、子育てのための行動を起こす日。日付は11と19で「いい（11）育（19）児」と読む語呂合わせから。同盟に参加しているのは、岩手県、宮城県、福島県、長野県、三重県、滋賀県、鳥取県、岡山県、広島県、山口県、徳島県、高知県、宮崎県、茨城県、福井県、山梨県、島根県の17県。

農協記念日

全国農業協同組合中央会（JA全中）が制定。農業の生産力の増進と農業従事者の経済的社会的地位の向上を図り、経済の発展に寄与することを目的とした農業協同組合法が1947（昭和22）年11月19日に公布されたことから。

いい息の日

息をきれいにする成分を配合したガムを噛むことで、きれいな息を吐くエチケットの向上をと、人気のガム「XYLISH（キシリッシュ）」を製造販売する株式会社明治が制定。日付は11と19で「いい息」と読む語呂合わせから。

いい塾の日

岐阜県大垣市に本部を置き、滋賀県、愛知県、東京都で学習塾「志門塾」、個別指導「ホームズ」、英会話スクール「ハローズ」などを展開するSHIMON GROUP（シモングループ）が制定。子どもたちにとって本当に良い塾とはどのような塾なのかを情報発信し、講師、生徒、保護者が私塾教育について考える日とするのが目的。日付は11と19で「いい塾」と読む語呂合わせから。

11/20

タブレット通信教育の日

日本語ワープロソフト「一太郎」や日本語入力システム「ATOK」などのソフトウェア開発で知られる株式会社ジャストシステムが制定。同社が展開する専用タブレットだけで学ぶ通信教育で、勉強が楽しいと感じる子どもを増やすのが目的。日付は2012年11月20日に世界で初めてこのスタイルの通信教育「スマイルゼミ小学生コース」が誕生したことから。

多肉植物の日

岐阜県瑞穂市に本社を置き、サボテンや観葉植物、多肉植物の生産加工販売などを行う株式会社岐孝園が制定。多肉植物の個性やその魅力をより多くの人に知ってもらうのが目的。日付は、同社が運営する「さぼてん村」（岐阜県瑞穂市）で多肉植物が美しい変化を見せるのが霜が降り始める11月20日頃なので。

イイツーキンの日

プロモーション事業などを展開する株式会社ドリルが、通勤マナーの問題が取りざたされていることから、より良い通勤を考えるための日として制定。日付は11と20で「いい（11）２（ツー）０（距離が近いことを表す）」を意味する。また、３日後の勤労感謝の日と合わせて、11月の第４週が働くことについて注目される週になることを展望している。同社は通勤総合研究所（通称・通勤総研）を発足し、各種団体、研究機関と共同で通勤と決済にまつわる調査を発表している。

毛布の日

毛布製造業者の団体、日本毛布工業組合が制定。家庭にぬくもりある生活を届ける毛布の振興を図るのが目的。日付は11月は毛布の主要産地の大阪府泉大津市で、長年にわたり「泉大津毛布まつり」が行われてきたことから11月。そして、日本で毛布が初めて生産されたのが明治20年なのでその数字から20日としたもの。

組織風土の日

2016年に設立30周年を迎えた「企業風土改革」を専業とするコンサルティング会社の株式会社スコラ・コンサルトが制定。組織の風土、体質に広く理解と関心を持ち、年に一度は自分たちの組織風土をメンテナンスすることを習慣にしてもらうのが目的。日付は11と20で「いい(11)風土(20)」と読む語呂合わせから。

発芽大豆の日

天然のマルチサプリといわれる大豆を発芽させることで、さらに健康価値が高まった「発芽大豆」。その良さを多くの人に知ってもらい、気軽に毎日の食事にとり入れてもらいたいとの思いから、株式会社マルヤナギ小倉屋(兵庫県神戸市)と、株式会社だいずデイズが制定。日付は11と20で「いい(11)」「はつが(20日)」の語呂合わせから。

いいかんぶつの日

海産物や農産物を干したり乾燥させたりしてできるのが、昆布、かつお節、干ししいたけ、切干大根などの「かんぶつ(干物・乾物)」。日本の伝統的な食文化である「かんぶつ」を味わい、楽しみ、学ぶ日にと、日本かんぶつ協会が制定。日付は干物の「干」の字が「十」と「一」で成り立ち、乾物の「乾」の字は「十」「日」「十」「乞」から成り立っていることから、これらを組み合わせると「11月20日にかんぶつを乞う」と読むことができるため。

ピザの日

ピザ業界の発展を目指して結成されたピザ協議会が制定。ピザのおいしさやバランスのとれた栄養食としての魅力をさらに多くの人に知ってもらうのが目的。日付はピザの原型といわれる「ピッツァ・マルゲリータ」の名前の由来となったイタリアのマルゲリータ王妃の誕生日から。1889年にイタリアのナポリを訪れた王妃はピザ職人からトマトの赤、バジルの緑、モッツァレラの白のイタリ

ア国旗の色を模したピザを贈られた。王妃はこれを大変気に入ってその名を冠するピザが誕生したという。

11/21

ゆり根の日

全国に流通するゆり根のほとんどが北海道で生産されていることから、北海道札幌市に事務局を置く、ホクレン食用ゆり消費拡大協議会と北海道産青果物拡販宣伝協議会が制定。記念日を通じてゆり根への関心をもっと高めてもらい、認知度の向上を図ることが目的。日付は百合根の百から「100＝10×10」として以前は10月10日としていたが、北海道のゆり根が本格的に店頭に並び始めるのが11月中旬から下旬の頃のため、旧暦の10月10日付近である11月21日に。

イーブイの日

「ポケットモンスター」のブランドマネジメントを行う株式会社ポケモンが制定。ポケットモンスターシリーズに登場する“しんかポケモン”の「イーブイ」。その秘めたる魅力と可能性を多くの人に知ってもらうとともに、その存在を祝うことが目的。もともと「イーブイ」のファンによって考案され、大切にされてきた特別な日である。日付は11と21で「イー（11）ブイ（21）」と読む語呂合わせから。

「ロッキー」の日

ワーナーブラザースジャパン合同会社が制定。同社が手がける映画「ロッキーシリーズ」の最新作である「クリード２」が2018年11月21日に全米で公開される（日本公開日は2019年１月11日）。多くの人にこのボクシング映画を見てもらい、名作「ロッキー」から受け継がれている魅力を感じてもらうのが目的。日付は「ロッキー」が全米公開された1976年11月21日から。

自然薯芋の日

自然薯の食事処「麦とろ童子」を静岡県熱海市で営む清水元春氏が制定。おいしくて体に良い自然薯を食べて体力をつけてもらうのが目的。日付は生産者の芋の品評会が11月の後半に開かれることと、11と21で「いいじねんじょいも」と読む語呂合わせから。

かきフライの日

各種冷凍食品の製造販売を手がけ、全国の量販店、コンビニ、外食産業などに流通させている株式会社味のちぬや（香川県三豊市）が制定。「海のミルク」と呼ばれ、栄養価の高いかきを使ったかきフライを多くの人に食べてもらうのが目的。日付はかきのシーズンとなる11月。そして21を「フ（2）ライ（1）」と読む語呂合わせから。

フライドチキンの日

フライドチキンチェーン店「ケンタッキーフライドチキン」などを運営する日本KFCホールディングス株式会社が制定。1970（昭和45）年11月21日、ケンタッキーフライドチキン（KFC）の日本第1号店が愛知県名古屋市西区にオープン。当時の日本には「フライドチキン」という言葉も食べ方も馴染みがなかったが、KFCの店舗が増えるにつれて広く知られるようになる。その後、KFCの行ったクリスマスキャンペーンを契機に、フライドチキンがクリスマスのごちそうとして定着した。日付は1号店がオープンした日から。

11/22

小雪（しょうせつ）

［年によって変わる］二十四節気のひとつ。この頃から寒くなり雨が雪へと変わり初雪が舞い始める。

いいフルフルの日

持田ヘルスケア株式会社が制定。日本で初めてフケ原因菌（頭皮のカビ）の増殖を抑える「ミコナゾール硝酸塩」を配合したシャンプー「コラージュフルフル」を発売した同社。フケやかゆみ、体のカビやニオイなどの悩みを解消するために、コラージュフルフルシリーズのシャンプーやボディ石鹸などをより多くの人に使ってもらい、笑顔になってもらうのが目的。日付は最初の発売日である1999年11月22日から。11と22で「いい（11）フルフル（22）」の語呂合わせにもなっている。

甘酒ヌーボーの日

［小雪、年によって変わる］和歌山県和歌山市の株式会社ベストシーンが制定。同社は長野県信濃町で無農薬で米の生産を行っており、この米で作った甘酒をPRするのが目的。記念日名は、その年に収穫された新米からできた甘酒なので、ワインの「ボージョレヌーボー」のように広めたいとの思いから「甘酒ヌーボー」とした。日付は冬を迎える頃に飲むと体も心も温まるという意味も込めて、二十四節気のひとつ「小雪」の日に。甘酒の色と米粒を、小さな雪が降るイメージにもつなげている。

11月

あにまるすまいるの日

一般社団法人あにまるすまいるが制定。家庭で生活する動物は家族の一員との考えから、人と共に暮らす動物たちのクオリティ・オブ・ライフの向上を多くの人に考えてもらうのが目的。日付は家庭の中で生活する動物の代表の犬と猫の鳴き声のワンワン(11)ニャンニャン(22)から。

試し書きの日

試し書きコレクターの寺井広樹氏が制定。文房具店にある筆記具の試し書き用紙に隠された魅力を広めるのが目的。日付は寺井氏と３人組ロックバンド「the peggies（ザ・ペギーズ）」のコラボレーションで誕生した「I 御中～文房具屋さんにあった試し書きだけで歌をつくってみました。～」の配信開始日（2017年11月22日）に。

いい夫婦の日

11・22で「いい夫婦」。11月の「ゆとり創造月間」の一環として、余暇やゆとりの大切さをアピールすることを目的に、通商産業省（現・経済産業省）が制定。

大工さんの日

11月は国の技能尊重月間であり、22日は大工の神様とされる聖徳太子の命日にあたる。また、11は２本の柱を表し、二十二のそれぞれの二は土台と梁または桁を表すことから日本建築大工技能士会が制定。建築大工業界の発展と、木造住宅の振興などがその目的。

回転寿司記念日

回転寿司の考案者である白石義明氏の誕生日（1913年11月22日）を記念日としたのは、白石氏が創立した元禄産業株式会社。白石氏の努力で1958（昭和33）年４月、東大阪市で１号店がオープンした。

長野県りんごの日

全国農業協同組合連合会長野県本部が制定。全国第２位の生産量を誇る長野県産りんごのおいしさをアピールするのが目的。日付は長野県産りんごの代表的な銘柄「ふじ」の最盛期であることと、11と22を「いいふじ」と読む語呂合わせなどから。

ペットたちに「感謝」する日

私たちと生活を共にし、喜びや悲しみ、生きがいを与えてくれるペットたちに、日頃の感謝の気持ちを表し、人と動物の正しい関係を考える日。すべてのペットが幸せになれるように、また野生動物や自然環境のことを多くの人に考えてもらいたいとの願いからピーツーアンドアソシエイツ株式会社（福岡県志免町）が制定。日付はペットの代表の犬と猫の鳴き声の語呂合わせから。

マシュー・マコノ日

映画「ダラス・バイヤーズクラブ」でアカデミー賞主演男優賞を受賞するなど、人気の実力派俳優マシュー・マコノヒー。彼の主演作「インターステラー」の日本公開（2014年11月22日）を記念して、配給元のワーナーエンターテイメントジャパン株式会社が制定。「インターステラー」は地球環境の激変による人類の滅亡を回避すべく、家族を持つ男が宇宙へ旅立つ物語。

ボタンの日

1870（明治３）年11月22日、ヨーロッパスタイルのネイビールックが日本海軍の制服に採用され、前面に２行各９個、後面に２行各３個の金地桜花のボタンをつけることと決められたことにちなみ、日本のボタン業界が1987（昭和62）年に制定。登録申請は服飾ボタンの団体として知られる一般社団法人日本釦協会。ボタン産業の育成が目的。

大人の日

⇨「１年間に複数日ある記念日」の項を参照。

CREAM SWEETSの日

総合乳業メーカーの雪印メグミルク株式会社が制定。クリームとの組み合わせでおいしさが広がるデザートとして人気の同社の「CREAM SWEETS（クリーム スイーツ）」シリーズ。そのさらなる認知度の向上と販売促進が目的。日付は「CREAM SWEETS」シリーズの前身である初代「クリームゼリー・コーヒー」が1976（昭和51）年11月22日に発売されたことから。

人事戦略を考える日

社員研修、人材育成、経営戦略のコンサルティングなどを手がけるアクティブアンドカンパニーグループが制定。生産年齢人口が減り続ける日本が経済発展を遂げるには、すべての人、従業員の能力や経験を活用していく必要がある。そこでこれからの人の働き方や活躍の仕方、させ方をあらためて考え、より良い人事の在り方を検討するきっかけの日とするのが目的。日付は年末が迫るこの時期に来年に向けて「より良い（11）人事（22）」と読む語呂合わせから。

勤労感謝の日

「勤労を尊び、生産を祝い、国民が互いに感謝し合う日」として、1948（昭和23）年に制定された国民の祝日。戦前はこの日を新嘗祭（にいなめさい）と呼び、宮中では天皇が新しい米などを神殿に供えた。

AGAスキンクリニック・フサフサの日

発毛専門クリニックを全国に展開するAGAスキンクリニックが制定。AGA（エージーエー）とは男性型脱毛症のことで、20歳以上の日本人男性の３人に１人が発症しているとされる。ストレスや生活習慣の乱れから薄毛に悩む女性も増えてきていることから、薄毛は治療できる時代になったということを広く知らせるのが目的。日付は毛が元気に立っているイメージの11と、多くの髪の毛を連想させる「フサフサ」という言葉から「フサ＝23」と読む語呂合わせで11月23日に。「勤労感謝の日」にはリラックスして過ごすなど、髪や頭皮に良い行動をしてほしいという同社の願いも込められている。

ラク家事の日

パナソニックブランドの家電商品の卸販売、修理やサービス業務などを行うパナソニックコンシューマーマーケティング株式会社が制定。家事をもっと簡単に、より楽にできるような家電製品を開発し提供することで、多くの人に豊かでゆとりある時間を創出してもらうのが目的。日付はいつも家事をしている人に感謝の意味を込めて「勤労感謝の日」と同じ11月23日に。

いい入札の日

さまざまなITサービス事業を運営する株式会社うるるが制定。全国の官公庁や自治体、外郭団体の入札情報を収集し、入札参加する企業に提供するサービス「NJSS（エヌジェス）」が2018年に10周年を迎えたことから、入札が民間の高い技術やサービスで国民生活に活かせることを多くの人に知ってもらうのが目的。日付は11と23で「いい（11）にゅうさつ（23）」と読む語呂合わせとともに、「勤労感謝の日」に生産性の高い働き方を入札で実現できることを啓発する意味も込めて。

ゆず記念日「いい風味の日」

高知県園芸農業協同組合連合会の高知県ゆず振興対策協議会が制定。高知県のゆずはハウス栽培と露地栽培により周年で出荷され、栽培面積、生産量とも全国一であり、ゆず玉、果汁、加工品などが開発されている。その風味豊かな高知県のゆずをさらに多くの人に利用してもらうのが目的。日付は11と23で「い（1）い（1）風（2）味（3）」と読む語呂合わせから。

ストレスオフの日

オリジナル化粧品「メディプラス」事業を展開する株式会社メディプラスが、ストレス対策の意義を呼びかけ、社会に笑顔を増やすのを目的に制定。同社の提唱するストレスオフは、自分と向き合う「セルフケア」の時間を日常的に取り入れ、肌も心もリラックスさせるための活動（オフ活）。日付は労いあうことを趣旨とする「勤労感謝の日」と同じ11月23日に。

フードバンクの日

フードバンク活動（食べ物の収集および配布活動）の普及、啓発などを行う公益財団法人セカンドハーベスト・ジャパン・アライアンスが制定。全国に広がる「フードバンク」について、より多くの人にその意義や目的を知ってもらうのが目的。日付は食料を大切にする日という意味合いを込めて、古くから五穀豊穣を祝う日であり、現在は「勤労感謝の日」として勤労を尊び、生産を祝い、国民が互いに感謝しあう日である11月23日に。

小ねぎ記念日

福岡、大分、佐賀、高知、宮城の各県の全国農業協同組合連合会の県本部で作る「小ねぎ主産県協議会」が制定したもので、国産小ねぎの販売促進のシンボル的な日。日付は、この日が「勤労感謝の日」であり「ねぎらいの日」に通じることから、ねぎらいを葱来と読む語呂合わせで。また、11月の下旬で小ねぎの生産が増え、鍋ものの季節となることもその由来のひとつ。

分散投資の日

岡藤ホールディングス株式会社がグループの岡藤商事株式会社、サン・キャピタル・マネジメント株式会社、株式会社オクトキュービックで販売する分散投資の金融商品のPRと、資産形成のひとつとして人気の分散投資の普及を目的に制定した日。日付は11と23で「いい分散」と読む語呂合わせから。

珍味の日

古くから伊勢神宮で行われてきた新嘗祭では、新米のご飯やお餅、さまざまな神饌（しんせん）（山海の珍味）が供えられてきた。戦後、新嘗祭と同日のこの日が「勤労感謝の日」として国民の祝日になったことから、命の糧である食物の恵みに感謝し、消費者にも感謝する日にと全国珍味商工業協同組合連合会が制定。珍味の素晴らしさ、おいしさをアピールする。11と23で「いいつまみ」と読む語呂合わせも。

ワーク・ライフ・バランスの日

公益財団法人日本生産性本部に事務局を置くワーク・ライフ・バランス推進会議が制定。ワーク・ライフ・バランスとは「仕事と生活の調和」のことで、働き方と暮らし方を見直してもらうのが目的。「勤労感謝の日」と同日にしたのは、勤労に感謝するだけでなく、仕事以外の生活の大切さも認識し、バランスのとれた生活を送ってもらいたいことから。

お赤飯の日

古来、日本人の慶びの食事に、ハレの日の食卓に欠かせなかった赤飯。その歴史と伝統を継承することを目的に、加工赤飯のトップメーカー、アルファー食品株式会社（島根県出雲市）が制定。日付は今では国民の祝日の「勤労感謝の日」となっているが、古くは「新嘗祭」として収穫に感謝する日となっていた11月23日に。

キンカンの日

虫さされ、かゆみ、肩こり、腰痛などに優れた効果を発揮する医薬品「キンカン」などを製造販売する株式会社金冠堂が制定。「キンカン」を通じて、働いている人たちの勤労への感謝の意を表し、ねぎらうことが目的。日付は「勤労感謝の日」と同じ11月23日に。また「勤労感謝の日」は略すと「勤（キン）感（カン）の日」となることもその由来。

生命保険に感謝する日

「勤労感謝の日」をきっかけに、不測の事態のリスクヘッジとなる生命保険という制度をあらためて考え、その存在意義に感謝する日をと、ライフネット生命保険株式会社が制定。この日は近代生命保険会社の根幹を作ったジェームス・ドドソンが亡くなった日とも言われており、ドドソンが作ったようなシンプルでわかりやすい生命保険を提供したいとの理念を持つ同社の願いが込められている。

キンレイ感謝の日

「鍋焼うどん」「お水がいらない鍋焼うどん」など、数多くの冷凍食品を製造販売する株式会社キンレイが制定。日頃からキンレイ商品を愛好してくださるお客様へ感謝の気持ちを表すのが目的。日付は「勤労感謝の日」と「キンレイ感謝の日」の発音が似ていることと、感謝の気持ちを伝えるとの意味から、国民の祝日である「勤労感謝の日」と同じ11月23日とした。

東条川疏水の日

兵庫県北播磨県民局・加古川流域土地改良事務所に事務局を置く「東条川疏水ネットワーク博物館会議」が制定。東条川疏水は鴨川ダムを主な水源とした108kmの水路網で、加東市、小野市、三木市の農地などに水を供給しており、2006年には全国疏水百選に選定されている。この東条川疏水の役割を多くの人に知ってもらい、地域の財産として、地域の手で次世代のために水の恵みを活かしていくことが目的。日付は鴨川ダムの竣工日から。

コメニケーションの日

お米や玄米の通販・販売などを手がける、くりや株式会社（香川県さぬき市）が制定。日頃お世話になった方へ感謝の気持ちをコメてお米を送る日を「コメニケーション（米ニケーション）の日」とするのが目的。日付は五穀豊穣を祝う新嘗祭にちなんで11月23日に。日本の歴史とは切っても切り離せないお米をコメニケーションツールとして、年に一度送るという風習を根付かせたいとの願いがコメられている。

産業カウンセラーの日

働く人たちや組織が抱える問題などの解決を支援する産業カウンセラー。その全国組織である一般社団法人日本産業カウンセラー協会が制定。産業カウンセラーの認知度向上と同協会の創立55周年を記念したもの。日付は、この日が一年で最も「働く」ということと結びつきが強い「勤労感謝の日」であり、日本産業カウンセラー協会の設立日（1960年11月23日）であることから。

オコメールの日

お米や玄米の通販・販売などを手がける、くりや株式会社（香川県さぬき市）が制定。精米仕立てのお米を１合から板状に真空パックに加工し、気軽に送ることができる「オコメール」を、日頃お世話になった方へ感謝の気持ちをコメて送る日とするのが目的。日付は五穀豊穣を祝う新嘗祭にちなんで11月23日に。日本の歴史とは切っても切り離せないお米を、年に一度送るという風習を根付かせたいとの願いがコメられている。

思い出横丁の日

東京都新宿区の新宿西口商店街振興組合が制定。昭和の風情が残る飲食店などが建ち並び、人情と美味さと安さで人気の同商店街の通称「思い出横丁」では1999年11月24日に火災が発生。その教訓を忘れず防災意識を高めるとともに、これまで支えてくれた常連のお客様への感謝と、さらに多くの人に魅力を広めるのが目的。日付は火災事故が起きた日から。

アースナイトデー

沖縄県石垣市と沖縄県竹富町が制定。石垣市と竹富町にある「西表石垣国立公園」が国内初の星空保護区の認定を受けたことを記念して、二つの市町が地球の夜空の環境、星空の大切さを多くの人と考える日「アースナイトデー」を発案。これを世界的な運動としていくのが目的。日付は2017年11月25日に行われた石垣島最大の野外フェスティバル「TsunDAMI ISLAND FESTIVAL」の前夜祭として、11月24日に星空保護区認定を記念したイベントが開かれたことから。

鰹節の日

鰹節のトップメーカーのヤマキ株式会社が、鰹節をもっと知ってもらおうと制定した日。日付は、11と24日でいいふし（節）の語呂合わせから。鰹節の切り削り実演販売や、だしの取り方教室などを企画。

冬にんじんの日

調味食品、保存食品、飲料など、食品の製造、販売を行うカゴメ株式会社が制定。自社のおいしいにんじんジュースや、にんじんの入った野菜果実ミックスジュースなどを飲んで、健康になってもらうのが目的。冬のにんじんは夏のものと比べてβ-カロテンが豊富で、甘みも増してにんじん本来のおいしさが味わえる。日付は冬にんじんの旬である11月と、２と４で「にんじん」の語呂合わせから。

「和食」の日

日本の食にかかわる生産者や企業、団体、地方自治体、郷土料理保存会、食育団体など多数の会員で構成される一般社団法人和食文化国民会議が制定。五穀豊穣、実りのシーズンを迎え、和食の食彩が豊かなこの時期において、毎年、日本食文化について見直し、「和食」文化の保護・継承の大切さを考える日とするのが目的。日付は「いい（11）に（２）ほんしょ（４）く」と読む語呂合わせから。

いい尿の日

排尿トラブルの症状に効果のある八味地黄丸などを開発・販売するクラシエ製薬株式会社が制定。寒さが増すと頻尿・夜間尿などの排尿トラブルが増えることから、その啓蒙や症状に合った治療を広く呼びかけることが目的。日付は寒さが本格化してくる時期で「11（いい）、24（にょう）」と読む語呂合わせから。

11/25

ecuvo.（えくぼ）の日

香川県東かがわ市に本社を置き、手袋を中心としたニット製品の企画、製造、販売を手がける株式会社フクシンが制定。同社の社是である「明るく楽しく元気よく」から生まれた「ecuvo.（えくぼ）」ブランドは、SDGs（持続可能な開発目標）に沿った地球に優しい材料や製造方法で作る製品で、笑顔の時にできる「えくぼ」になぞらえたもの。「ecuvo.」を通して笑顔循環企業を目指す同社の製品や活動を知らせ、より多くの人に笑顔になってもらうことが目的。日付は11と25で「いい（11）ニコ（25）ニコ」の語呂合わせから、笑顔＝えくぼを連想する11月25日とした。

ランジェリー文化の日

新潟県新潟市でランジェリー業のコンサルタントを行う「LINGE ROUGE（ランジュルージュ）」の加藤綾乃氏が制定。女性美を引き立て、自尊心を輝かせるランジェリーを11月25日に夫から妻へ、彼から彼女へなど大切な人にプレゼントする習慣を広め、ファッション文化のひとつとして定着させるのが目的。日付はクリスマスのちょうど一か月前で、プレゼントが似合う日との思いから。

いいえがおの日

熊本県熊本市に本社を置き、黒酢、ブルーベリー、肝油、青汁などの健康食品を取り扱う株式会社えがおが制定。「笑顔でいることで健康になる」「健康だからこそ笑顔になれる」との思いから、より多くの人に健康で笑顔にという意識を持ってもらい、日本を健康にするのが目的。日付は11と25で「いい（11）笑顔＝にっこり（25）」の語呂合わせから。

バイラルの日

バイラル（viral）は「ウイルスの、ウイルス性の」を意味する形容詞で、近年はネットなどの口コミを利用した宣伝活動のひとつとしてマーケティング業界で注目を集めている概念。2005年のこの日、日本初の本格バイラルキャンペーンとして、株式会社タイトー・PSPゲームタイトル「EXIT」が実施された。これを記念してこのキャンペーンを手がけたロカリサーチ株式会社が制定。

先生ありがとうの日

先生に感謝の気持ちを伝えるのは終業式や卒園式などのお別れの場面がほとんどで、日常生活で伝える機会は少ないことから、株式会社サンケイリビング新聞社が発行する幼稚園児とママの情報誌『あんふぁん』が制定。先生に「ありがとう」のメッセージを伝えるきっかけの日にとの願いが込められている。日付は年度の中間期で学校行事が少ないことと、「1」(先生)と「1」(親・子ども)が向かい合って先生に感謝を伝え、お互いが「25」(ニッコリ)する日との意味合いから。

11/26

いいフォローの日

東京都渋谷区の落書きを「クリーン(綺麗にする)」と「アート(彩る)」の力で解決するなど、持続可能な社会の実現に貢献することを目指す一般社団法人CLEAN & ARTが制定。SNSを日常的に利用する若者世代に対して、SNSは使い方を誤ると危険な目に合うことを伝え、楽しく正しく使う「いいフォロー」という意識を持ってもらうのが目的。日付は語呂合わせで「いい(11)フォロー(26)」の響きに近い11月26日としたもの。

いい風呂の日

11月下旬頃になると、お風呂でゆっくり温まって疲れを取りたいという人が増えることと、11と26でいい風呂と読む語呂合わせから日本浴用剤工業会が制定。入浴剤の効用と普及拡大をアピールするのが目的。

いいチームの日

ソフトウェア会社のサイボウズ株式会社が主宰するロジカルチームワーク委員会が、組織の発展に欠かせないチームワークの認知度向上と促進を目的に制定。日付は11と26で「いいチーム」と読む語呂合わせから。

いいプルーンの日

カリフォルニア産プルーンに関する研究、調査、需要拡大のためのPRなどを行う「カリフォルニアプルーン協会」が制定。カリフォルニアプルーンは自然な甘さと独特の歯ごたえがあり、健康効果の高い食べ物として知られている。日付は毎月26日が「プルーンの日」であることと、11で「いい」26で「プルーン」と読む語呂合わせから。

11/27

組立家具の日

和歌山県海南市の家具、インテリア用品、医療機器などを扱う株式会社クロシオが制定。1967年に同社の深谷政男氏によって考案、命名された「カラーボックス」が大ヒット。その歴史をふまえて組立家具を普及させていくことが目的。日付は深谷政男氏の誕生日（1941年11月27日）にちなんで。

11/28

きれいな髪のいいツヤの日

広島県広島市に本社を置き、化粧品、医薬部外品（スキンケア、入浴剤）などの製造販売を手がける株式会社ヤマサキが制定。ツヤのある美しい髪になると前向きな気持ちになれるとの思いから、ヘアケアの重要性を広め、髪から女性を元気にしたいとの願いが込められている。日付は11と28で「いい（11）ツヤ（28）」と読む語呂合わせから。同社のマスコットキャラクター「ラサッコちゃん」の誕生日でもある。

Amazonアプリストアの日

アマゾンジャパン合同会社が制定。同社のアプリストアの認知度を高めて、より多くの人に活用してもらうのが目的。日付は日本で初めてAmazonアプリストアのサービスを開始した2012年11月28日に由来する。

いい地盤の日

公平な立場で地盤の調査、分析を行う地盤ネット株式会社が制定。その土地の由来や地盤の正しい知識を持つことで地震や水害などの被害を最小限に抑えられることから、安心して生活できる住環境について考える機会を持ってもらうのが目的。日付は11と28で「いい（11）地盤（28）」と読む語呂合わせから。

洗車の日

⇨「１年間に複数日ある記念日」の項を参照。

エクステリアの日

住宅の外回りの構造物（塀・門扉・カーポート・物置など）や、植栽や池など庭全体の工事を行う事業者によって構成される公益社団法人日本エクステリア建設業協会が制定。「インテリア」に対しての「エクステリア」が、住む人により多くの癒しや楽しみを感じてもらえる住環境づくりに貢献するのが目的。日付は「いい（11）庭（28）」と読む語呂合わせから。

フランスパンの日

ベーカリー関係会社などで構成され、フランスパンの製造技術の向上と普及などを行い、ベーカリーワールドカップに日本代表選手を派遣している「日本フランスパン友の会」が制定。日本におけるフランスのパン食文化の浸透が目的。日付は「いい（11）フランス（2）パン（8）」の語呂合わせから。またボジョレーヌーボーの解禁日である11月の第3木曜日に近いなどフランスパンを楽しむ時期であることもその理由。

11/29

ワンワン服の日

神奈川県横浜市の一般社団法人グローバルペッツが制定。犬が服を着る文化を育て、海外への発信を図るとともに、その文化を楽しんでもらうのが目的。日付は11と29で「ワンワン（11）服（29）」と読む語呂合わせから。

いい文具の日

文具の価値を高める文具営業を手がけるNEXT switch株式会社が制定。文具メーカー、文具販売店、文具ユーザーが文具についての活動を活発に行い、多くの人に文具に興味を持ってもらうのが目的。日付は11と29で「いい（11）文具（29）」と読む語呂合わせから。文具をプレゼントし合う日とするのを目標としている。

心をスイッチいいブックの日

オーダー絵本を手がける岐阜県関市のSWiTCHBOOK FACTORY（スイッチブックファクトリー）が制定。本を読んで得られるプラスの感情が日々周りに伝わっていくことで、未来が優しさに包まれるようにとの願いが込められている。日付は11と29で「いいブック」と読む語呂合わせから。

いい肉の日

全国有数の肉用牛の産地である宮崎県の「より良き宮崎牛づくり対策協議会」が味と品質の良さで知られる宮崎牛をアピールするために制

定。日付は11と29で「いい（11）肉（29）」の語呂合わせから。

いい服の日

日本を代表するユニフォームアパレルメーカーで、岡山市に本社事務所を置く株式会社トンボが制定。「良い（いい）服」とは何かを問い「良い（いい）服」を作るために必要なことは何かを考える日。日付は11と29で「良い（いい）服」と読む語呂合わせから。

いいフグの日

フグの王様であるトラフグのおいしさをより多くの人に知ってもらうことを目的に、全国の国産養殖トラフグの生産者で組織する社団法人全国海水養魚協会（兵庫県神戸市）のトラフグ養殖部会が制定。日付は「いい（11）フグ（29）」と読み、食べた人に福（ふく）をもたらすという語呂合わせから。

イーブックの日

本には人生をも変えてしまうような不思議な力があり、子どもの頃に読んだ懐かしい本も電子書籍なら手元で探せる。さまざまな可能性のある電子書籍を通して本を読む人が増えてほしいとの願いを込めて、国内最大級の電子書籍販売サイト「ebookjapan（イーブックジャパン）」を運営する株式会社イーブックイニシアティブジャパンが制定。日付は11と29を「いい、ブック」と読み、いい本をたくさん読んでもらうきっかけの日にとの思いと、イーブックジャパンのサイト名の語呂合わせから。

パーソナルコーディネーターの日

個人向けに適切で効率的なファッションスタイルを提案し、毎日の服選びを楽しくするパーソナルコーディネーターの団体である一般社団法人日本パーソナルコーディネーター協会が制定。パーソナルコーディネーターの認知度を高めて、そのスキルアップと人材育成が目的。日付は11と29で「一人ひとりにいい（11）服（29）」の語呂合わせから。

11/30

きりたんぽみそ鍋の日

秋田県味噌醤油工業協同組合（秋田市）に事務局を置くきりたんぽみそ鍋協議会が制定。鍋がおいしい秋から冬の季節に、秋田みそで味付けした鍋に秋田名物のきりたんぽを入れて味わう「きりたんぽみそ鍋」を広めるのが目的。日付は「11」が囲炉裏で焼かれている「たんぽ」が並ぶ様子を表し、「30」は「三十」で「みそ」と読む語呂合わせから。

きりたんぽみそ鍋の定義は、秋田みそと秋田県産豚肉を使い、秋田県産の野菜ときのこを中心に使用していることとしている。

ノーベンバーラブデー

印鑑、ゴム印の作成、名刺の印刷などを手がける4U（フォーユー）銀座店が制定。家族、兄弟、隣人、仲間との友情を大切に、３人以上でパーティーを開いて花束や印鑑などのプレゼントを贈り合い、良好な人間関係を築いてもらうのが目的。日付は「11」は人が２人集まっている形であり、「人」の字にも通じることと、傾けると「入」るの字になり、仲間を迎え入れることを表すこと、30日の「３」は３人以上の意味で「０」は制定者がテニス好きで０をテニス用語でラブと発音することから。

本みりんの日

日本の伝統的調味料「本みりん」の優れた調理効果を、より多くの消費者に知ってもらおうと、本みりんのメーカーで構成された全国味淋協会の「本みりんの日」事務局が制定。日付は11と30で「いいみりん」と読む語呂合わせと、鍋物などに使う「本みりん」の需要期であることから。

絵本の日

絵本の日

福岡県福岡市などで子どもの歯科医院を運営する「医療法人 元気が湧く」が開設した絵本と図鑑の民間図書館「絵本と図鑑の親子ライブラリー」(ビブリオキッズ＆ビブリオベイビー）が制定。絵本の研究者、作家、出版社、書店、読者とともに絵本の魅力を伝え、絵本をとおして子どもたちの感性を育て、個人と社会を結び、その教育的、文化的、社会的な活動を広めていくのが目的。日付は近代絵本の魁けとなる考え方を示した瀬田貞二の『絵本論』（福音館）の初版が発行された1986（昭和51）年11月30日にちなんで。

いい30歳の日

女性のための情報サイト「オズモール」を運営するスターツ出版株式会社が制定。30歳の東京女子の会員を多く持つ「オズモール」では、希望と不安を抱えた彼女たちの節目を応援し、いい30代を過ごしてほしいとの思いから、この日を30代のスタートの日としている。日付は「いい（11）30歳」と読む語呂合わせから。

社会鍋の日

三脚に鍋をつるし、ラッパを吹きながら街頭で募金を募る「社会鍋」。年末の風物詩ともなっているこの活動を行う救世軍が制定。集められた募金は国内外の緊急災害被災者や街頭生活者への支援などの救援活動。母子家庭や独居老人、病院、施設などへの訪問活動などのために使われる。日付の11月30日は毎年12月を前にその募金活動開始のアナウンスが行われることから。

A. T. & N. T.夫妻交際日(周年記念)

東京在住のA. T. & N. T.夫妻が2009年11月30日から交際を始めて2019年1130日で10周年となった。この日は婚約した日、結婚した日でもあり、夫婦にとって1年で最も大切な日となっている。

年によって日付が変わる記念日

11月第2日曜日

みのり財布まつりの日

岐阜県瑞浪市の荷機稲荷（かきいなり）神社で行われる「みのり財布まつり」の実行委員会が制定。長年使用してきた財布に感謝を込めて供養し景気の向上を願うまつりで、2016年で20回目となることから全国に発信するのが目的。日付は作物が実る収穫の時期に当たる11月第2日曜日に。

週　間

低GI週間(1日から7日)

食品に含まれる糖質の吸収度合いを示す「Glycemic Index」(GI＝グライセミック・インデックス)の研究を行っている日本Glycemic Index研究会が制定。GI値の低い「低GI」の食品を食べることで、肥満やメタボリックシンドロームなどの予防や改善につながるとの考えから、その認知度の向上と理解を深めてもらうのが目的。11月1日の「低GIの日」をシンボリックな記念日として、その日から1週間を「低GI週間」とすることで、この期間に「低GI」の食材を中心とした食生活にトライするきっかけとしてもらう。

コラム7

記念日、その三つの大きな効用

日本記念日協会では記念日の大きな効用として次の３つを掲げている。

一つ目は「記念日は日付のある文化」だということ。

どんな記念日にも何月何日、もしくは何月の第何何曜日、さらにはその年の二十四節気や雑節などの暦に合わせた日など、さまざまな理由で定められた日付というものがあり、それを社会や人々の記憶に深く定着させていくことで大きな広がりになっていく。

もちろん、ただ単に大勢の人に知られるようになったものだけが記念日というわけではない。ひとつの業界や企業、団体、グループや個人にとってかけがえのない日も大切な日付を持った記念日である。

そして、その記念日が社会的・産業的・歴史的・教育的・個人的など、それぞれどのような分野であれ、文化として成立していることが大事。

そして二つ目が「記念日は毎年やってくるビジネスチャンス」だということ。

記念日を自ら制定し、日本記念日協会に認定登録を求めて申請してくる人の多くは、そのPR効果の高さを期待している。

しかもその年だけでなく記念日は毎年毎年必ずやってくるので、何年にもわたって継続的にビジネスチャンスを生み出すことができ、PR企画のアイデアを進化させてアピールし続けられるなどコストパフォーマンスがものすごく良い。

さらに対外的なPRだけでなく、自分たちの記念日を持っているということで企業や団体などの組織内の結びつきが強まったり、誇りと責任感を醸成することができる。

三つ目は「記念日は歴史を記憶する最高の装置」だということ。

世の中ではさまざまな出来事が日々起こってきたし、これからも起きていく。その全てを記憶に留めておくことは不可能である。しかし、大切なことが起きた日、忘れてはいけない日は、記念日と言う日付とともに記憶することで思い出すことができ、その歴史を何年でも何度でも語り継ぐことができ、そこから何かしら学びとることができる。

DECEMBER

旧　暦　師走（しわす）
語源：年末になると師（僧）が馳せ走る月という説があるが、諸説ある。

英　名　December
語源：もともとは「10番目」を意味するラテン語が語源だが、改暦の際に名称を変更したなかったことからズレが生じているとされる。

異　名　限月（かぎりのつき）／茶月（さげつ）／親子月（おやこづき）／暮子月（くれこつき）／年積月（としつみつき）／春待月（はるまちつき）／極月（ごくげつ）

誕生石　トルコ石（土耳古石）／ラピスラズリ（青金石、瑪瑙）

誕生花　水仙／カトレア

星　座　射手座（～12/21頃）／山羊座（12/22頃～）

12月は９月とともに記念日への数的関心が薄い月。年末の慌ただしさとともに、記念日の王様「クリスマス」がある月なので、なかなか新しい記念日が育ちにくかった。

しかし、この数年は「手帳の日」「漢字の日」などの登場で、師走の風物詩としての記念日の存在がクローズアップされてきた。とくに「漢字の日」は毎年その年を表す漢字一字を発表することが年中行事になり、大きな話題を提供している。これに続いて「ひらがなの日」「カタカナの日」はできないものか。

カトレア

12/1

東京水道の日

東京都水道局が制定。24時間365日いつでも蛇口をひねれば出てくる水道水。120年以上にわたり、都民の生活と首都東京の都市活動を支える基幹ライフラインとして、安全で高品質な水を届けてきた東京の水道の歴史を記念するとともに、その大切さを多くの人に知ってもらうのが目的。日付は1898年12月1日に淀橋浄水場（現在は西新宿の高層ビル群）から神田・日本橋地区に給水を開始したことで東京の近代水道が始まったことから。

リフトアップケアの日

「肌トラブルに悩むすべての人々を救う」を企業理念に掲げるメディカルコスメの株式会社ドクターシーラボが制定。同社の「肌が必要としているものを必要な分だけ与える」ことにこだわりながら、リフトアップまでも可能にした多機能オールインワンゲル「アクアコラーゲンゲル エンリッチリフト」で、リフトアップを目指している人にいつまでもイキイキと輝いてもらうのが目的。日付は同製品が発売された2007年12月1日にちなんで。

ワッフルの日

兵庫県神戸市に本社を置き、ワッフルケーキ専門店「ワッフル・ケーキの店 R.L（エール・エル）」を運営する株式会社新保哲也アトリエが制定。ワッフルという食文化を広めるために、その魅力を多くの人に伝えるのが目的。日付は12と1を「ワッフル（ワン=1とフル=2）の日（1）」と読む語呂合わせと、1号店が1991年12月1日にオープンしたことから。

着信メロディの日

1999年のこの日、着信メロディの仕組みをもつ株式会社フェイスが、株式会社エクシングと共同で世界で初めて「着信メロディ」を配信したことから同社が制定した日。着うたや動画配信など、携帯の高機能化の契機となった「着信メロディ」を通してデジタルコンテンツの充実を図り、豊かなライフスタイル創りを目指す。

鉄の記念日

1857（安政4）年のこの日、岩手県釜石の製鉄所が洋式高炉による操業を始めた。鉄の近代的な生産が始められたこの日を記念して、日本鉄鋼連盟が1958（昭和33）年に制定。鉄に関する展示会やイベントなどが行われる。

映画の日

1896（明治29）年の11月25日、神戸で日本で初めて映画が一般公開されたことから、1956（昭和31）年に映画産業団体連合会が制定（覚えやすいようにと、このとき12月1日に設定された）。入場料の割引などが行われる。

世界エイズデー

世界保健機関（WHO）がエイズに対する人々の意識を高めるために1988（昭和63）年に制定。

手帳の日

師走に入り、手帳を活用して1年を振り返り、新しい手帳を準備する時期であることから、ビジネス手帳の元祖「能率手帳（現・NOLTY)」を製造販売している「株式会社日本能率協会マネジメントセンター」が制定。書店や文具店などの手帳売り場でのキャンペーンなどを行う。

データセンターの日

企業のサーバーを預かり、24時間365日、監視、運用、保守を行うデータセンター。その事業内容や社会的役割を広く紹介し、データセンターの活用を促進する日として、データセンター専業会社の「株式会社IDC フロンティア」が制定。日付はデータセンター（Datacenter）から語呂の似ている12月（December）と、安全第一から1日を組み合わせたもの。

防災用品点検の日

⇨「1年間に複数日ある記念日」の項を参照。

デジタル放送の日

NHK・民放テレビ127局・放送関連団体・メーカー・販売店・消費者団体・地方公共団体・経済団体・マスコミ・総務省などの代表によって構成された地上デジタル推進全国会議が2006年に制定（記念日登録は一般社団法人デジタル放送推進協会)。デジタル放送に対する理解を深めるとともに、デジタル放送の普及促進および発展を図ることが目的。日付は2000年12月1日にBSデジタル放送、2003年12月1日に地上デジタル放送、2006年12月1日に地上デジタル放送が全放送局で開始されたことから。

カレー南蛮の日

カレー南蛮を世に知らしめた東京目黒の蕎麦屋「朝松庵」2代目店主、

角田西之介氏の誕生日にちなみ、カレーうどんをこよなく愛する「カレーうどん100年革新プロジェクト」が、カレーうどんが浸透してから100年の2010年に制定。

下仁田葱の日

伝統的な栽培方法を守って生産する群馬県甘楽郡下仁田町馬山地区の葱ねぎ生産農家「下仁田ファーム」が制定。煮たときの甘みやとろみが抜群においしい下仁田町認定の本場の下仁田産下仁田葱をアピールする日。日付は「下仁田ファーム」の下仁田葱の出荷解禁が12月１日であることから。

市田柿の日

長野県高森町の「市田柿発祥の里活用推進協議会」と、長野県飯田市の長野県下伊那地方事務所に事務局を置く「市田柿ブランド推進協議会」が共同で制定。高森町が発祥の地である市田柿は干し柿の王者とも呼ばれる飯田下伊那地域が全国に誇る特産品。南信州地域の伝統風土に培われた健康食品としての存在をアピールするのが目的。日付は12月が市田柿の出荷月であることと、市田の１で１日とした。

明治プロビオヨーグルトR-1の日

乳製品やお菓子などのさまざまな食品事業を展開する株式会社明治が制定。自社商品「明治プロビオヨーグルトR-1」をPRすることが目的。R-1という名前は「1073R-1乳酸菌」に由来し、Rは多糖体を多く産生する乳酸菌の特徴を表すRopyの頭文字をとってつけられたもの。「強さひきだす乳酸菌」という商品コピーには、人々の健康・強さを支えたいという思いが込められている。日付は2009年12月１日に「明治ヨーグルトR-1」が発売されたことから。

12/2

ビフィズス菌の日

ビフィズス菌入りのヨーグルトなどを販売する江崎グリコ株式会社が制定。善玉菌の代表といわれるビフィズス菌入りの食品を食べることでおなかを良い状態に保ち、健康を維持してもらうのが目的。日付はフランスの小児科医のアンリ・ティシェ氏がパリの生物学会でビフィズス菌の発見を発表した日（1899年12月２日）から。

美人証明の日

栃木県足利市にある厳島神社では2006年12月２日に、御祭神の市杵島姫命の分身として美人弁天を建立。これを契機に町内で「美人弁天町おこしの会」が発足し、参拝者に心柔らかな品性ある美人であることを証明する日本で唯一の「美人証明」を配布している。心の優しい美人弁天と「美人の国・足利」をアピールしようと「美人弁天町おこしの会」が記念日を制定。日付は建立の日であり美人証明を初めて発行した日から。

ジョルテの日

「ジョルテ」を中心としたカレンダーサービス事業を行う株式会社ジョルテが制定。紙の手帳の使いやすさと、デジタルならではの多彩な機能を併せ持つカレンダー＆システム手帳アプリ「ジョルテ」をPRするのが目的。日付は「ジョルテ」が手帳とカレンダーの両方の機能を兼ね備えたアプリであることから「手帳の日（12月１日）」と「カレンダーの日（12月３日）」の間である12月２日とした。

12/3

わらべうた保育の日

首都圏を中心に「わらべうた保育園」を各地で運営するHITOWAキッズライフ株式会社が制定。日本伝統の子どもが遊びながら歌う「わらべうた」を保育の中で大切にし、広めていくのが目的。日付は代表的なわらべうたの中にある「せっせっせーのよいよいよい」の「よいよいよい」を414141と見立て、４×３＝12と１×３＝３で12月３日としたもの。同社では６月21日も「太陽の子保育の日」として記念日登録をしている。

着うた®の日

2002年12月３日に「着うた®」の配信を、世界で初めてスタートさせた株式会社レコチョクが制定。「携帯で選んで、携帯で買って、携帯で聞く」という音楽を楽しむスタイルが定着した今、携帯と音楽の楽しみ方をさらに追及するとともに、携帯の違法ダウンロードを社会的に排除することを目的としている。

プレママの日

ベビー総合専門店「ベビーザらス」の国内第１号店、新浦安店の開店日が12月３日であることと、12月３日を「いいにんぷさん」と読む語呂合わせから「プレママの日」を制定したのは、日本トイザらス株式会社。

ひっつみの日

岩手県の伝統食「ひっつみ」を全国にPRしようと、岩手県生めん協同組合が制定。「ひっつみ」とは、小麦粉を水で練り、ねかしたのちに、野菜を入れたしょうゆ味の出汁にちぎって入れ、煮たものを食べる料理。日付は12月３日を「ひいふうみい」と呼ぶ語感と「ひっつみ」が似ていることから。

カレンダーの日

カレンダーに関する全国組織の全国団扇扇子カレンダー協議会と全国カレンダー出版協同組合連合会が、カレンダーの普及と発展を目指して制定。日付は太陰太陽暦が明治５（1872）年12月２日で打ち切られ、翌12月３日が太陽暦の明治６年１月１日となった明治改暦の史実に基づく。

個人タクシーの日

1959（昭和34）年12月３日に、173名の個人タクシー第一次免許者が誕生。2009年に50周年を迎えたことを記念して社団法人全国個人タクシー協会が制定。個人タクシーは「乗って安心」と評判が高く、事故率も低い安全で確実な輸送手段として定着している。

ヒルズダイエットの日

テレビショッピング番組「ショップジャパン」の運営などを行う株式会社オークローンマーケティング（愛知県名古屋市）が制定。同社のダイエット食品「ヒルズダイエット・パステルゼリー」を通して、ダイエットのきっかけがほしいオトナの前向きな一歩をたたえるのが目的。日付は、12と３で「ワン・ツー・スリー」と読む語呂合わせと、二人三脚でダイエットに取り組む姿勢を表している。

12/4

E.T.の日

アメリカ映画「E.T.」が公開されたのが1982（昭和57）年のこの日だったことに由来する。E.T.とはエクストラ・テレストリアル（Extra-Terrestrial）の略で、日本では「宇宙からの愛らしい訪問者」と訳された。

12/5

アルバムの日

フエルアルバムをはじめとして、製本、シュレッダーなど情報整理製品の総合企業であるナカバヤシ株式会社が制定。日付は一年最後の月の12月はその年の思い出をアルバムにまとめる月。そして「いつか時間ができたら」「いつか子どもが大きくなったら」「いつか……」と後回しにされることなくアルバムづくりをしてもらいたいとの願いを込めて、その5日（いつか）を記念日としたもの。

12/6

アクワイアの日

ゲームソフトの開発などを手がける株式会社アクワイアが制定。「ココロに、さされ。」を企業テーマに、世界にただひとつのオリジナルコンテンツの開発を行う同社。長きにわたり支えてくれたファンへ感謝の気持ちを伝えるとともに、今後も新しいワクワクを生み出していくという決意を込め、初心に帰る日とすることが目的。日付は同社の前身である有限会社アクワイアが創業した1994年12月6日から。

音の日

1877年のこの日、トーマス・エジソンが蓄音機「フォノグラフ」を発明したことにちなみ、日本オーディオ協会が音と音楽文化の大切さを広く認識してもらうことを目的に制定。

姉の日

姉妹型・兄弟型研究の第一人者、畑田国男氏が提唱した日。女性や子ども、旅人などを守る聖人、聖ニコラウス（サンタクロース）にまつわる三姉妹伝説がその日付の由来となっている。「妹の日」から3か月後お姉さんに感謝する日である。

12/7

大雪（たいせつ）

［年によって変わる］二十四節気のひとつ。小雪から15日目にあたり、北風が吹いて大雪が降る頃という意味。この日から日一日と寒さが厳しくなってくる。

世界KAMISHIBAIの日

日本独自の文化である紙芝居を愛する人、興味のある人、演じたい人など、さまざまな人が国境を越えて参加し交流する「紙芝居文化の会」が制定。紙芝居を研究し、学び合い、その魅力を世界中に根付かせていくことが目的。日付は会が創立した2001年12月7日にちなんで。紙芝居を通じて国内はもちろん国際交流も深めたいとの思いから記念日名に「KAMISHIBAI」と表記。

12/8

太平洋戦争開戦の日

1941（昭和16）年のこの日、日本海軍はアメリカの太平洋艦隊の根拠地・ハワイの真珠湾を急襲、太平洋戦争が始まったことから。

ジュニアシェフの日

「ジュニアシェフ」とは子どもを対象とした料理の教授、教室の企画・運営・開催を指すもので、食品卸売業・レストラン事業・旅館業・農業などを手がけるベストアメニティ株式会社（福岡県久留米市）が有する登録商標。記念日は食育の一環として、食文化、作法、食材などの知識を広めるめに同社が制定。日付は12と８で「ジュニアシェフ」と読む語呂合わせから。

有機農業の日

有機農業の普及に携わるさまざまな団体によって構成された、農を変えたい！全国運動関西地域ネットワーク（兵庫県神戸市）が制定。自然と調和した安心安全な有機農業を行政とともに地域ぐるみで推進していくことを目的としている。日付は民間で市民立法として起草され、2006年に議員立法として国会で審議された「有機農業の推進に関する法律」が12月８日に可決成立したことから。

アルバムセラピーの日

過去の写真や思い出のアルバムを使って自分自身を発見することで「本当の自分の幸せ」を見つけるアルバムセラピー。その普及を目指して一般社団法人日本アルバムセラピー協会（大阪府大阪市）が制定。同協会ではアルバムセラピー講座やアルバムセラピストの養成などを行っている。日付は同協会の設立が2015年12月８日であることから。

12/9

マウスの誕生日

「IT25・50」シンポジウム実行委員会が制定。1968年12月９日に「ITの父」ダグラス・エンゲルバート氏によりマウスやウインドウ、ハイパーテキストなど、パーソナルコンピュータ、インターネットの歴史の出発点ともなるデモンストレーション「The Demo」が行われた。中でもマウスは、それまで専門家しか操作できなかったコンピュータを誰もが操作できるようにした画期的なもので、その後のIT文化の基盤ともなっている。その誕生日として「The Demo 50周年」を祝い、「ITの過去・現在・未来」について考える日とするのが目的。日付は「The Demo」が行われた日から。ちなみに「IT25・50」とはインターネット商用化25周年＆ダグラス・エンゲルバートThe Demo 50周年の意味。

しそ焼酎「鍛高譚（たんたかたん）」の日

合同酒精株式会社をグループに置くオエノンホールディングス株式会社が、合同酒精のロングセラー商品であるしそ焼酎「鍛高譚（たんたかたん）」の発売25周年を記念して制定。「鍛高譚」は北海道白糠（しらぬか）町産の香り高い赤シソと、大雪山系を望む旭川の清冽な水を使用したさわやかな風味で人気のしそ焼酎。日付は発売開始日の1992年12月９日にちなむ。

障害者の日

1975（昭和50）年のこの日、国連が「障害者の権利宣言」を採択し、完全参加という平等をうたったことを記念して、1981年の国際障害者年に設けられた日。全国の障害者団体などで組織する国際障害者年日本推進協議会では、この日を国民の休日にしようと運動を行っている。

12月

12/10

ベルトの日

日本服装ベルト工業連合会が制定。実用性、ファッション性、そしてギフト製品としても需要の高いベルトの良さをアピールするのが目的。日付は奈良の正倉院に収蔵されている日本最古のベルトの本体に紺玉（こんぎょく）の飾りが付けられており、紺玉は12月の誕生石のラピスラズリのことなので12月に。また、12月に流れるクリスマスソングの「ジングルベル」の「ベル」に、10日の「ト」を組み合わせて「ベルト」とする語呂合わせから。

無人航空機記念日

佐賀県鳥栖市に本店を置き、無人航空機に関する知識と技術を認定する通称「ドローン検定」を運営するドローン検定協会株式会社が制定。無人航空機の活用・普及・発展が目的。日付は「航空法の一部を改正する法律」が施行され、国内法に「無人航空機」が初めて定義された2015年12月10日から。

NFD花の日

フラワーデザインの資格認定などを行い、フラワーデザインの普及活動を進める公益社団法人日本フラワーデザイナー協会（NFD）が制定。日本中の花を愛する人々がそれぞれの地域で花を贈りあう日にとの思いが込められている。日付は同協会が創立された1967年12月10日から。NFDとはNIPPON FLOWER DESIGNERS' ASSOCIATIONの略称。

いつでもニットの日

サマーニット誕生の地である山形県山辺町が制定。山辺町産のニットのPRとともに、より多くの人に一年中ニットに親しんでもらうことで国内のニット産業を盛り上げるのが目的。日付はニット商品の需要が高まる初冬であり、12と10を1210として「いつ（1）でもニット（210）」と読む語呂合わせから。

アロエヨーグルトの日

日本で初めてヨーグルトにアロエ葉肉を入れて発売した森永乳業株式会社が制定。日付の由来は身体の内側からきれいに、健康になってもらおうとの思いで開発し、発売した1994年12月10日にちなんで。

歴史シミュレーションゲーム『三國志』の日

株式会社コーエーテクモゲームス（神奈川県横浜市）が制定。同社が開発・販売を手がける人気の歴史シミュレーションゲームソフト『三國志』シリーズが、2015年に発売から30周年を迎えたことを記念したもの。日付は『三國志』シリーズの第一作目が発売された1985年12月10日から。

12/11

胃腸の日

12と11を「胃にいい日」と読む語呂合わせから、胃腸薬の正しい使い方や、胃腸の健康管理の大切さなどをアピールする日にと日本OTC医薬品協会が制定。

12/12

ジェニィの日

大阪府大阪市に本社を置き、子ども服ブランドを展開する株式会社ジェニィが制定。全国に店を持ち、通販でも人気のジェニィのファッションアイテムの魅力をさらに多くの人に知ってもらうのが目的。日付は同社の設立月が12月であることから、12といえばジェニィとの思いを込めて12が重なる12月12日に。

ダンボール・アートの日

ダンボールを使った知育玩具や家具を販売している通販サイトMoco-ya（モコヤ）が制定。四輪車や木馬などの玩具のほか、インテリアも手がけるMoco-yaのダンボールアーティスト、山田素子氏の「ダンボール・アートで子どもたちに『ものづくり』の楽しさを伝える日にしたい」というのが目的。日付は１から２へ物が生み出される意味と、１・２（イチニ）１・２（イチニ）とステップをふんで前に進んでいくイメージは、子どもたちが創造する日にふさわしいとの思いから。

クイーン・デー

大阪府大阪市に本社を置く江崎グリコ株式会社が制定。今年も一年、仕事や家事、子育てを頑張った人に、年末に向けて忙しくなる今日くらいはひと休みして、ちょっぴり自由な時間を過ごしてもらうのが目的。日付は12（じゅうに＝自由に）と12（じゅうに＝自由に）で「自分をチョコっと自由にする日」との意味と、トランプのクイーン（王女）を表す数字の「12」が並ぶ12月12日に。

ダースの日

森永製菓を代表する本格チョコレートの「ダース」。12粒入りなのでその名前と同じ数の12が重なるこの日を記念日としたもの。「板チョコが粒になった」という商品コンセプトと「12コだからダースです」のキャッチフレーズで1993年の発売以来、多くの人々に愛され続けているチョコレート。

漢字の日

財団法人日本漢字能力検定協会が1995年12月12日に制定。同協会では毎年、全国から募集した「今年を表現する漢字」をこの日に発表、京都・清水寺貫主の揮毫（きごう）でその字を清水寺に奉納する。日付は12と12を「いい字一字」と読む語呂合わせから。

明太子の日

韓国伝来の辛子明太子が初めて日本に到来した発祥の地の山口県下関。その下関市で明太子専門業として、辛子明太子を全国に普及させてきた前田海産株式会社が制定。日付は日本で初めて「明太子」という名称が新聞（関門日日新聞）に登場した1914（大正３）年12月12日に由来する（『明太子開発史』成山堂刊に記載）。

５本指ソックスの日

元祖５本指ソックスの専門店、株式会社ラサンテが制定。むれにくく快適な履き心地で人気の５本指ソックスをPRすることが目的。日付は1970年にスペインで生まれた５本指ソックスを、現在の履きやすいバランスの良い形に再開発した同社会長・井戸端吉彦氏が、1974年のこの日に実用新案を提出したことから。また、クリスマスに近くプレゼントにふさわしい商品であることもその理由。

杖の日

握りやすさと安全性を追求したスタイリッシュな杖「クォーターポイント」をはじめとして介護用品の販売やレンタル、住宅の改修などさまざまな福祉サービスを提供する株式会社丸冨士が制定。家にひきこもりがちな高齢者や障がい者が、生きがいを持ち杖を使って安全に外出してほしいという願いが込められている。日付はを「杖を持ってイッチニ（12）、イッチニ（12）」と読む語呂合わせから。

12/13

大掃除の日

1年の積もり積もった汚れを落としてきれいに新年を迎えてもらおうと、この日を「大掃除の日」と制定したのは大阪市に本店を置き、ビルの運営と管理、ハウスクリーニングなどを手がける株式会社東和総合サービス。日付はこの日が古くから「正月事始め・煤払（すすばらい）の日」とされていることから。

「胃に胃散」の日

医薬品、医薬部外品、健康食品などの製造販売を手がける株式会社太田胃散が制定。「いい薬です」のCMでお馴染みの胃腸薬「太田胃散」を通じて、胃を酷使する忘年会シーズンの12月に、身体と特に胃腸を大切にしてもらうのが目的。日付は「胃に（12）胃散（13）」と読む語呂合わせから。

12/14

討ち入りの日

1702（元禄15）年のこの日は赤穂浪士による吉良邸討ち入りの日。江戸・本所松坂町にあった吉良邸の一部は現在松坂公園となり、毎年この日は元禄市でにぎわう。午前中は義士祭、午後は吉良祭が行われる。

マダムシンコの日

大阪市に本社を置く株式会社カウカウフードシステムが、代表取締役会長のマダム信子氏の誕生日にちなんで制定。自社ブランド「マダムシンコ」はオリジナリティあふれる発想と、深いおもてなしの心で作るひと味ちがう新感覚のスイーツで人気のお店。

「バウムクーヘン」「マダムブリュレ」「キングコーン」などの人気商品がある。

12/15

年賀はがき引き受け開始日

全国の郵便局では、この日から年賀はがきの特別扱いを開始する。この日から受け付けた年賀はがきは、25日までに投函された分について翌年の１月１日（元日）に配達される。

12/16

フリーランスの日

日本初のフリーランスの支援を行うプラットフォーム、クラウドソーシングサービス「ランサーズ」を運営するランサーズ株式会社が制定。フリーランスの仕事のマッチングだけでなく、フリーランスのスキルアップのためのプログラムの提供などを行い、次世代のワークスタイルであるフリーランスの人に個々の力を高めてもらうのが目的。日付は同社がスタートした2008年12月16日から。

12/17

明治ブルガリアヨーグルトの日

ヨーグルトの本場であるブルガリアから認められたヨーグルトとして、1973（昭和48）年12月17日に発売された「明治ブルガリアヨーグルト」。その発売元の株式会社明治が制定。「ヨーグルトの正統」として、長年、多くの人々に愛され続けてきた「明治ブルガリアヨーグルト」の魅力を伝えるのが目的。

12/18

ナボナの日

「ナボナはお菓子のホームラン王です」のCMで知られるナボナなどの和菓子の製造販売を手がけ、東京・自由が丘に本社を置く株式会社亀屋万年堂が制定。同社は1938（昭和13）年12月18日に創業したことから、この日を看板商品である「ナボナの日」としたもの。

国連加盟記念日

1956（昭和31）年のこの日、国連総会で全会一致により、日本の国連加盟が可決されたことによる。1933（昭和８）年の国際連盟脱退から

12
月

23年ぶりの国際社会復帰の日ともいえる。

12/19

まつ育の日

スカルプDや多くのエイジングケア商品の研究、開発、製造、販売などを行い、トリートメントマスカラシェアNo.1のまつ毛美容液を販売するエイジングケアカンパニー、アンファー株式会社が制定。１年間毎日のメイクでさまざまな負担や試練と戦ってきたまつ毛をしっかり労わってあげる日。また、毎日のまつ毛ケア“まつ育”をすることで多くの女性のまつ毛を美しく輝かせることが目的。日付は「まつ（12）いく（19）」の語呂合わせから。

「信州・まつもと鍋」の日

⇨「１年間に複数日ある記念日」の項を参照。

12月

12/20

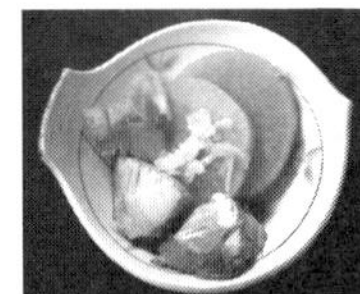
ブリ大根

ブリの日

魚へんに師と書いてブリ。年取り魚のブリは師走の魚。そして20日をブリと読む語呂合わせからこの日が記念日となっている。

12/21

遠距離恋愛の日

12月21日の1221の両端の１が一人を表し、中央の２が二人を表す。その形から離れている恋愛中の男女にエールを送る日とされる。

12/22

冬至（とうじ）

［年によって変わる］二十四節気のひとつ。一年中で最も日が短い。この日にゆず湯に入り、かぼちゃを食べると風邪をひかないといわれる。

スープの日

日本のスープ業界の発展を目指して、1980年にスープ製造企業などにより結成された日本スープ協会が制定。スープに関する話題を提供することで、より多くの人にスープへの関心を持ってもらい消費拡大を図るのが目的。日付は温かいスープをよりおいしく感じることができる冬であり、12と22で「いつ（12）もフーフー（22）とスープをいただく」という語呂合わせから12月22日としたもの。

ジェネリック医薬品の日

NPO法人ジェネリック医薬品協議会が制定。有効成分が新薬（先発医薬品）と同一で、品質・効き目・安全性も新薬と同等なジェネリック医薬品は、科学的な基準に従い厚生労働大臣の承認を受け、新薬の特許が切れた後に製造販売されている医薬品。その正しい理解を広めるとともに、意義や役割を多くの人に知ってもらうのが目的。日付はジェネリック医薬品承認のための科学的基準を厚生労働省が定めた日（1997年12月22日）から。

はんぺんの日

［冬至、年によって変わる］東京都蒲鉾水産加工業協同組合が制定。昔から「冬至の日」に「ん」の字が２つ以上ある食べ物を食べると運が向上し、無病息災に効果があると言い伝えられていることから、「ん」が２つある「はんぺん」をもっと食べてもらうのが目的。

働く女性の日

［冬至、年によって変わる］大阪府吹田市で働く女性のために機能的なバッグを製作する革バッグと革小物の企画販売会社「manri（マンリ）」が制定。働く女性たちに、井戸端会議をするイメージで人と集まり楽しんで、元気になって帰ってほしいとの思いから。日付が「冬至の日」なのは、一年でいちばん夜が長いことから、仕事の後もゆっくりと話せる日との思いから。記念日登録はクラウドファンディングにより達成。

酒風呂の日

［冬至、年によって変わる］⇨「１年間に複数日ある記念日」の項を参照。

12/23

東京タワー完工の日

1958（昭和33）年のこの日、東京・港区の芝公園内に東京タワーが完成、その完工式が行われた。333メートルの高さは、パリのエッフェル塔よりも13メートル高く、当時では世界一のタワーであった。展望台があり、多くの人が訪れる東京名所のひとつ。

12/24

クリスマス・イヴ

キリスト降誕の前夜祭。キリスト教の祭礼のひとつだか、日本では宗教とは関係なく年中行事のようになっている。この日が近づくとデパートや商店街、一般家庭でもクリスマスツリーを飾ったり、クリスマスプレゼントを用意したり、クリスマスムードが一気に盛り上がる。

12/25

クリスマス

キリストの降誕の日とされる。紀元400年頃から降誕祭が行われるようになったといわれ、クリスマスツリーを囲み、プレゼントの交換などをして喜びを分かち合う。日本には宣教師フロイスによって1565(永禄8)年頃、京都に伝えられたという(これより前とする説もある)。

12/26

プロ野球誕生の日

読売ジャイアンツの前身で日本初のプロ野球球団「大日本東京野球倶楽部」が1934(昭和9)年のこの日、誕生したことに由来する。沢村栄治、スタルヒン、三原脩、水原茂ら、錚々(そうそう)たるメンバーであった。

12/27

寒天発祥の日

京都府京都市に事務局を置く、伏見寒天記念碑を建てる会が制定。京都の伏見が寒天発祥の地であることをアピールし、京都市伏見区御駕籠町近辺に記念碑を建て、啓発活動を行いながらその発祥を祝い後世に伝えていくのが目的。日付は、現在の暦で12月末頃に初めて寒天の元となるところてんが御駕籠町で島津藩に提供されたと資料から推察できることとから12月、伏見=ふしみ(243)を「24+3=27」と見立てて27日とし、12月27日に。

12/28

ディスクジョッキーの日

日本で最初の本格的なディスクジョッキーとして活躍した糸居五郎氏をたたえ、氏の業績を偲び、DJ界の発展を願って、氏の命日(1984

年12月28日）を記念日に制定したのは「ラジオプレス」の上野修氏。

12/29

福の日

お正月の食卓には欠かせないおせち料理。その中に使われるさまざまな水産練り製品などを製造、販売をする株式会社紀文食品が制定。正月行事本来の意味、謂われを知ることで福を招いてもらうのが目的。日付は、お正月前ということで12月、29で「ふく」と読む語呂合わから。この日には買い物や大掃除をして正月に備えようと提案している。

12/30

地下鉄記念日

1927（昭和２）年のこの日、日本で初めての地下鉄が東京の上野～浅草間2.2キロで開通したことに由来する。1925（大正14）年９月の工事開始から２年３か月で完成した地下鉄は、もの珍しさもあって、この日一日で10万人に近い人が乗車。料金は10銭均一。

12/31

大晦日

１月から11月までの月末は晦日というが、12月だけは大晦日。一年の締めくくりの日で、かつては暮れの支払日となっていた。

菜の日

⇨「１年間に複数日ある記念日」の項を参照。

年によって日付が変わる記念日

12月第２月曜日

Cyber Monday（サイバーマンデー）

アメリカでは、感謝祭（11月の第４木曜日）の休暇明けの翌月曜日は「Cyber Monday（サイバーマンデー）」と呼ばれ、オンラインショッピングの売上が急増する。日本では12月が冬のボーナス時期でもあり、多くの通販サイトでセールが行われることから、日本版の「Cyber Monday」を目指して、アマゾンジャパン株式会社が制定。日付はAmazon.co.jpでも、多くの企業でボーナスが支給される12月の第２週に年間で最も多くのお客様がサイトを訪れていることから12月の第２月曜日とした。

12月第３土曜日

大洗濯の日

年末の大掃除のように、家にある布団カバー、毛布、カーテンなどの大きな物を洗い、すっきりとした気持ちで新しい年を迎えることを勧めようと、家庭用の洗剤などの洗濯用品を手がけるライオン株式会社が制定。日付は年末の掃除や洗濯の準備を始めるのが12月の３週目が多く、しっかり取り組みやすい日としてその土曜日とした。

毎月ある記念日

毎月１日

あずきの日
「古事記」の穀物起源神話にも書かれているほど古くから食べられていたあずき。毎月１日と15日には小豆ご飯を食べる習慣もあった。利尿作用、便通、乳の出にも効果的とされるあずきを食べて健康になってもらえたらと、あずきの製品を扱う井村屋グループ株式会社が制定。日付は毎月１日にあずきを食す習慣を広めたいとの願いから。

釜飯の日
日本文化のひとつ釜飯をより身近に、より多くの人に食べてもらいたいとの思いから、釜飯専門店「釜めしもよう」と「釜のや」を全国展開する株式会社前田家（福岡県北九州市）が制定。日付は「釜めしもよう」の創業記念日である1995年７月１日の１日にちなんで。

資格チャレンジの日
行政書士、社会保険労務士などの資格取得の通信講座で知られる株式会社フォーサイトが制定。自己啓発、転職、就職などで重要な資格とその取得について、毎月の初日である１日に考え、資格取得に挑戦してより良き人生を目指してもらうのが目的。

毎月２日

Life2.0の日
「今日を生きる。明日をひらく。」をブランドスローガンに掲げるマニュライフ生命保険株式会社が制定。同社では未来を前向きに自分らしく行動する生き方を「Life2.0」と名付けており、未来について考えるきっかけの日としてもらうのが目的。日付は「Life2.0」から２日、さらに一年を通じて自分が何かを始める日との意味を込めて毎月としたもの。

毎月３日

ビースリーの日
婦人・紳士・子ども服製造卸業および小売業などの株式会社バリュープランニング（兵庫県神戸市）が制定。日付はFit Better. FeelBetter. Look Better.の３つのBetterを意味するストレッチパンツ専門ブランド「B-three（ビースリー）」のコンセプトに由来。

くるみパンの日

日本におけるカリフォルニア産くるみの最大の用途が製パンであることから、定期的に「くるみパン」に親しんでもらおうと、カリフォルニアくるみ協会が毎月３日に制定。日付は「毎月来る３日」を「毎月来るみっ日（か）」と読み「くるみ」にかけて「くるみパンの日」としたもの。くるみはビタミンやミネラルなど健康に過ごすための栄養成分を多く含む食材として知られる。

毎月３日・４日・５日

みたらしだんごの日

「みたらしだんご」を製造する山崎製パン株式会社が制定。スーパーマーケットやコンビニエンスストアなどで幅広く販売されている「みたらしだんご」を、手軽なおやつとしてもっと食べてもらうのが目的。日付は「み」（３）たら「し」（４）だん「ご」（５）の語呂合わせから。

毎月５日

長城清心丸の日

生薬主剤の滋養強壮薬「長城清心丸」（中国名・牛黄清心丸）をより多くの人に知ってもらおうと、輸入元のアスゲン製薬株式会社が2001年５月に制定。日付は主薬の牛黄（ゴオウ）の語呂合わせから。

毎月６日

メロンの日

全国のメロン産地の自治体が参加する、第２回全国メロンサミットinほこた開催実行委員会（茨城県鉾田市）が制定。メロンのおいしさを多くの人に知らせて消費の拡大を図るのが目的。日付は６月が全国的に見てメロンの出荷量がいちばん多い時期であり、６という数字がメロンの形に似ていることから毎月６日に。各産地ごとにふさわしい月の６日にアピールをする。

手巻きロールケーキの日

ふんわり、しっとりの食感を壊さないようにやさしく手で巻き上げたロールケーキを全国のスーパーやコンビニなどで販売している株式会社モンテールが制定。「手巻きロールケーキ」のおいしさを多くの人に知ってもらうのが目的。日付は「手巻きロールケーキ」の断面が数字の6に見えることと、ロールケーキの「ロ」=「6」の語呂合わせから、毎月6日を記念日とした。

毎月7日・8日

生パスタの日

生めん類の製造業者の団体である全国製麺協同組合連合会が制定。素材の風味、味、コシなど、生パスタの魅力を多くの人に知ってもらうのが目的。日付は7と8で「生=な(7)ま・パ(8)スタ」と読む語呂合わせから毎月7日と8日に。また、同連合会では別に7月8日も「生パスタの日」に制定している。

毎月8日

信州地酒で乾杯の日

信州地酒で乾杯の日推進協議会が制定。信州の地酒普及促進・乾杯条例に基づき、長野県で製造される清酒、ワイン、ビールなどの酒類(地酒)の普及促進が目的。生産から流通、販売、消費者が一丸となって信州の地酒の消費拡大、関連産業の発展を目指す。日付は数字の8が乾杯のときに杯やグラスを重ね合わせたとき上から見た姿と似ていることから毎月8日に。信州地酒で乾杯の日推進協議会構成団体は以下。長野県小売酒販組合連合会、長野県酒造組合、長野県ワイン協会、長野県飲食業生活衛生同業組合、長野県旅館ホテル組合会、(一社)長野県観光機構、(一社)長野県経営者協会、長野県中小企業団体中央会、(一社)長野県商工会議所連合会、長野県商工会連合会、全国農業協同組合連合会長野県本部、NAGANO WINE応援団運営委員会、長野県。

歯ブラシ交換デー

ハミガキ、歯ブラシなどのオーラルケア製品をはじめとして、暮らしに役立つさまざまな日用品を製造販売するライオン株式会社が制定。歯ブラシは歯と口の健康を守るうえで大切な歯磨きに欠かせない。しかし、一か月間使用することで毛先が開いて歯垢を除去する力が低下してしまうことから、毎月歯ブラシを交換する習慣を広めていくのが目的。日付は歯ブラシの歯（ハ＝８）から毎月８日に。

毎月９日

パソコン検定の日

検定は特定の資格に必要な知識や能力のレベルをチェックすること。そして、級（９）を判断することから毎月９日を記念日としたのは、財団法人全日本情報学習振興協会。

えのすいクラゲの日

神奈川県藤沢市の新江ノ島水族館が制定。同館では2011年１月より毎月９日に「えのすいトリーター」（展示飼育職員）がお客さんと相模湾のクラゲの調査を行い、自然環境や生物の多様性について考える活動を行っている。こうした活動をより多くの人に知らせ、関心を持ってもらうのが目的。日付はクラゲの「ク」から毎月９日に。

毎月９日・19日・29日

クレープの日

クレープをもっと身近なおやつにしたいとの願いから、ケーキ、スイーツを製造販売している株式会社モンテールが制定。日付は数字の９がクレープを巻いている形に似ていることから。毎月９の付く日を記念日とすることでより多くの人にクレープのおいしさを知ってもらうことが目的。

毎月10日

Windows10の日

日本マイクロソフト株式会社が制定。Microsoftのオペレーティングシステム（OS）「Windows10」。パソコンだけでなくさまざまなデバイスにも対応するなど、その進化した魅力あふれる機能を多くの人に知ってもらうのが目的。日付は「Windows10」の名前にちなんで毎月10日に。

スカイプロポーズの日

JPD京都ヘリポートを運営する京都府の株式会社ジェー・ピー・ディー清水が制定。同社の運航会社が行っているヘリコプターの遊覧飛行

「天空の旅」では、空中でプロポーズをするカップルの成功率が高いことから、空中でのプロポーズを「スカイプロポーズ」と名付け、多くの人に結婚を決めるチャンスを提供するのが目的。日付は天空の天(テン)＝10から毎月10日に。

コッペパンの日

日本で初めてパン酵母（イースト）による製パン技術を開発した田辺玄平翁を始祖とする全日本丸十パン商工業協同組合が制定。玄平翁はアメリカで学び、1913（大正２）年に帰国、東京下谷でパン屋を創業。パン酵母を使用してふっくらとしたおいしいパン(コッペパンの元祖)を焼き上げた。丸十のコッペパンをより多くの人に知ってもらうのが目的。日付は丸十の「十」にちなんで毎月10日とした。

糖化の日

老化の原因物質である「AGE（＝Advanced Glycation End Products／終末糖化産物)」。その数値を知ることで病気の予防に役立ててもらおうと、医師やエイジングケアに関連する取組を展開している各種企業・団体で構成されたAGE測定推進協会が制定。AGEはタンパク質と余分な糖が加熱され「糖化」してできる物質で、年齢とともに体内に蓄積され、皮膚の老化や認知症、血管障害などを引き起こすと言われている。日付は糖化(とうか)の語呂合わせから毎月10日に。

パンケーキの日

ハム、ソーセージをはじめとした食肉製品や加工食品、乳製品などさまざまな食品を製造販売する日本ハム株式会社が制定。毎日の食生活で親しまれているパンケーキを、より楽しむ日としてもらうのが目的。日付はパンケーキを食べる時に使うフォークを１に、丸いパンケーキを０に見立て、毎月10日とした。

アメリカンフライドポテトの日

アメリカのポテト業界のためのマーケティングや販促活動を行う「米国ポテト協会」が制定。記念日を通じてアメリカンフライドポテトのさらなる普及促進が目的。日付はアメリカンフライドポテトの形が１のように細長いこと、アメリカンフライドポテトの原料であるラセットポテトの形が楕円形で０のような形をしていること、ポテトの「ト(10)」の語呂合わせなどから毎月10日とした。

毎月10日・20日・30日

キャッシュレスの日

一般社団法人日本キャッシュレス化協会が制定。スマートフォン決済、クレジットカード決済などによるキャッシュレス化を推進するのが目的。キャッシュレス化は現金を持つわずらわしさや盗難などの不安を解消し、ポイントの還元で得をするなど多数のメリットがあると言われる。日付はキャッシュレス＝現金ゼロ（０）で現金を使わないの意味から毎月０（ゼロ）のつく日。１月10日・１月20日・１月30日・２月10日・２月20日・３月10日・３月20日・３月30日・４月10日・４月20日・４月30日・５月10日・５月20日・５月30日・６月10日・６月20日・６月30日・７月10日・７月20日・７月30日・８月10日・８月20日・８月30日・９月10日・９月20日・９月30日・10月10日・10月20日・10月30日・11月10日・11月20日・11月30日・12月10日・12月20日・12月30日の年間35日。

毎月11日

めんの日

数字の１が並ぶこの日は、細く長いめんのイメージにぴったりと、全国製麺協同組合連合会が平成11年11月11日に制定。１年間の中のシンボル的な記念日（11月11日）とともに、毎月11日も、めん類への関心をもってもらう日にしようと同会が制定、11日は「いい」と読めることも理由のひとつ。

ロールちゃんの日

しっとりとしたスポンジ生地とおいしいクリーム。そして、ボリューム感で人気のハンディタイプのロールケーキ「ロールちゃん」。その見た目のかわいらしさとおいしさをより多くの人に知ってもらおうと「ロールちゃん」を製造販売する山崎製パン株式会社が制定。日付はパッケージに描かれているキャラクター「ロールちゃん」の長い両耳が数字の11に似ていることから毎月11日としたもの。

毎月12日

育児の日

社会全体で子育てについて考え、地域が一体になって子育てしやすい環境づくりに取り組むきっかけの日にと、神戸新聞社が制定。日付は育（いく）で1、児（じ）で2を表すことから毎月12日とした。

パンの日

4月12日の「パンの記念日」を参照のこと。

毎月13日

石井スポーツグループ 登山の日

登山用品の専門店として名高く「人と地球のインターフェイス」をコーポレートメッセージとする株式会社ICI石井スポーツが、一人でも多くの人に山に登ってもらい、地球の大自然を肌で感じ「登山」の素晴らしさを体験してもらいたいとの思いから制定。日付は13で「登(と)山(ざん)」と読む語呂合わせから。毎月13日とすることで登山に関するさまざまな啓蒙活動を1年を通じて行っていく。

お父さんの日

毎日働いて一家の大黒柱として頑張っているお父さんに、月に1回、感謝の気持ちを表す日をと株式会社ヤクルト本社が制定。「人も地球も健康に」をコーポレートスローガン掲げる同社の、お父さんが健康にとの願いが込められている。日付は13で「お父（10）さん（3）」の語呂合わせから。

王様の食パンの日

パンや和洋菓子などの製造、販売を手がける株式会社フランソア（福岡県糟屋郡新宮町）が制定。自家製ルヴァン種を使用し、耳までとろけるくちどけのよいプレミアム食パン「王様の食パン」を販売する同社の、朝食の食卓を家族でゆっくりと過ごしてほしいとの願いが込められている。日付はトランプの「王様」のカードである「キング（K）」の数字が13であることから毎月13日としたもの。

一汁三菜の日

和食の素材メーカー（フジッコ株式会社・ニコニコのり株式会社・キング醸造株式会社・株式会社はくばく・株式会社ますやみそ・マルトモ株式会社）で構成する「一汁三菜ぷらす・みらいご飯®」が制定。

いろいろな料理を組み合わせて、さまざまな栄養素がバランスよくとれる「一汁三菜」という和食のスタイルを子どもたちにつなげていくのが目的。日付は13が「一汁三菜」の読み方に似ていることから毎月13日に。

毎月16日

十六茶の日

いくつもの人気ブランド飲料を製造、販売するアサヒ飲料株式会社が制定。同社が手がける健康16素材をブレンドして作られた「十六茶」を飲んで、自分の身体や大切な人を思いやる日にとの願いが込められている。日付は1年を通じて飲んでもらいたいとの思いと「十六茶」の名前から毎月16日に。健康16素材とは、たんぽぽの根、エゴマの葉、発芽大麦、ナツメ、玄米、大麦、小豆、ハブ茶、ごぼう、びわの葉、きび、カワラケツメイ、ハトムギ、とうもろこし、柚子の皮、あわ。

トロの日

全国で「かっぱ寿司」を運営するカッパ・クリエイト株式会社が制定。同社の人気食材であるおいしい「トロ」のネタでお客さんに喜んでもらい、各店舗ならびに業界を活気づけることが目的。日付は16を「トロ」と読む語呂合わせからで毎月16日に。

毎月17日

減塩の日

特定非営利活動法人日本高血圧学会が制定。高血圧の予防や治療において大切な減塩をより多くの人に実践してもらうのが目的。日付は世界高血圧連盟が制定した「世界高血圧デー」(World Hypertension Day)、日本高血圧学会が制定した「高血圧の日」の5月17日から、一年を通じて減塩を進めることを目指して毎月17日としたもの。

国産なす消費拡大の日

冬春なす主産県協議会（岡山・高知・徳島・福岡・熊本・佐賀の6県で構成）が2004年2月9日に制定したもの。4月17日の「なすび記念日」の17日を、毎月なすの消費を増やす日にしようというもの。

いなりの日

日本の食文化の中で多くの人に親しまれているいなり寿司を食べる機

会を増やすきっかけに、いなり寿司の材料を製造販売している株式会社みすずコーポレーションが制定。日付はいなりの「い〜な」で毎月17日に。

毎月18日

防犯の日

日本で初めての警備保障会社として1962（昭和37）年に創業したセコム株式会社が制定。セキュリティのトップカンパニーとして社会の安全化に努めてきた同社の、企業や家庭、個人の防犯対策を毎月この日に見直して「安全、安心」に暮らしてもらいたいとの願いが込められている。日付は18の１を棒に見立てて「防」、８を「犯」とする語呂合わせから。

毎月19日

いいきゅうりの日（４月を除く）

全国のきゅうりの出荷団体など（21のJA、13の県連、１の卸会社）で結成された「いいきゅうりの日プロジェクト」が制定。低カロリーでおいしく、さまざまな料理に活用できるきゅうりの消費拡大が目的。日付は４月を除いた毎月19日で「１（い）い９（きゅう）り」と読む語呂合わせから。ちなみに４月19日はJAあいち経済連の西三河冬春きゅうり部会が「良いきゅうりの日」を登録していることから除いている。

熟カレーの日

熟カレーを発売している江崎グリコ株式会社が制定。日付は「熟（じゅく）」と19の語呂合わせから。また、カレールウは毎月20日前後がよく売れることもその理由のひとつ。材料費が安く、調理も手軽なカレーライスは給料日前によく食べられるという。

シュークリームの日

スーパー、コンビニなどで大人気の「牛乳と卵のシュークリーム」を製造している株式会社モンテールが、シュークリームをより身近なおやつにしたいと制定。日付はシュークリームの語呂と似ている毎月19日とした。

松阪牛の日

日本を代表する和牛の松阪牛の個体識別管理システムの運用が開始された2002年８月19日にちなみ、毎月19日を記念日としたのは、全国で松阪牛を通信販売する株式会社やまとダイニング（千葉県船橋市）。松阪牛のおいしさをアピールし、業界全体を盛り上げるのが目的。

共育の日

日本の代表的な企業による異業種交流の場であり、明日の日本を考えるグループ「フォーラム21・梅下村塾」が制定。子どもの教育に親、地域、学校が共に関わり、共に育み、共に育つ「共育」を考え、実行する日。日付は19が「共育」の「育」に通じるため。毎月19日としたのは、月に一度は次世代のことを考えようとの思いから。

熟成烏龍茶の日

日本コカ・コーラ株式会社が制定。180日以上じっくり熟成させた国産烏龍茶葉を使用し、烏龍茶本来の華やかな香りをしっかりと引き出した同社の「熟成烏龍茶つむぎ」を多くの人に楽しんでもらうのが目的。日付は１と９で「熟成」の「熟（19）」と読む語呂合わせから、年間を通じて「熟成」された烏龍茶本来の豊かな香りと、濃い奥深さを味わってもらうために毎月19日に。また、10月９日も10と９を「熟（19）」と読んで「熟成烏龍茶の日」としている。

毎月20日

シチューライスの日

さまざまな食品の製造加工ならびに販売などを手がけるハウス食品株式会社が制定。「カレーライス」「ハヤシライス」に次いで、シチューをごはんにかける「シチューライス」という食べ方を提案し、多くの方においしく味わってもらうことが目的。日付は「５（ごはん）×（かける）４（シチュー）＝20」と読む語呂合わせから毎月20日としたもの。

信州ワインブレッドの日

長野県長野市に事務局を置く信州ワインブレッド研究会が制定。「信州ワインブレッド」とは、長野県産ぶどうを使用したNAGANO WINEと長野県産小麦を100％使用して作られたパンのこと。ワインの風味がほのかに漂うこのパンの魅力と、農産物の豊かな長野県をPRするのが目的。日付は日本ソムリエ協会が提唱する「ワインの日」が毎月20日であることから、ワインを囲む食事に「信州ワインブレッド」を合わせて楽しんでほしいとの思いが込められている。

発芽野菜の日

一般の野菜よりも数倍栄養が高く、生活習慣病の予防でも注目される発芽野菜（スプラウト）をアピールしようと、発芽野菜を手がける株式会社村上農園（広島市）が制定。日付は20日をハツガと読む語呂合わせから。

毎月21日

木挽BLUEの日

宮崎県宮崎市に本社を置き、焼酎を中心とした酒類の製造販売を行う雲海酒造株式会社が制定。同社が独自開発した酵母「日向灘黒潮酵母」を用いて製造した、すっきりとしてキレがありロックでも飲みやすい本格芋焼酎「木挽BLUE（こびきブルー）」を一年を通して飲んでもらいたいと全国発売した2017年３月21日にちなんで毎月21日を記念日としたもの。その中でも３月21日はシンボル的な日として登録している。

ゼクシオの日（XXIOの日）

ゴルフ用品やテニス用品などのスポーツ用品の販売を手がける株式会社ダンロップスポーツマーケティングが「ゼクシオ（XXIO）」ブランドの誕生20年を記念して制定。同社が販売する「ゼクシオ（XXIO）」は2000年に誕生した業界を代表するゴルフブランド。20年以上の歴史と売上げナンバーワンを誇る「ゼクシオ（XXIO）」の最新情報を毎月発信することが目的。日付は「ゼクシオ」は21世紀の100年ブランドとして、ロゴにローマ数字のXXI（21）を入れて表記することから毎月21日としたもの。

マリルージュの日

歌手の夏木マリ氏とパーカッショニストで音楽プロデューサーの斉藤ノヴ氏が代表をつとめる一般社団法人「One of Loveプロジェクト」が制定。同プロジェクトでは音楽とバラで途上国の子どもたちの教育環境の整備と、その母親たちの雇用を支援する活動を行っている。活動の趣旨に賛同してくれる生花店から夏木さんが品種改良から携わった「マリルージュ」という名の赤いバラの収益などを支援に当てていることから、「マリルージュ」の認知度を高め、支援活動に活かすのが目的。日付はプロジェクトで毎年ライブを開いている「世界音楽の日」の6月21日にちなみ、いつも支援を続けている姿勢から毎月21日とした。

毎月22日

カニカマの日（6月を除く）

水産加工品などの製造で知られる石川県七尾市の株式会社スギヨが制定。かに風味かまぼこ「カニカマ」のおいしさをより多くの人に味わってもらうのが目的。日付は、かにのハサミの形状が漢字の「二二」に似ていることから毎月22日を記念日に。なお、6月22日は「かにの日」なので、本物のかにへ敬意を表して除いている。

デルちゃん誕生の日

関東地方にパチンコ・パチスロ店チェーンを展開するジャンジャングループが制定。グループのマスコットキャラクター「デルちゃん」の誕生日（4月22日）にちなみ、毎月22日はパチンコ・パチスロの楽しさをより多くのお客様に伝えようとホール全体で盛り上げるのが目的。

禁煙の日

タバコの害や禁煙の重要性に関する知識の普及をはかり、禁煙を促して受動喫煙の防止を含む社会的な禁煙の推進を図ろうと禁煙推進学術ネットワークが制定。日付は数字の2を白鳥（スワン＝吸わん）に見立てて、毎月22日をスワンスワン＝吸わん吸わんの「禁煙の日」にという語呂合わせから。禁煙推進学術ネットワークには禁煙を推進する12の学会が参加している。

ラブラブサンドの日

しっとりとした2枚の耳なし食パンで具材をサンドし、一袋に2個入った人気商品「ラブラブサンド」。そのおいしさをより多くの人に知ってもらいたいと、パンや菓子の製造販売などを手がける、日糧製パン株式会社（北海道札幌市）が制定。日付は22日を「夫婦」と読む語呂合わせから、夫婦で「ラブラブサンド」をプレゼントして日頃の感謝の気持ちを表すとともに、ラブラブなカップルには「ラブラブサンド」を仲良く分け合い、将来夫婦になってほしいとの願いを込めて毎月22日とした。

毎月23日

国産小ねぎ消費拡大の日

福岡、大分、佐賀、高知、宮城の各県の全国農業協同組合連合会の県本部で作る「小ねぎ主産県協議会」が制定、国産小ねぎの販売促進を目的とする。日付は「小ねぎ記念日」が11月23日なので、23日を毎月のものとした。

乳酸菌の日

体に良い乳酸菌を活用した商品をアピールする日にと、カゴメ株式会社が制定。毎月23日としたのはスーパーマーケットなどの店頭での販売促進を通年で行うため。日付は23で「乳酸」の語呂合わせから。

不眠の日

日本人の半数以上がなんらかの不眠症状を持っているといわれる。しかし、その中の多くの人が対処方法や改善手段の正しい知識を有していないことから、睡眠改善薬などを手がけるエスエス製薬株式会社が制定。不眠の改善について適切な情報発信を行う。日付は２と３で「不眠」と読む語呂合わせから。不眠の症状は一年中起こるので、２月３日に加え、毎月23日も「不眠の日」とした。

毎月24日

ブルボン・プチの日

新潟県柏崎市に本社を置き、数多くの人気菓子を製造販売する株式会社ブルボンが制定。同社が1996年から販売する「プチシリーズ」は手軽に食べられる大きさのビスケットや米菓、スナック類など24種類を展開する。そのバラエティ豊かな品揃えと、色とりどりの細長いパッケージで人気の「プチシリーズ」をさらに多くの人に楽しんでもらうのが目的。日付は24種類にちなんで毎月24日に。同社は「ブルボン・プチの日」の愛称を「プチの日」としている。

毎月25日

プリンの日

牛乳や加工乳、乳飲料、ヨーグルトなどの乳製品メーカーで、オハヨー乳業株式会社（岡山県岡山市）が制定。プリンの人気商品が多いことから制定したもので、日付は25を「プリンを食べると思わずニッコリ」の「ニッコリ」と読む語呂合わせから。

毎月26日

プルーンの日

世界ナンバーワンの生産・販売量を誇るプルーンメーカーのサンスウィートの日本支社、サンスウィート・インターナショナル日本支社が制定。プルーンの魅力の伝えて販売促進につなげるのが目的。日付は２を「プ」６を「ルーン」と読む語呂合わせから。毎月26日を記念日としたのは、１年中おいしいプルーンを食べてもらいたいとの願いを込めてのもの。

毎月29日

ふくの日

総合食品商社の株式会社日本アクセスが制定。一年を通じてさまざまな季節の食材や四季折々のデザインを取り入れた商品があり、幸福な気持ちになれる和菓子。その魅力を伝えることで小売業の和菓子の販売促進企画を進めるのが目的。日付は２と９で幸福な気持ちの福を「ふ（２）く（９）」と読む語呂合わせから毎月29日に。

Piknikの日

日本を代表する飲料ブランドの「Piknik（ピクニック）」を発売する森永乳業株式会社が制定。「Piknik」は紙容器に入った乳製品で、ストロベリー、フルーツ、ヨーグルトテイスト、カフェ・オ・レなどの製品があり、その味のおいしさと常温で賞味期限が90日という保存性の良さが人気。日付は29日を「Piknik」の語尾のニックと読む語呂合わせから。親しみやすい飲み物なので毎月の29日を記念日とした。

毎月30日

サワーの日

焼酎、清酒、ソフトアルコール飲料、調味料などの商品の製造、販売を手がける宝酒造株式会社（京都府京都市）が制定。甲類焼酎を炭酸で割って飲む「サワー」をもっと多くの人に楽しんでもらい、サワー市場全体を盛り上げるのが目的。日付は一年を通じて月末に同僚や友人、家族と一緒に「サワー」を飲んで絆を深めてほしいとの思いと、30を「サ（3）ワ（輪＝0）ー」と読む語呂合わせから毎月30日に。

EPAの日

水産事業や食品事業などを手がける日本水産株式会社が制定。EPAとは魚に多く含まれるエイコサペンタエン酸の略称で、中性脂肪を減らしたり、動脈硬化などの予防をする働きがある。日付は肉中心の生活を送る現代人に肉（29）を食べた次の日（30）には魚を食べてEPAを摂取して、バランスよい食生活を一年中送ってほしいという思いを込めて毎月30日に。

毎月第2土曜日

VSOP運動の日

公益社団法人日本青年会議所の経世済民会議が制定。企業や商店が本業を通じて定期的に地域へ社会貢献を行うVSOP運動をより多くの人に知ってもらうのが目的。日付は本業が休みで翌日は休息が取れるため、本業に支障をきたさずに活動できるとの思いから月初と月末を外した毎月第2土曜日に。ちなみにVSOPとは「Volunteer Service One day Project」の略。

毎月第3木曜日

「森のたまご」の日

コクとうまみ、鮮度と栄養価で人気の鶏卵「森のたまご」を製造販売するイセ食品株式会社が11月18日と毎月第3木曜日に制定。ブランドたまごの定番と称される「森のたまご」の素晴らしさを多くの人に知ってもらうのが目的。「森のたまご」の「森」の字には「木」が3つあることから第3木曜日としたもの。

毎月第3土曜日

オコパー・タコパーの日

「オコパー・タコパー」とは、お好み焼パーティ・たこ焼パーティのこと。お好み焼とたこ焼はみんなで調理を楽しめて食卓が盛り上がるだけでなく、食材費も安くできる素晴らしい団らんメニューであることから、お好み焼粉、たこ焼粉を製造販売する日清フーズ株式会社が制定。日付は家計に優しい料理なので、給料日前となることの多い毎月の第3土曜日としたもの。

年によって日付が変わる記念日

29日の金曜日

キン肉マンの日

1979年に集英社の「週刊少年ジャンプ」に連載されて以来、多くのファンを獲得した日本を代表する漫画・アニメ作品「キン肉マン」(ゆでたまご原作)の記念日をと集英社が2008年に制定。日付はキン(金曜日)と肉(29日)を組み合わせたもので、1年に数回しか巡ってこない。

筋肉を考える日

森永製菓株式会社が制定。日常生活を元気に、健康に過ごすのに大切な筋肉。その筋肉の材料としてタンパク質(プロティン)が必須であることから、筋肉の重要性を考えるとともにタンパク質との関係性を知って、日常的にタンパク質を摂ってもらうのが目的。日付は「筋肉」から「金(筋)曜日が29(肉)日になる日」に。

コラム8

記念日、その日付の決め方

記念日の日付の決め方で最も多いのは語呂合わせによるもの。日本記念日協会に認定登録されている記念日のうち半数以上は、その記念日の名称や内容に合わせた数字の語呂合わせから制定されている。

なぜなら日付は1月から12月までと1日から31日までの数字の組み合わせでできているので語呂合わせにしやすい。その数字も1は語感から「い」とか「いち」とか「ひと」「一」「ワン」などと読むことができるし、2は「に」はもちろん「ふた」とか「二」「ツー」などに使える。3は「み」「みつ」「さん」「三」「山」「酸」「スリー」などで、4は「よ」「し」「よん」「よつ」「四」「フォー」などさまざまに応用して当てはめられる。

平仮名だけでなくカタカナや漢字、英語とバリエーション豊かな使い分けができる日本の言葉だからこそこれほど多くの語呂合わせによる記念日ができるのだろう。

例えば2月13日の「日本遺産の日」は文化庁から記念日登録申請を受けた記念日だが、日付は日本（2）遺産（13）の語呂合わせ。中には「日本遺産の日」が語呂合わせで良いのかとの意見もあったが、語呂合わせもまた日本の大切な言葉文化のひとつ。

日付の決め方で他に多いのは数字の形に由来するもの。その代表的な例が11月11日に集中している棒状のものの記念日である。

「うまい棒の日」「スティックパンの日」「串カツ田中の日」「チンアナゴの日」「長野県きのこの日」「めんの日」「きりたんぽの日」「ポッキー＆プリッツの日」など、どれも数字の1に似た棒の形のものばかり。

歴史的な日を記念日にするケースも少なくない。例えば11月3日の「ゴジラの日」は第1作が公開された日で、6月10日の「ミルクキャラメルの日」は初めて発売された日。サッカーのJリーグの最初の試合が行われた5月15日は「Jリーグの日」となった。

この他には年中行事や暦に相乗りした記念日。その業界に関係する団体が設立された日。野菜などその形や収穫期に設けた記念日。人物やキャラクターの誕生日など、それぞれに制定者の想いが日付に込められている。

1年間に複数日ある記念日

とちぎのいちごの日

1月25日／2月25日／3月25日

JA全農とちぎに事務局を置く栃木いちご消費宣伝事業委員会が制定。1968（昭和43）年からいちごの生産量日本一を誇る栃木県。「とちおとめ」「スカイベリー」などおいしい栃木のいちごをより多くの人に知ってもらい、食べてもらうのが目的。日付はいちごの流通の多い1月から3月中とし、「と（10）ちぎのいちご（15）」で10＋15＝25で25日をそれぞれ記念日としたもの。

主婦休みの日

1月25日／5月25日／9月25日

年中無休で家事や育児に頑張る主婦が、ほっと一息ついて自分磨きやリフレッシュするための休日が「主婦休みの日」で、1月25日、5月25日、9月25日が記念日。女性のための生活情報紙を発行する株式会社サンケイリビング新聞社が中心となり制定。日付は年末年始、ゴールデンウィーク、夏休みなどの主婦が忙しい時期のあとの年3日を設定したもので、日頃は家事や育児を主婦に任せがちなパパや子どもたちが家事に取り組み、その価値を再認識する日との提唱も行っている。

菜の日

1月31日／3月31日／5月31日／7月31日／8月31日／10月31日／12月31日

「1日5皿分（350グラム）以上の野菜と200グラムの果物を食べましょう」と呼びかけて、食育活動などを行っている一般社団法人ファイブ・ア・デイ協会が制定。野菜中心の健康的な食生活を広めるのが目的。記念日名は野菜の「菜」からで、日付は31を野菜の「菜（さい）」と読む語呂合わせから毎月31日に。月末を「カラダの決算日」として継続的、定期的な取り組みを行う。

巻寿司の日

立春の前日（2月3日頃）／立夏の前日（5月4日頃）／立秋の前日（8月6日頃）／立冬の前日（11月6日頃）

季節の始まりを表す立春、立夏、立秋、立冬の前日の節分。まさに季節を分けるその日に巻寿司を丸かぶりすると幸福が訪れるといわれていることから、巻寿司の材料となる玉子焼、味付干瓢などを製造販売する株式会社あじかん（広島県広島市）が制定。

ハンドメイドの日

2月第4日曜日／10月第4日曜日

子どもから大人まで手作りの楽しさ、クラフト作品の良さを知ってもらうことを目的に、手作り・クラフトの総合情報検索サイト「手作り市場 あ～てぃすと」の運営、クラフトイベント、体験教室の企画運営をしている神奈川県横浜市に本拠を置く有限会社アドバンスネクストが制定。日付はハンドメイドは2つの手、10本の指を使って創ることから2月と10月に、そして「サンデー フォア クラフト」（クラフトのための日曜日）の言葉から、フォアを数字の4と見立てて第4日曜日としたもの。

スマートストックの日

3月6日／9月6日

2011年3月11日の東日本大震災以降、災害時の資源の有効活用意識が高まりを見せている。無駄な買占めをせずに、災害時に必要な量を備えてストックすることを啓発しようと「キリンアルカリイオンの水」が制定。日付は震災からほぼ1年を経た3月6日を「み（3）なおす、む（6）だなく」と読む語呂合わせから。9月6日も「スマートストックの日」。

防災用品点検の日

3月1日／6月1日／9月1日／12月1日

関東大震災の起きた9月1日をはじめとして季節の変わり目となる年4回、防災用品の点検を行い災害に備えようと、防災アドバイザーの山村武彦氏が提唱。

マルヨのほたるいかの日

3月10日／4月3日

兵庫県美方郡香美町に本社工場を置き、かにみそ、ほたるいか製品などの海産物の食品を製造するマルヨ食品株式会社が制定。兵庫県が漁獲量日本一を誇る「ほたるいか」を全国に知らせるとともに、ほたるいかを使用した商品のPRが目的。日付は3月10日はほたるいかの水揚げが本格的に始まる時期であることと山陰地方の山（さん＝3）で

3月、ほたるいかの足が10本なので10日。4月3日はほたるいか漁の最盛期が4月で、山陰地方の山（さん＝3）で3日としたもの。

ミールオンデマンドの給食サービスの日

3月16日／9月4日

岡山県倉敷市に本社を置き、高齢者福祉施設や病院などに配食を行う株式会社ミールオンデマンドが制定。同社が展開するセントラルキッチン方式のクックチル食材による給食直営サービスを広めるのが目的。記念日は3月16日と9月4日で、日付の由来は3と16で「ミール」、9と4で「給食」と読む語呂合わせから。

酒風呂の日

3月21日／6月21日／9月23日／12月22日

［年によって変わる］日本酒製造の責任者である杜氏（とうじ）と同じ読み方の冬至や、四季の節目である春分、夏至、秋分の日に「湯治」として酒風呂に入り、健康増進を図ろうと銘酒「松尾」の蔵元、株式会社高橋助作酒造店（長野県信濃町）勤務の高橋邦芳氏が制定。

モンストの日

4月10日／4月20日／4月30日

ソーシャル・ネットワーキングサービス（SNS）のmixi（ミクシィ）を運営し、「モンスターストライク」（略称・モンスト）などのスマートフォン向けゲームの開発運営などを手がける株式会社ミクシィが制定。「モンスト」は、みんなで集まってプレイすることが最大の魅力のゲーム。記念日をきっかけにさらに多くの人に楽しんでもらうのが目的。日付は最大4人で協力して遊ぶゲームであることから4月とし、10年、20年、30年と長く続くゲームであるようにとの願いから10日、20日、30日の3日間としたもの。

大人の日

4月22日／11月22日

ケチャップ、デミグラスソースなど、洋食分野の世界的ブランドとして知られるハインツ。その日本における企業、ハインツ日本株式会社が制定。自社商品「大人むけパスタ」「大人むけスープ」などをPRし、「大人な時間・気分」の演出を食卓から応援していくことが目的。日付は

4月22日が「よい夫婦の日」、11月22日が「いい夫婦の日」として知られている「大人の日」であることから。

洗車の日

4月28日／11月28日

洗車を行い、愛車を「良い艶をもったクルマにしましょう」と、一般社団法人・自動車用品小売業協会が4月28日と11月28日を「洗車の日」に制定。日付は、4と28で「ヨイツヤ（良い艶）」、11と28で「イイツヤ（良い艶）」と読む語呂合わせから。

畳の日

4月29日／9月24日

イ草の美しい緑色から長年「みどりの日」として親しまれていた4月29日と、環境衛生週間の始まりの日であり「清掃の日」である9月24日を「畳の日」としたのは全国畳産業振興会。畳のもつ住宅材としての素晴らしさや、敷物としての優れた点をアピールしていく日。

まがたまの日

6月9日／9月6日

古くから健康を守り、魔除けとなり、幸運を招くとされる勾玉（まがたま）。その出雲型勾玉を皇室や出雲大社に献上している株式会社めのや（島根県松江市）が制定。日付は数字の6と9の形がまがたまの形と似ていることから、この2つの数字を組み合わせた6月9日と9月6日を「まがたまの日」とした。

愛知のいちじくの日

7月19日／8月19日／9月19日／10月19日

県の特産物であり日本一の出荷量を誇る愛知県産のいちじくを、もっと多くの人にアピールして、そのおいしさを知ってもらおうとJAあいち経済連が制定。日付は愛知県産のいちじくが数多く出回る7月から10月までの4か月の、「いちじく」の語呂合わせからそれぞれ19日とした。いちじくは古くから栽培されていた果実で、果糖、ブドウ糖、ビタミン、カリウムなどのさまざまな成分が含まれ、食物繊維も豊富な独特の甘みのある果実。

「信州・まつもと鍋」の日

12月19日／1月19日／2月19日

長野県の松本市、松本大学、JA松本ハイランド、JA松本市が連携して、松本の農産物をふんだんに使った名物となる鍋を作るために結成した「おいし信州ふーど・信州まつもと鍋開発プロジェクトチーム」が制定。家族や仲間が集い、松本のおいしい食材の鍋で、あたたかく幸せになってもらうのが目的。日付はあたたかい鍋がおいしい冬を表す12月、１月、２月で、食べ物の「食(しょく)」の語呂合わせでそれぞれの月の19日とした。長野県おいしい信州ふーど事業の一環。

資料編

人生の節目の行事……………………276
結婚記念日一覧……………………278
賀寿（長寿祝い）一覧……………………279
二十四節気および雑節の日付………280
二十四節気と七十二候一覧…………282
索引……………………………………286
日本記念日協会の記念日登録制度について
……………………………………………309

人生の節目の行事

帯祝い	妊娠５か月目の戌の日に「岩田帯」と呼ばれる腹帯を巻いて、安産を願う。多産、安産で知られる犬にあやかり、戌の日に行う。
出産祝い	赤ちゃんの誕生を祝い、妊婦の出産をねぎらう。母子の状態が落ち着くのを待って、お七夜から初宮参りまでを目安に行う。
お七夜（しちや）	赤ちゃんが生まれた日から数えて七日目のお祝いで、この日に命名を行うことも多い。平安朝の貴族社会などで行われた産養い（３日目、５日目、７日目、９日目）の名残といわれている。
初宮参り	生後初めて産土神（うぶすながみ）さま（生まれた土地の守護神）または氏神さまにお参りすること。男児は生後31日目、女児は33日目に行うのが一般的だが、50日目、100日目に行われる地方もある。
お食（く）い初（ぞ）め	生後100日目に行われる儀式で、赤ちゃんが「一生食べるものに苦労しないように」との願いを込めて、赤飯、尾頭付きの鯛、煮物、吸い物などを膳に並べる。関西では「歯固め」ともいう。
初正月	生まれて初めて迎える正月の祝い。男児には破魔弓、女児には羽子板を贈る。
初節句	生まれて初めて迎える節句の祝い。男児は端午の節句（５月５日）、女児は上巳の節句（３月３日）に盛大に祝う。
初誕生	赤ちゃんが健やかに育つことを願って、１歳の誕生日に行う祝い。年齢計算はかつては正月を越すたびに年をとる「数え年」に基づいていた。

七五三	それまでの子供の成長に感謝し、将来の幸せを祈るもので、11月15日前後に行われる。男児は3歳と5歳、女児は3歳と7歳に行う。かつては数え年に基づいていたが、近年は満年齢に基づくことも多い。日にちは、江戸幕府将軍・徳川綱吉の長男徳松の祝いが11月15日に行われたことに由来する。
十三参り	主に関西の行事で、もともとは女児の13歳のお祝いだったが、近年は男女問わず行われる。かつては旧暦3月13日に智慧と慈悲の象徴である虚空蔵菩薩にお参りしたが、現在は新暦の4月13日前後にお参りする。
成人式	大人の仲間入りを祝う20歳の儀式。かつては、男児は15歳で「元服」、女児は13歳で「髪上」の儀式を行っていた。
厄年	数え年で、男性は25歳と42歳、女性は19歳と33歳となる年は災難に見舞われやすいと考えられ、当該年を「本厄」、その前後を「前厄」「後厄」と呼ぶ。厄災を避けるため、厄除けや厄払いを受ける習慣がある。

結婚記念日一覧

結婚記念日を祝うのはもともとイギリスの習慣で、この日に記念日名にちなんだものを夫婦で贈り物を交換することになっている（当初は５年、15年、25年、50年、60年の節目のみであったといわれる）。日本への導入は意外に早く、明治天皇が1894（明治27）年３月９日に「銀婚式」（大婚二十五年祝典）を実施している。

下表は一般的なイギリス式の呼称(国によってさまざまな呼称がある)。記念日に冠される「物」は、基本的には柔らかいものから硬いもの、あるいは徐々に高価なものに変わっていく傾向がみられる。

１周年	紙婚式	10周年	アルミ婚式	35周年	珊瑚婚式
２周年	綿婚式	11周年	鋼鉄婚式	40周年	ルビー婚式
３周年	革婚式	12周年	絹婚式	45周年	サファイア婚式
４周年	花婚式	13周年	レース婚式	50周年	金婚式
５周年	木婚式	14周年	象牙婚式	55周年	エメラルド婚式
６周年	鉄婚式	15周年	水晶婚式	60周年	ダイヤモンド婚式
７周年	銅婚式	20周年	磁器婚式	70周年	プラチナ婚式
８周年	青銅婚式	25周年	銀婚式		
９周年	陶器婚式	30周年	真珠婚式		

賀寿（長寿祝い）一覧

記念日ではないが、賀の祝いのひとつである長寿祝いを紹介する。「還暦」「古希」といった祝い歳は、中世以降に慣用されるようになったという。なお還暦は、本来は数え年で祝うものだが、現在では満年齢で祝うことも多い。祝い歳の名称と意味は以下のとおり。

歳	名称	意味
61歳	還暦（かんれき）	十干十二支（じっかんじゅうにし）が一巡して生まれ年の干支に戻ること。本卦還り（ほんけがえり）ともいう。「生まれ直し」を意味することから、赤色の頭巾や座布団を贈る習慣がある（赤色は魔除けの色）。華甲（かこう）とも（「華」の字を分解すると、十が６つ、一がひとつで61となるため。「甲」は「甲子（きのえね）」の意で十干十二支のはじまりを表す）。
70歳	古希（こき）	唐の詩人・杜甫（とほ）の曲江詩にある「人生七十古来稀」（人生70年生きる人は古くからまれである）に由来。お祝いの色は紫色。
77歳	喜寿（きじゅ）	「喜」の草書体が七十七と読めることから。お祝いの色は紫色。
80歳	傘寿（さんじゅ）	「傘」の略字「仐」が八十と読めることから。お祝いの色は紫色。
88歳	米寿（べいじゅ）	「米」の字を分解すると八十八と読めることから。「米（よね）の祝い」とも。お祝いの色は黄色。
90歳	卒寿（そつじゅ）	「卒」の略字「卆」が九十と読めることから。お祝いの色は紫色。
99歳	白寿（はくじゅ）	「百」の字から「一」を引いた「白」を九十九と見なせることから。お祝いの色は白色。
100歳	百寿（ももじゅ）	文字どおりの意味。「ひゃくじゅ」の読みもあり。紀寿（きじゅ）ともいう（「紀」は１世紀＝100年を表す）。
108歳	茶寿（ちゃじゅ）	「茶」の字を分解すると、十が２つと八十八となり合わせて100となることから。
111歳	皇寿（こうじゅ）	「皇」の字を分解すると、「白」を99、「王」を12と見立てられるため。「川寿（せんじゅ）」とも（「川」の字を111に見立てて）。
120歳	大還暦（だいかんれき）	還暦を二巡したという意味。「昔寿（せきじゅ）」とも（「昔」の字を十が２つと百と読めるため）。

二十四節気および雑節の日付

二十四節気（にじゅうしせっき）

暦の上で気候の移り変わりを示したもので、全部で24ある。太陽が春分点から出発して再び春分点に達するまでの１年を24等分し、それぞれに節気を設けている。なお、もともと古代中国で成立したものなので、地域や時期によっては、時期や気候が合致しない場合がある。

二十四節気	令和2年（2020年）	令和3年（2021年）	令和4年（2022年）	令和5年（2023年）	令和6年（2024年）
小　寒	1月6日	1月5日	1月5日	1月6日	1月6日
大　寒	1月20日	1月20日	1月20日	1月20日	1月20日
立　春	2月4日	2月3日	2月4日	2月4日	2月4日
雨　水	2月19日	2月18日	2月19日	2月19日	2月19日
啓　蟄	3月5日	3月5日	3月5日	3月6日	3月5日
春　分	3月20日	3月20日	3月21日	3月21日	3月20日
清　明	4月4日	4月4日	4月5日	4月5日	4月4日
穀　雨	4月19日	4月20日	4月20日	4月20日	4月19日
立　夏	5月5日	5月5日	5月5日	5月6日	5月5日
小　満	5月20日	5月21日	5月21日	5月21日	5月20日
芒　種	6月5日	6月5日	6月6日	6月6日	6月5日
夏　至	6月21日	6月21日	6月21日	6月21日	6月21日
小　暑	7月7日	7月7日	7月7日	7月7日	7月6日
大　暑	7月22日	7月22日	7月23日	7月23日	7月22日
立　秋	8月7日	8月7日	8月7日	8月8日	8月7日
処　暑	8月23日	8月23日	8月23日	8月23日	8月22日
白　露	9月7日	9月7日	9月8日	9月8日	9月7日
秋　分	9月22日	9月23日	9月23日	9月23日	9月22日
寒　露	10月8日	10月8日	10月8日	10月8日	10月8日
霜　降	10月23日	10月23日	10月23日	10月24日	10月23日
立　冬	11月7日	11月7日	11月7日	11月8日	11月7日
小　雪	11月22日	11月22日	11月22日	11月22日	11月22日
大　雪	12月7日	12月7日	12月7日	12月7日	12月7日
冬　至	12月21日	12月22日	12月22日	12月22日	12月21日

＊上記日付は節入りの日で、各節気は次の節気の前日までをいう。

雑節（ざっせつ）

二十四節気の他に１年の季節の移り変わりを的確に表すために生まれたもの。節分、八十八夜、入梅、半夏生、土用などで、年中行事となっているものが多い。

雑節	令和2年(2020年)	令和3年(2021年)	令和4年(2022年)	令和5年(2023年)	令和6年(2024年)
土用	１月18日	１月17日	１月17日	１月17日	１月18日
節分	２月３日	２月２日	２月３日	２月３日	２月３日
彼岸	３月17日	３月17日	３月18日	３月18日	３月17日
社日	３月16日	３月21日	３月16日	３月21日	３月15日
土用	４月16日	４月17日	４月17日	４月17日	４月16日
八十八夜	５月１日	５月１日	５月２日	５月２日	５月１日
入梅	６月10日	６月11日	６月11日	６月11日	６月10日
半夏生	７月１日	７月２日	７月２日	７月２日	７月１日
土用	７月19日	７月19日	７月20日	７月20日	７月19日
二百十日	８月31日	８月31日	９月１日	９月１日	８月31日
二百二十日	９月10日	９月10日	９月11日	９月11日	９月10日
彼岸	９月19日	９月20日	９月20日	９月20日	９月19日
社日	９月22日	９月27日	９月22日	９月27日	９月21日
土用	10月20日	10月20日	10月20日	10月21日	10月20日

＊土用の日付は「入り」の日で、この日を含めて18～19日間が土用の期間となる。
＊彼岸の日付は「入り」の日で、この日から数えて７日間が彼岸の期間となる。
＊八十八夜、二百十日、二百二十日の日数は、二十四節気の立春（２月４日ごろ）から数えたもの。
＊「土用丑の日」については、上巻７月末尾の項を参照のこと。

二十四節気と七十二候一覧

七十二候とは、二十四節気それぞれを三分割し、季節の移り変わりをより細かく表現したものである。二十四節気同様、もともとは古代中国で考案されたものであるが、日本に導入されてからは日本の気候風土に合わせて変更されている。

二十四節気	候	月日（頃）	七十二候（名称・読み方）	意　味
りっしゅん 立春 （２月４日頃）	初候	４～８日	はるかぜこおりをとく 東風解凍	春の風が氷を解かす
	次候	９～13日	こうおうけんかんす 黄鶯睍睆	鶯が鳴きはじめる
	末候	14～18日	うおこおりをいずる 魚上氷	水中の魚が氷の間から出てくる
うすい 雨水 （２月19日頃）	初候	19～23日	つちのしょううるおいおこる 土脉潤起	地面が水分を含んでしっとりしてくる
	次候	24～28日	かすみはじめてたなびく 霞始靆	霞が棚引きはじめる
	末候	１～５日	そうもくめばえいずる 草木萌動	草木が芽生えはじめる
けいちつ 啓蟄 （３月６日頃）	初候	６～10日	すごもりむしとをひらく 蟄虫啓戸	巣ごもっていた虫が外に出てくる
	次候	11～15日	ももはじめてさく 桃始笑	桃の花が咲きはじめる
	末候	16～20日	なむしちょうとなる 菜虫化蝶	青虫が成長して蝶になる
しゅんぶん 春分 （３月21日頃）	初候	21～25日	すずめはじめてすくう 雀始巣	雀が巣を作りはじめる
	次候	26～30日	さくらはじめてひらく 桜始開	桜の花が咲きはじめる
	末候	31～４日	かみなりすなわちこえをはっす 雷乃発声	雷が鳴りはじめる
せいめい 清明 （４月５日頃）	初候	５～９日	つばめきたる 玄鳥至	燕が南から飛来する
	次候	10～14日	こうがんかえる 鴻雁北	雁が北へ帰る
	末候	15～19日	にじはじめてあらわる 虹始見	虹が初めて見える

穀雨（こくう）（４月20日頃）	初候	20～24日	葭始生（あしはじめてしょうず）	水辺に葦が生えはじめる
	次候	25～29日	霜止出苗（しもやんでなえいずる）	霜が降りなくなり、苗が育ってくる
	末候	30～４日	牡丹華（ぼたんはなさく）	牡丹の花が咲く
立夏（りっか）（５月５日頃）	初候	５～９日	鼃始鳴（かわずはじめてなく）	蛙が鳴きはじめる
	次候	10～14日	蚯蚓出（みみずいずる）	ミミズが地上に這い出る
	末候	15～20日	竹笋生（たけのこしょうず）	竹の子が生える
小満（しょうまん）（５月21日頃）	初候	21～25日	蚕起食桑（かいこおきてくわをはむ）	蚕が桑の葉を盛んに食べはじめる
	次候	26～30日	紅花栄（べにばなさかう）	紅花が盛んに咲く
	末候	31～５日	麦秋至（むぎのときいたる）	麦が熟して黄金色になる
芒種（ぼうしゅ）（６月６日頃）	初候	６～10日	蟷螂生（かまきりしょうず）	カマキリが生まれる
	次候	11～15日	腐草為蛍（くされたるくさほたるとなる）	腐った草がホタルになる
	末候	16～20日	梅子黄（うめのみきなり）	梅の実が黄色くなる
夏至（げし）（６月21日頃）	初候	21～26日	乃東枯（なつかれくさかるる）	夏枯草(かこそう)が枯れる
	次候	27～１日	菖蒲華（あやめはなさく）	あやめの花が咲く
	末候	２～６日	半夏生（はんげしょうず）	半夏（からすびしゃく）が生えはじめる
小暑（しょうしょ）（７月７日頃）	初候	７～11日	温風至（あつかぜいたる）	熱い風が吹いてくる
	次候	12～16日	蓮始開（はすはじめてひらく）	蓮の花が咲きはじめる
	末候	17～22日	鷹乃学習（たかすなわちがくしゅうす）	鷹の幼鳥が飛び方を学びはじめる
大暑（たいしょ）（７月23日頃）	初候	23～27日	桐始結花（きりはじめてはなをむすぶ）	桐の実が固くなる
	次候	28～１日	土潤溽暑（つちうるおいてむしあつし）	土がじめじめして蒸し暑い
	末候	２～６日	大雨時行（たいうときどきふる）	時として大雨が降る

節気	候	日付	七十二候	意味
立秋（りっしゅう） （8月7日頃）	初候	7～12日	涼風至（すずかぜいたる）	涼しい風が吹きはじめる
	次候	13～17日	寒蟬鳴（ひぐらしなく）	ひぐらしが鳴きはじめる
	末候	18～22日	蒙霧升降（ふかききりまとう）	深い霧が立ち込める
処暑（しょしょ） （8月23日頃）	初候	23～27日	綿柎開（わたのはなしべひらく）	綿の萼(がく)が開く
	次候	28～1日	天地始粛（てんちはじめてさむし）	ようやく暑さが収まる
	末候	2～7日	禾乃登（こくものすなわちみのる）	粟や稲などが実る
白露（はくろ） （9月8日頃）	初候	8～12日	草露白（くさのつゆしろし）	草に降りた露が白く光って見える
	次候	13～17日	鶺鴒鳴（せきれいなく）	せきれいが鳴きはじめる
	末候	18～22日	玄鳥去（つばめさる）	燕が南へ帰る
秋分（しゅうぶん） （9月23日頃）	初候	23～27日	雷乃収声（かみなりすなわちこえをおさむ）	雷が鳴らなくなる
	次候	28～2日	蟄虫坏戸（むしかくれてとをふさぐ）	虫が巣ごもりしはじめる
	末候	3～7日	水始涸（みずはじめてかるる）	田んぼから水を抜いて乾かす
寒露（かんろ） （10月8日頃）	初候	8～12日	鴻雁来（こうがんきたる）	雁が飛来する
	次候	13～17日	菊花開（きくのはなひらく）	菊の花が咲く
	末候	18～22日	蟋蟀在戸（きりぎりすとにあり）	キリギリスが家のなかで鳴く
霜降（そうこう） （10月23日頃）	初候	23～27日	霜始降（しもはじめてふる）	霜が降りはじめる
	次候	28～1日	霎時施（こさめときどきふる）	時雨が降るようになる
	末候	2～6日	楓蔦黄（もみじつたきばむ）	紅葉や蔦の葉が色づきはじめる
立冬（りっとう） （11月7日頃）	初候	7～11日	山茶始開（つばきはじめてひらく）	山茶花（さざんか）が咲きはじめる
	次候	12～16日	地始凍（ちはじめてこおる）	大地が凍りはじめる
	末候	17～21日	金盞香（きんせんかさく）	水仙の花が咲く

小雪（しょうせつ） （11月22日頃）	初候	22～27日	虹蔵不見（にじかくれてみえず）	虹が見られなくなる
	次候	28～2日	朔風払葉（きたかぜこのはをはらう）	北風が木の葉を払う
	末候	3～6日	橘始黄（たちばなはじめてきばむ）	橘の葉が黄色くなる
大雪（たいせつ） （12月7日頃）	初候	7～11日	閉塞成冬（そらさむくふゆとなる）	天地の気が塞がって真冬になる
	次候	12～15日	熊蟄穴（くまあなにこもる）	熊が冬眠する
	末候	16～21日	鱖魚群（さけのうおむらがる）	鮭が群がって川を遡上する
冬至（とうじ） （12月22日頃）	初候	22～26日	乃東生（なつかれくさしょうず）	夏枯草が芽を出す
	次候	27～31日	麋角解（さわしかつのおる）	大鹿の角が落ちる
	末候	1～5日	雪下出麦（ゆきわたりてむぎのびる）	雪の下で麦が芽を出す
小寒（しょうかん） （1月6日頃）	初候	6～9日	芹乃栄（せりすなわちさかう）	芹が繁茂する
	次候	10～14日	水泉動（しみずあたたかをふくむ）	地中で凍った泉が動きはじめる
	末候	15～19日	雉始雊（きじはじめてなく）	雉の雄が雌を求めて鳴きはじめる
大寒（だいかん） （1月20日頃）	初候	20～24日	款冬華（ふきのはなさく）	蕗の花が咲きはじめる
	次候	25～29日	水沢腹堅（さわみずこおりつめる）	沢の水が厚く凍る
	末候	30～3日	鶏始乳（にわとりはじめてとやにつく）	鶏が卵を産みはじめる

索引

「＊」付きの日付は、年によって日付が変わりますので、ご留意ください(二十四節気や雑節など、年によって日付が変わるものに準じているため)。

あ

アースナイトデー 11.24
アート引越センターの日 1.23
アーモンドの日 1.23
アーモンドミルクの日 5.30
愛妻感謝の日 1.31
愛菜の日 1.31
愛しとーとの日 10.10
愛車の日 5.25
アイシングクッキーの日 11.9
アイスクリームの日 5.9
愛知のいちじくの日 7.19, 8.19, 9.19, 10.19
愛知の新たまねぎの日 4.10
アイデアの日 6.1
IT断食の日 11.9
「会いに、走れ。」記念日 3.15
IBDを理解する日 5.19
アイラブミー記念日 2.20
I Love Youの日 8.31
アウトドアスポーツの日 10月第1土曜日
青汁の日 10.26
青森のお米「青天の霹靂」の日 10.10
青森のお米「つがるロマン」の日 10.26
赤からの日 8.2
赤しその日 7.7
赤ちゃん＆こども「カット」の日 3.8
赤ちゃんの日 10.10
赤塚FFCの日 11.9
あかりの日 10.21
アガる日 1.23
秋のメープルもみじの日 9.12
秋のロールケーキの日 9.9
空き家整理の日 8.31
空き家ゼロにの日 8.2
アクションスポーツの日 3.21*（春分）
アクティブシニアの日 5.6
アクワイアの日 12.6
吾郷会の日 10.24
アサイーの日 9.16
朝活の日 8.4
浅田飴の日 9.6
あずきの日 毎月1日
アスパラガスビスケットの日 1.11
アセローラの日 5.12
あったか旭川まんの日 1.25
アップルペイント外壁塗装の日 10.20
穴子の日 7.5
アニバーサリースカイダイビングの日 8.4
あにまるすまいるの日 11.22
アニメの日 10.22
姉の日 12.6
アバの日 4.6
油の日 8.23
アペリティフの日 6月第1木曜日
甘酒ヌーボーの日 11.22*（小雪）
甘酒の日 1.20*（大寒）
Amazonアプリストアの日 11.28
アマタケサラダチキンの日 7.1
雨といの日 10.1
甘党男子の日 5.5
雨漏りの点検の日 6.11
網の日 2.2
飴の日 9.6
アメリカンドッグの日 10.9
アメリカンフライドポテトの日 毎月10日
鮎の日 6.1
アリンコのいいロールケーキの日 11.6
アルカリイオン水の日 7.11
アルソア美肌ラインの日 5.28
アルティメットの日 7.7
アルバムセラピーの日 12.8
アルバムの日 12.5
アルプスの少女ハイジの日(ハイジの日) 8.12
アロエヨーグルトの日 12.10
アロマの日 11.3
アンガーマネジメントの日 6.6
あんこうの日 10.22
アンチエイジングの日 11.14
安藤百福の日 3.5
あんぱんの日 4.4
アンパンマンの日 10.3

いい泡の日 11.8
いい家の日 11.18
いい息の日 11.19
いい育児の日 11.19
いい石の日 11.14
いいイヤホン・ヘッドホンの日 11.18
いい医療の日 11.1
いい色・色彩福祉の日 11.16
いいいろ塗装の日 11.16
いいいろの日 11.16
いい色・琉球びんがたの日 11.16
いいインコの日 11.15
いいえがおの日 11.25
ESWLの日 9.1
いいお産の日 11.3
いい推しの日 11.4
いい音・オルゴールの日 11.10
いい男の日 11.5
いいおなかの日 11.7
いいお肌の日 11.8
いい女の日 11.7
いいかんぶつの日 11.20
いいきゅうりの日 毎月19日（4月除く）
いいくちの日 1.19
いい靴の日 11.9
いい酵母の日 11.5
いい30歳の日 11.30
イーサン・ハントの日 7.13
EGSスリースマイルの日 3.25
イージーパンツの日 8.21
いい刺しゅうの日 11.4
いい地盤の日 11.28
いい獣医の日 11.11
いい塾の日 11.19
いいショッピングQoo10の日 9.10
いいチームの日 11.26
いい地球の日 11.9
イイツーキンの日 11.20
いい出会いの日 11.11
E.T.の日 12.4
いい頭皮の日 11.10
いい友の日 11.10
いい肉の日 11.29
いい入札の日 11.23
いい尿の日 11.24
いいにんじんの日 1.12
いい歯ならびの日 11.8
EPAの日 毎月30日
いいビール飲みの日 11.16
いいひざの日 11.13
イーブイの日 11.21
いい夫婦の日 11.22
いいフォローの日 11.26
いい服の日 11.29
いいフグの日 11.29
イーブックの日 11.29
いいプルーンの日 11.26
いいフルフルの日 11.22
いい風呂の日 11.26
いい文具の日 11.29
いい部屋の日 1.18
いいみょうがの日 6.13
いいよの日 11.4
いい上司（リーダー）の日 11.14
いいレザーの日 11.3
いいレナウンの日 11.7
遺影撮影の日 1.8
イエローハット（黄色い帽子）の日 8.10
イオナの日 10.7
イオン液体の日 11.11
イオンレイクタウンの日 10.2
いか塩辛の日 10.19
イキイキワークワークの日 8.8
壱岐焼酎の日 7.1
イギリスの名車Miniバースデーの日 8.26
育休を考える日 9.19
いぐさの日 6.1
育児の日 毎月12日
イクメンの日 10.19
イケダンの日 6月第3日曜日
いけばなの日 6.6
イケメンの日 2.14
いけんの日（平和への思いを忘れない日） 9.19
遺言の意味を考える日 1.13
遺言の日 1.5
居酒屋で乾杯の日 4.1
石井スポーツグループ 登山の日 毎月13日
石狩鍋記念日 9.15
医師に感謝する日 11.14
石の日 1.4
石ノ森章太郎生誕記念日 1.25
IJIMEQUEST 415の日 4.15
いじめ防止対策を考える日 9.28
出雲ぜんざいの日 10.31
伊勢の神棚の日 10.19
いただきます、やますの日 11.11
イタリア料理の日 9.17
イタリアワインの日 6.2
いちご大福の日 4.15
イチジク浣腸の日 1.19
一汁三菜の日 毎月13日
市田柿の日 12.1
一太郎の日 8.28
一無、二少、三多の日 1.23
胃腸の日 12.11
イチロクの日 1.6
一室入魂の日 1.25
いつでもニットの日 12.10
逸話の日 1.28
糸魚川・七夕は笹ずしの日

7.7
糸魚川・ヒスイの日 5.4
伊藤くんの日 1.10
イトウの日 1.10
イトーヨーカドーの日 8.10
糸引き納豆の日 1.10
糸ようじの日 8.18
いなりの日 毎月17日
「胃に胃散」の日 12.13
生命・きずなの日 5.17
いのちの日 3.11
祈りの日 3.27
遺品整理の日 9.19
今の日 10.10
井村屋あずきバーの日 7.1
イヤホンの日 1.8
イラストレーションの日 1.11
医療用ウィッグの日 10.19
入れ歯感謝デー（歯科技工の日） 10.8
岩下の新生姜の日 11.11
インクルーシブを考える日 1.20
インターホンの日 4.28
インターンの日 1.10
インターンシップの日 1.10
ウィッグ（Wig）の日 3.19
ヴィラデスト・田園記念日 4.16
ウイルソン・バドミントン・キセキの日 8.19
Windows10の日 毎月10日
ウェザーリポーターの日 11.1
ウェディングビデオの日 7.21
魚がし日本一・立喰い寿司の日 6.19
烏骨鶏の日 7.21
宇佐からあげの日（USA☆宇佐からあげ合衆国建国記念日） 7.12
雨水 2.19*
うすいえんどうの日 5.4
うずらの日 5.5
討ち入りの日 12.14
うちエコ！ごはんの日 6.30
美しいまつ毛の日 11.11
ウッドデッキの日 4.18
うどんと和菓子をいっしょに食べる日 6.10
うなぎの未来を考える日 5.22
うな次郎の日 7.26
UNO（ウノ）の日 1.11
うまい棒の日 11.11
うま味調味料の日 7.25
海の日 7月第3月曜日
梅酒の日 6.10*（入梅）
梅の日 6.6
梅干の日 7.30
うらかわ夏いちごの日 7.15
裏ビックリマンの日 10.1
閏日 2月29日
潤う瞳の日 8.8
ウルトラマンの日 7.10
運動器の健康・骨と関節の日 10.8
永遠の日 10.8
映画の日 12.1
榮太樓飴の日 10.3
HAE DAY 5.16
エイトレッド・ワークフローの日 9.26
エイプリルドリームの日 4.1
エイプリル・フール 4.1
永平寺胡麻豆腐の日 5.12
栄養の日 8.4
ALDの日 10.2
AOAの日 10.1
ACアダプターの日 4.10
AGEについて考える日 6.21
AGAスキンクリニック・フサフサの日 11.23
A.T.＆N.T.夫妻交際日 11.30
咲顔（えがお）の日 3.12
駅すぱあとの日 2.22
駅弁の日 4.10
EXILE THE SECOND DAY 2.22
エクステリアの日 11.28
ecuvo.（えくぼ）の日 11.25
エコチュウの日 2.5
エコリングの日 8.5
S-903納豆菌の日 9.3
SKBケースの日 11.18
エステティックサロンの日 3.6
エスニックの日 5.29
エスプレッソの日 4.16
エスロハイパーの日 8.18
絵手紙の日 2.3
江戸切子の日 7.5
干支供養の日 2.11
NFD花の日 12.10
えのすいクラゲの日 毎月9日
えのすいの日 4.16
ヱビスの日 2.25
海老の日 9月第3月曜日
えびフライの日 6.21
FXの日 10.8
エプロンの日 8.8
絵本の日 11.30
恵美子の日 4.13
MBSラジオの日 9.6
エメラルドの日 5.4
LKM512の日 5.12
LG21の日 2.1
LPガスの日 10.10
LPG車の日 10.10

遠距離恋愛の日 12.21
演ジャズの日 10.15
円満離婚の日 2.29
縁結びの日 11.5
おいしいあなごの日 11.5
おいしい小麦粉の日 9.23
おいしいバターの日 8.21
おいしいラーメン 神座の日 7.19
オイルフィルターの日 7.10
おうえんの日 3.11
黄金糖の日 5.10
王様の食パンの日 毎月13日
近江赤ハヤシの日 4.29
オウムとインコの日 6.15
オーガナイズの日 5.30
オーガニック化粧品の日 8.29
オーガビッツの日 8.29
おおきにの日 9.2
オオサンショウウオの日 9.9
オーシャンズ８の日 8.8
大掃除の日 12.13
オーディオブックの日 3.3
オートパーツの日 8.2
大戸屋・定食の日 1.8
オオヒシクイの日（トットの日） 10.10
オープンカーの日 4.5
オーベルジュの日 4.21
オーミケンシ・レーヨンの日 3.4
大晦日 12.31
大麦の日 6.6
オールインワンゲルの日 1.1
おかでんチャギントンの日 3.16
岡山県牛窓産 冬瓜の日 7.10
岡山県産桃太郎トマトの日 10.10
おからのお菓子の日 1.30
おからの日 4.8
オキシクリーンの日 3.14
オキシ漬けの日 3.14
沖縄慰霊の日 6.23
沖縄復帰記念日 5.15
オクラの日 8.7
お香の日 4.18
お好み焼の日 10.10
オコパー・タコパーの日 毎月第3土曜日
オコメールの日 11.23
おじいさんの日 2.2
お赤飯の日 11.23
おそろいの日 11.11
オゾンの日 11.3
おだしの日 10.28
お茶漬けの日 5.17
おでんの日 2.22
お父さんの日 毎月13日
男前豆腐の日 4.4
大人のダイエットの日 10.7
大人の日 4.22, 11.22
オトのハコブネの日 6.17
音の日 12.6
お取り寄せの日 10.4
おにぎりの日 6.18
鬼除け鬼まんじゅうの日 2.3*（節分）
おばあさんの日 8.8
お墓参りの日 9.23*（秋分）
オハナの日 8.7
小浜水産グループ・カンパチの日 8.8
お風呂の日 2.6
お弁当始めの日 4.10
おむすびの日 1.17
おむつの日 6.2
オムレツの日 6.2
思い出横丁の日 11.24
おもちの日 10.10
おもちゃ花火の日 8.7
おもてなしの心の日 11.8
親子でCOOK（くっく）の日 9.9
親子丼の日 8.5
親子の日 7月第4日曜日
親父の日 8.20
おやつの日 8.2
親に会いにいこうの日 8.15
親に感謝の気持ちを伝える日 2.25
オリーゼの日 5.16
おりがみの日 11.11
オリザの米油の日 8.18
オリジナルジグソーパズルの日 8.26
オリジナルTシャツの日 3.1
折箱の日 2.22
オリンピックデー 6.23
オリンピックメモリアルデー 2.7
オレンジデー 4.14
オロナミンCの日 7.3
恩師の日（「仰げば尊し」の日） 3.24
温泉マークの日 2.22
温泉むすめの日 3.15
恩納もずくの日 7.4
おんぶの日 2.2
オンライントレードの日 4.1
オンライン麻雀の日 4.26

か

カーサキューブの日 9.2
ガーナチョコレートの日 2.1
カーネルズ・デー 9.9
カープ黄金時代の幕開けの日 7.19

カーペンターズの日　4.22
介護の日　11.11
海藻サラダの日　9.24
買促の日　8.4
怪談の日　8.13
回転寿司記念日　11.22
回転レストランの日　9.6
貝の日　4.8
甲斐の銘菓「くろ玉の日」　9.6
開発支援ツールの日　6.14
かいわれ大根の日　9.18
香りの記念日　10.30
鏡の日　11.11
鏡開き　1.11
かき揚げの日　11.4
柿渋の日　7.2
柿の日　10.26
かきフライの日　11.21
牡蠣むきの日　9月第3日曜日
確定拠出年金の日　10.1
角ハイボールの日　10.8
家計の見直しの日　3.7
鹿児島黒牛・黒豚の日　9.6
葛西まつりの日　10月第3日曜日
カシスの日　7.23
ガスの記念日　10.31
かずの子の日　5.5
カスピ海ヨーグルトの日　11.18
化石の日　10.15
家族でレストランの日　8月第1土曜日
加須市うどんの日　6.25
堅あげポテトの日　11.8
ガチ勢の日　5.20
ガチャの日　2.17
鰹節の日　11.24
楽器の日　6.6
ガッツポーズの日　4.11
かっぱえびせんの日　8.10
カップスターの日　1.18
カップルの日　2.2
家庭用消火器点検の日　1.19
ガトーショコラの日　9.21
カニカマの日　毎月22日（6月除く）
かにの日　6.22
ガパオの日　6.8
下半身痩せの日　11.10
かばんの日　8.9
カフェオーレの日　8.1
カフスボタンの日　9.23
花粉対策の日　1.23
がま口の日　8.8
釜飯の日　毎月1日
かみ合わせの日　5.5
紙コップの日　5.2
雷山地豆腐の日　10.2
紙飛行機の日　5.8
カミングアウトデー　10.11
亀田の柿の種の日　10.10
からあげクン誕生日　4.15
カラーの日　1.6
カラオケ文化の日　10.17
からしの日　7.16
カラスの日　9.6
からだのレシピシリーズ・生酵素の日　2.22
カリフォルニア・レーズンデー　5.1
かりんとうの日　11.10
カルシウムの日　5.2
カルピスの日　7.7
カレーうどんの日　8.2
カレー南蛮の日　12.1
カレーの日　1.22
カレンダーの日　12.3
カロリーコントロールの日　8.10
川根茶の日　4.21
川の恵みの日　11.1
カワマニの日　3.31
咸宜園の日　2.23
環境・エネルギーに取り組むブルーの日　2.6
菅公学生服の日　1.25
看護の日　5.12
がん支え合いの日　6.21
漢字の日　12.12
感謝状Shopの日　3.9
感謝の日　3.9
元日　1.1
寒天の日　2.16
寒天発祥の日　12.27
寒の土用丑の日
　寒の土用丑の日*(1月末項)
寒露　10.8*
甘露煮の日　6.2
キウイの日　9.1
機関誌の日　10.27
「聴く」の日　4.20
キクマサピンの日　11.1
きしめんの日　10.26
気象記念日　6.1
希少糖の日　11.10
木曽路「しゃぶしゃぶの日」　4.2
木曽路「すきやきの日」4.8
木曽路「肉の日」　2.9
木曽路「ふぐの日」　2.9
北川製菓ドーナツの日　6.6
北本トマトカレーの日　8.21
きりたんぽみそ鍋の日　11.30
キッズクラフトの日　6月第1日曜日
キッズの日はキズケアの日　5.5
キッチン・バスの日　11.2
キットカットのオトナの日　10.7
キップ パイロールの日　8.16
黄ニラ記念日　2.12
キヌアの日　2.20
きのこの山の日　8.11

紀文・いいおでんの日 10.10
きみしゃんいりこの日 11.11
きものの日 11.15
キャタピラン（靴ひも）の日 9.21
キャッシュレスの日 毎月10日・20日・30日
キャットリボン（猫のピンクリボン）の日 10.22
キャディーの日 10.18
キャラディネートの日 8.28
キャンドルナイトの日 6.21*（夏至）
救缶鳥の日 9.9
救急の日 9.9
球根の日 10.10
牛たんの日 9.10
キューテンの日（Q10の日） 9.10
給湯の日 9.10
弓道の日 9.10
キュートナーの日 9.17
牛とろの日 9.16
牛乳の日 6.1
旧友の日 6月第2日曜日
休養の日 9.8
きゅうりのキューちゃんの日 9.9
共育の日 毎月19日
教師の日 10.5
矯正歯科月間の日 6.1
行政書士記念日 2.22
「共創する未来」の日 8.3
きょうだいの日（シブリングデー） 4.10
京和装小物の日 4.15
ギョーザの日 旧正月（2月末頃）
キョロちゃんの日（森永チョコボールの日） 9.6
ギリシャヨーグルトの日 9.1
きりたんぽの日 11.11
切抜の日 3.1
きれいな髪のいいツヤの日 11.28
禁煙の日 毎月22日
菌活の日 5.24
キンカンの日 11.23
金銀の日 8.2
金券の日 10.9
金シャチの日 8.22
金鳥「コンバット」の日 5.10
キン肉マンの日 29日の金曜日
筋肉を考える日 29日の金曜日
筋肉を考える日 5.29
キンレイ感謝の日 11.23
勤労感謝の日 11.23
クイーン・デー 12.12
クイーンの日（QUEENの日） 4.17
クイックルの日 9.19
グーグーの日 9.9
クータ・バインディングの日 9.8
クーパー靭帯（じんたい）の日 9.8
クールジャパンの日 7.31
クエン酸の日 9.3
九九の日 9.9
草の日 9.3
串カツ田中の日 11.11
串の日 9.4
串家物語の日 9.4
九十九島の日 9.19
くじらの日 9.4
釧路ししゃもの日 11.7
くちびるの日 2.2
靴市の日 9.21
Cook happinessの日 9.8
くっつくFM東海ラジオの日 9.29
グッドスーツの日 4.1
靴磨きの日 9.23
くつやの日 9.28
“くつろぎ”の日 9.26
国生みの日 9.23
くにさき七島藺の日 7.10
国実の日 9.23
くまのプーさん原作デビューの日 10.14
熊本甘夏の日 4.1
熊本ばってん下戸だモンの日 9.21
組踊の日 9.3
組立家具の日 11.27
グミの日 9.3
クミンの日 9.30
供養の日 9.4
クラウドの日 9.10
クラウドメディアの日 9.9
クラシアンの日 3.10
クラシックカーの日 11.3
クラッピーの日 8.8
グラノーラの日 10.2
蔵（KURA）の日 11.15
クラブツーリズム・ひとり旅の日 11.11
グランド・ジェネレーションズデー 9月第3月曜日
クリーナーの日 9.7
CREAM SWEETSの日 11.22
グリーンツーリズムの日 3.28
グリーンデー 9.14
グリーンリボンDAY 10.16
クリエイトの日 7.10
クリスタルジェミーの日 9.13
クリスタルボウルの日 6.6
クリスマス 12.25
クリスマス・イヴ 12.24
クルージングの日 9.6
くるみパンの日 毎月3日
クレアおばさんのシチューの日 10.31

クレープの日　毎月9日・19日・29日
クレームの日　9.6
クレーンゲームの日　3.3
クレバの日(908DAY)　9.8
クレバリーホームの日　9.8
黒あめの日　9.6
クロイサの日　9.6
黒い真珠・三次ピオーネの日　9.6
9696（クログロ）の日　9.6
黒酢の日　9.6
黒にんにくの日　9.6
黒の日　9.6
黒豆の日　9.6
黒ラベルの日　4.1
クロレッツの日　9.6
クロレラの日　9.6
桑の日　9.8
毛穴の日　4.18
計画と実行の日　9.5
警察相談の日　9.11
携帯アプリの日　1.26
携帯ストラップの日　4.1
啓蟄　3.6*
警備の日　11.1
経理の日　3.31
計量記念日　11.1
軽量の日　9月第3月曜日
敬老の日　9月第3月曜日
ケーブルテレビの日　6.16
ゲーム・オブ・スローンズの日　8.1
夏至　6.21*
ケシミンの日　4.3
げたの日　7.22
結婚相談・トゥルーハートの日　2.8
血栓予防の日　1.20
ケロミンの日　6.3
嫌煙運動の日　2.18
減塩の日　毎月17日
健康住宅の日　6.20
健康食育の日　8.18
健康美脚の日　9.9
健康ミネラルむぎ茶の日　5.9
建国記念の日　2.11
源泉かけ流し温泉の日　5.26
けん玉の日　5.14
ケンハモ「メロディオン」の日　2.1
憲法記念日　5.3
ケンミン食品株式会社創業日　3.8
源流の日　11.16
恋がはじまる日　5.1
湖池屋ポテトチップスの日　8.23
ごいしの日　5.14
恋そうめんの日　7.7
恋と革命のインドカリーの日　6.12
恋の神様の日　2.14
鯉の日　5.1
語彙の日（ごいの日）　5.1
こいのぼりの日（鯉のぼりの日）　5.5
恋の予感の日　5.1
こいのわの日　5.10
こいまろ茶の日　9.1
コインの日　5.1
光化学スモッグの日　7.18
合格の日　5.9
口腔がん検診の日　11.15
口腔ケアの日　5.9
香薫の日　5.9
高血圧の日　5.17
工事写真の日　5.16
こうじの日　8.8
口臭ケアの日　5.4
工場夜景の日　2.23
香水の日　10.1
酵水素328選の日　3.28
紅茶の日　11.1
公認会計士の日　7.6
合板の日　11.3
抗疲労の日　5.16
幸福の日　5.29
KOBE JAZZ DAY 4.4　4.4
神戸プリンの日　2.1
荒野行動の日　5.5
高野豆腐の日　11.3
声の日　5.8
コージーコーナーの日　5.2
ゴーシェ病の日　5.4
珈琲牛乳の日　4.20
コーヒーの日　10.1
ゴーフルデー　5.5
氷の日　6.1
ゴールドデー　5.14
呼吸の日　5.9
穀雨　4.20*
悟空の日　5.9
ゴクゴクの日　5.9
国際子どもの本の日　4.2
国際母語デー　2.21
国際盲導犬の日　4月最終水曜日
国産小ねぎ消費拡大の日　毎月23日
国産とり肉の日　10.29
国産なす消費拡大の日　毎月17日
極上の日　5.9
極ZERO（ゴクゼロ）の日　5.9
コクの日　5.9
告白の日　5.9
黒板の日　5.9
国分寺ペンシルロケット記念日　4.12
国連加盟記念日　12.18
国連・国際平和デー　9.21
国連デー　10.24
ココアの日　11.7*（立冬）
ココカラダの日　9.9
ココナッツの日　5.7
午後の紅茶の日　5.5
心をスイッチいいブックの

日 11.29
心を注ぐ急須の日 9.4
古材の日 5.31
五三焼カステラの日 5.3
ご自愛の日 3.25
小正月 1.15
ゴジラの日 11.3
個人タクシーの日 12.3
こだますいかの日 5.5*（立夏）
ごちポの日 5月第3日曜日
コツコツが勝つコツの日 5.2
ごっつの日 5.2
骨董の日 9.25
コットンの日 5.10
骨盤臓器脱 克服の日 9.9
骨盤の日 5.28
コッペパンの日 毎月10日
こてっちゃんの日 5.12
ご当地キャラの日 5.11
ご当地レトルトカレーの日 3.2
五島の日 5.10
ことばの日 5.18
子どもの成長啓発デー 9.20
こどもの日 5.5
子どもを紫外線から守る日 4.12
コニシ記念日 5.24
小ねぎ記念日 11.23
小ネタの日 4.8
小鉢の日 5.8
ごはんパンの日 5.8
コピーライターの日 11.11
木挽BLUEの日 3.21, 毎月21日
呉服の日 5.29
５本指ソックスの日 12.12
駒ヶ根ソースかつ丼の日 4.27
胡麻祥酎の日 5.29
小松菜の日 5.27
ごまの日 11.5
530（ゴミゼロ）の日 5.30
コミュニティファーマシーの日 5.5
古民家の日 5.30
コメッ子記念日・米粉の日 4.4
コメドの日 5.10
コメニケーションの日 11.23
ごめんなさいカレーの日 10.3
小諸・山頭火の日 5.19
コラーゲンの日 1.26
コラーゲンペプチドの日 11.12
こりを癒そう「サロンパス」の日 5.18
コルセットの日 8.8
ゴルフ記念日 5.28
コロコロの日 5.6
コロッケの日 5.6
コロネの日 5.6
婚活の日 5.2
コンクリート住宅の日 5.10
コンケンの日 8.1
コンタクトセンターの日 9.20
コンタクトレンズの日 9.10
こんにゃくの日 5.29
こんにゃく麺の日 5.20
コンビニATMの日 10.8

さ

さーたーあんだぎーの日 3.14
サービス介助の日 11.1
西京漬の日 3.9
最硬の盾の記念日 3.15
サイコロキャラメルの日 10.9
崔さんの日 3.13
サイズの日 3.12
再石灰化の日 3.1
さいたま2020バスケの日 7.25
サイバー防災の日 6.9
Cyber Monday（サイバーマンデー）12月第2月曜日
サイフの日 3.12
サイボーグ009の日 7.19
サヴァ缶の日 3.8
サウナの日 3.7
さかなの日 3.7
サガミの八味唐がらしの日 8.3
サガミのみそ煮込の日 3.25
作業服の日 3.29
佐久鯉誕生の日 1.6
ザグザグの日 3.9
さくさくぱんだの日 3.9
サクナの日 3.9
佐久の日・ケーキ記念日 3.9
サク山チョコ次郎の日 3.26
さくらねこの日 3.22
さくらの日 3.27
さくらんぼの日 6月第3日曜日
酒酵母の日 6.30
鮭の日 11.11
酒風呂の日 3.21*, 6.21*, 9.23*, 12.22*
笹かまの日 7.7
ささみの日 3.3
ササミ巻きガムの日 2.3
サザンイエローパインの日 3.31
差し入れの日 3.4
さしみこんにゃくの日 7.1

サステナブルU.S.ソイの日 11.1
サッカーの日 11.11
ざっくぅの日 3.9
雑穀の日 3.9
雑誌の日 3.4
札幌ホテル夜景の日 10.1
さつま島美人の日 4.6
サトウ記念日 3.10
サニクリーンの日 3.29
サニの日 3.2
鯖すしの日 3.8
サバの日 3.8
サばの日 3.8
サブイボマスク・シャッターを開ける日 5.15
サブレの日 3.20
36（サブロク）の日 3.6
サボテンの日 3.10
サマークリスマス 8.25
サミーの日 3.31
サムライの日 11.11
さやえんどうの日 3.8
紗の日 3.8
サラサーティの日 3.30
サラダ記念日 7.6
ザ・ローリング・ストーンズの日 2.14
ザ・ロックアップの日 6.9
サロネーゼの日 3.6
サワークリームの日 3.8
サワーの日 毎月30日
算額文化を広める日 1.23
Ⅲ型コラーゲンの日 11.1
３．９サキュレントデー 3.9
３．９デイ（ありがとうを届ける日） 3.9
産業カウンセラーの日 11.23
産業用ワイパーの日 8.18
サンクスサポーターズデー 3.9
三幸の日 3.5
産後ケアの日 3.5
山菜の日 3.31
三姉妹の日 3.4
酸蝕歯の日 3.4
サン・ジョルディの日 4.23
サンテロ天使の日 10.4
サントリー赤玉の日 4.1
三の日 3.3
散髪の日 3.8
三板（サンバ）の日 3.8
ザンパの日 3.8
散歩の日 10.9
サンミーの日 3.31
残薬をへらす日 3.8
サンヨーの日 3.4
三輪車の日 3.3
サンロッカーズの日 3.6
サンワの日 3.8
指圧の日 4.8
しあわせ写真の日 4.4
しあわせニッコリ食で健康長寿の日 4.25
幸せの日 4.4
CROの日 9.1
CO_2削減の日 4.2
飼育の日 4.19
シーザーサラダの日 7.4
シーザーの日 4.3
シースリー記念日 4.3
C1000の日 2.6
シートの日 4.10
シーバの日 4.8
シーモネーター・天狗の日 10.9
シールの日 4.6
JDDA・ダンスミュージックの日 9.9
Jリーグの日 5.15
ジェットコースター記念日 7.9
ジェニィの日 12.12
ジェネリック医薬品の日 12.22
ジェラートの日 8.27
シェリーの日 9.6
塩と暮らしの日 7.3
塩美容の日 10.14
歯科技工士記念日 9.24
資格チャレンジの日 毎月1日
信楽たぬきの日 11.8
「四季」の日 11.12
磁気の日 11.11
子宮頸がんを予防する日 4.9
子宮体がんの日 3.9
ジグソーパズルの日 3.3
仕事も遊びも一生懸命の日 6.21*（夏至）
資産形成を考える日 4.3
猪肉の日 4.4
シジミの日 4.23
磁石の日 10.1
歯周病予防デー 4.4
自助の日 5.28
シシリアンライスの日 4.4
シスターストリート記念日 10.5
システム管理者感謝の日 7月最終金曜日
歯垢なしの日 4.7
四川料理の日 4.20
しそ焼酎「鍛高譚（たんたかたん）」の日 12.9
七五三 11.15
七福神の日 7.29
七味の日 7.3
シチューライスの日 毎月20日
しっかりいい朝食の日 4.11
失語症の日 4.25
指定自動車教習所の日 6.25
自転車ヘルメットの日 5.1
自動車中古部品の日 9.28
自動車保険の日 2.14

信濃の国カレーの日 10.25
「信濃の国」県歌制定の日 5.20
シニアピアノの日 6.6
歯肉炎予防デー 4.29
歯肉ケアの日 4.29
老舗の日 10.20
自然薯芋の日 11.21
自然薯の日 11.16
柴犬とおっさんの日 4.8
芝の日 4.8
しぶしの日 4.24
渋谷ギャルの日 4.28
自分史の日 8.7
脂肪0％ヨーグルトの日 4.4
シマエナガの日 1.20
しみゼロの日 4.30
シミ対策の日 4.3
事務の日 4.6
下仁田葱の日 12.1
シャウエッセンの日 8.10
社会鍋の日 11.30
じゃがりこの日 10.23
試薬の日 3.9
ジャグラーの日 5.5
JAZZ™りんごの日 6.28
社長の日 4.10
ジャックポットの日 11.11
社内報の日 10.5
しゃぶしゃぶ・日本料理木曽路の日 9.1
シャボン（せっけん）の香りの日 4.8
ジャマイカブルーマウンテンコーヒーの日 1.9
ジャムの日 4.20
収育の日 4.19
住育の日 10.19
シュークリームの日 毎月19日
ジューCの日 10.4
充実野菜の日 10.10
習字の日 11.2
じゅうじゅうカルビの日 10.10
終戦の日 8.15
住宅リフォームの日 11.18
柔道整復の日 4.14
18リットル缶の日 5.18
秋分 9.23*
秋分の日 9.23*（秋分）
十六茶の日 毎月16日
ジュエリーデー 11.11
熟カレーの日 毎月19日
熟睡の日 10.9
熟成ウインナーTheGRANDアルトバイエルンの日 10.9
熟成烏龍茶の日 10.9, 毎月19日
熟成肉の日 10.9
宿題の日（学べる喜びにきづく日） 8.31
ジュジュ化粧品の日 10.10
JUJUの日 10.10
十歳の祝いの日 3.7
出発の日 4.8
酒盗の日 4.10
ジュニアシェフの日 12.8
主婦休みの日 1.25, 5.25, 9.25
シュライヒフィギュアの日 9.18
潤滑油の日 7.10
準婚カップルの絆を確認し合う日 4.18
じゅんさいの日 7.1
JUN SKY WALKER(S)の日 5.21
春分 3.21*
春分の日 3.21*（春分）
障害者の日 12.9
少額短期保険（ミニ保険）の日 3.2
生姜の日 6.15
小寒 1.6*
将棋の日 11.17
消救車の日 1.7
証券投資の日 10.4
商工会の日 6.10
小暑 7.7*
浄水器の日 4.13
小雪 11.22*
小児がんゴールドリボンの日 4.25
消費者がつくったシャンプー記念日 11.13
消費者の日 5.30
消費者ホットライン188の日（いややの日） 5.18
商品検査の日 10.1
消防記念日 3.7
消防車の日 4.23
小満 5.21*
醤油豆の日 8.8
昭和の日 4.29
ショートフィルムの日 6.4
書家・金澤翔子さん誕生日 6.12
食育の日 4.19
食と野菜ソムリエの日 4.9
植物エキスの日 5.5
食文化の日 10.1
食物せんいの日 10.1
処暑 8.23*
女子ロックの日 4.4
書道の日 11.2
ジョルテの日 12.2
しらすの日 5.4
シリアルの日 5.29
シルク·ドゥ·ソレイユ『キュリオス』の日 11.11
ジルコニウムの日 4.10
歯列矯正の日 4.2
しろえびせんべいの日 4.10
白だしの日 7.29
しろたんの日 8.8
白の日 4.6
白肌の日 4.8
シワ対策の日 4.8

新型インフルエンザ対策の日 4.13
鍼灸の日 4.9
心・血管病予防デー 敬老の日の前日（9月末項）
新子焼きの日 4.5
人事戦略を考える日 11.22
人事の日 2.2
信州地酒で乾杯の日 毎月8日
「信州・まつもと鍋」の日 12.19, 1.19, 2.19
信州ワインブレッドの日 毎月20日
新宿日本語学校・にほんごの日 11.5
人事労務の日 6.6
人生100年時代の日 11.14
新選組の日 3.13
仁丹の日 2.11
新茶の日 5.2*（八十八夜）
新聞折込求人広告の日 9.8
新聞広告の日 10.20
しんぶん配達の日 7.14
辛（しん）ラーメンの日 4.10
人力車発祥の日（日本橋人力車の日） 3.24
スイートピーの日 1.21
水泳の日 8.14
水事（すいじ）無しの日 6月毎週水曜日
水上バイクの日 7.13
すいとんで平和を学ぶ日 8.15
水分補給の日 5.15
水路記念日 9.12
数学の日 3.14
スーツセレクトの日 11.11
スーツを仕立てる日 3.2
スートブロワ記念日 5.8
スーパーカーの日 11.1
スープの日 12.22
スカーフの日 3.4
スカイプロポーズの日 毎月10日
スカルプの日 10.1
図鑑の日 10.22
スキー記念日 1.12
すきっ戸の日 10.18
すき焼き通の日 10.15
スクーバダイビングの日 5.24
宿毛の柑橘「直七」の日 10.7
スケートパトロールの日 5.3
凄麺の日 10.29
スター・ウォーズの日 5.4
スターリングシルバーの日 9.25
スタジオキャラットの日 4.27
すたみな太郎の日 3.7
すっぽんの日 旧暦8.15*（中秋の名月）
スティックパンの日 11.11
STICK MASTERの日 2.8
スティッチの日 6.26
ステンレスボトルの日 4.10
Stop！迷惑メールの日 7.10
ストレスオフの日 11.23
ストレッチパンツの日 2.2
スナックサンドの日 9.15
スニーカーの日 2.22
スヌーピーの日 8.10
スパの日 2.8
ズブロッカの日 10.26
スペインワインの日 9.8
スペースインベーダーの日 6.16
スポーツアロマの日 7.24
スポーツ栄養の日 3.30
スポーツシートの日 4.10
スポーツの日 10月第2月曜日
スポーツボランティアの日 9.6
スマートストックの日 3.6, 9.6
スマイルトレーニングの日 10.13
スモアの日 8.10
3x3の日 3.3
スリッパを楽しむ日 3.8
スリムの日 3.6
スンドゥブの日 10.2
セアダスの日 4.28
青春七五三 5.15
成人の日 1月第2月曜日
清明 4.5*
生命保険に感謝する日 11.23
生命保険の日 1.31
税理士記念日 2.23
税理士相互扶助の日 10.26
清流の日・小川の日 4.8
世界ありがとうの日 7.15
世界エイズデー 12.1
世界格闘技の日 6.26
世界KAMISHIBAIの日 12.7
世界環境デー 6.5
世界気象デー 3.23
世界禁煙デー 5.31
世界血栓症デー 10.13
世界食料デー 10.16
世界赤十字デー 5.8
世界てんかんの日 2月第2月曜日
世界保健デー 4.7
世界リンパ浮腫の日 3.6
世界老人給食の日 9月第1水曜日
セカンドオピニオンを考える日 2.14
石炭の日（クリーン・コール・デー） 9.5
石油の日 10.6

ゼクシオの日（XXIOの日）　毎月21日
セクレタリーズ・デー　4月最後の7日間そろった週の水曜日
セコムの日　7.5, 7.6
接着の日　9.29
切腹最中の日　3.14
節分　2.3*
ゼネラル・オイスターの岩牡蠣の日　6.9
セブン-イレブンの日　7.11
ZEPPET STOREの日　7.16
背骨の日　5.27
ゼラチンの日　7.14
ゼリーの日　7.14
セルフケアの日　4.7
セルフメディケーションの日　7.24
千切り大根の日　2.17
全国なまずサミット・なまずの日　7.2
センサの日　10.3
禅寺丸柿の日　10.21
洗車の日　4.28, 11.28
洗浄の日　10.3
先生ありがとうの日　11.25
仙台牛の日　10.9
仙台市天文台の日　2.1
銭湯の日　10.10
セント・パトリック・デー　3.17
鮮度保持の日　7.23
セントラル浄水器の日　7.17
霜降　10.23*
ぞうさんの日　11.16
そうじの日　5.3
相続税を考える日　10.19
総務の日　6.1
ソースの日　11.7
ソーセージの日　11.1
ソープカービングの日　6.21
ソサイチ（7人制サッカー）の日　7.7
組織風土の日　11.20
そばの日　10.8
ソフティモ・黒パックの日　9.6
ソフトウェアバグの日　8.9
空飛ぶ円盤記念日（UFOデー）　6.24
空の日　9.20
そろばんの日　8.8

た

ターザンの日　7.30
ダースの日　12.12
ターミネーター〈審判の日〉　8.29
ターミネーターの日　5.25
ダイアナの靴の日　9.2
大寒　1.20*
大工さんの日　11.22
大暑　7.23*
大豆の日　2.3
大雪　12.7*
大洗濯の日　12月第3土曜日
大腸がん検診の日　9.1
大腸を考える日　9.26
タイツの日　11.2
体内時計の日　3.31
鯛の日　10月第2月曜日
大福の日　2.9
太平洋戦争開戦の日　12.8
タイヤゲージの日　4.7
タイヤの日　4.8
ダイヤモンド原石の日　4.22
太陽光発電の日　6.21*（夏至）
太陽の子保育の日　6.21
タウン情報の日　1.29
タオルの日　4.29
だがしの日　3.12
高菜の日　7.7
宝くじの日　9.2
滝修行の日　7.4
たくあんの日　11.11
タクシーの日　8.5
宅配ボックスの日　5.1
竹内洋岳・8000m峰14座登頂の日　5.26
たけのこの里の日　3.10
たこ焼の日　8.8
だじゃれの日　9.1
畳の日　4.29, 9.24
立ち飲みの日　11.11
タッパーの日　4.27
タップルの日　8.8
伊達巻の日　5.24
七夕　7.7
谷川岳の日　7.2
多肉植物の日　11.20
たのしくドライブする日　5.5
ダノンBIOの日　8.10
タピオカの日　11.9
タビナカの日　1.30
旅の日　5.16
足袋の日　10.8
タブレット通信教育の日　11.20
たべっ子どうぶつの日　5.5
食べものを大切にする日　9.9
たまごかけごはんの日　10.30
たまごの日　6.9
たまご蒸しパンの日　10.1
たまご料理の日　5.22
試し書きの日　11.22
多様な性にYESの日　5.17
樽酒の日　1.11
ダレデモダンスの日　3.6
たわしの日　7.2
端午の節句　5.5
炭酸水の日　4.8

断酒宣言の日 11.10
誕生記念筆の日（赤ちゃん筆の日） 8.20
弾性ストッキングの日 10.26
ダンテの日 5.10
ダンボール・アートの日 12.12
チーかまの日 11.13
チー坊の日（チチヤスの日） 6.1
知恵の輪の日 9.9
知覚過敏の日 7.25
地下鉄記念日 12.30
地球の日（アースデー） 4.22
チキン南蛮の日 7.8
チキンラーメン誕生の日（即席ラーメン記念日） 8.25
ちくわぶの日 10.10
地質の日 5.10
チタンアクセサリーの日 2.2
父の日 6月第3日曜日
父の日はうなぎの日 6月第3日曜日
地熱発電の日 10.8
地方港混載の日 11.1
チャーハンの日 8.8
着うたの日 12.3
着信メロディの日 12.1
チャリティーメイクの日 5.9
チューインガムの日 6.1
中元 7.15
中国茶の日 7.8
中性脂肪の日 10月第3土曜日
チューリップを贈る日 1.31
ちゅる肌の日 2.6
腸温活の日 11.7
超熟の日 10.1
長城清心丸の日 毎月5日
蝶々の日 8.8
腸内フローラの日 1.26
調味料の日 11.3
朝礼の日 10.10
貯金箱の日 10.10
チョコラBBの日 8.8
ちらし寿司の日 6.27
チンアナゴの日 11.11
珍味の日 11.23
ツインテールの日 2.2
杖立温泉・蒸し湯の日 6.4
杖の日 12.12
月化粧の日 5.21
月でひろった卵の日 7.14
次に行こうの日 2.15
月のうさぎの日 4.10
月見酒の日 旧暦8.15*（中秋の名月）
ツクールの日 2.15
佃煮の日 6.29
つけまの日 6.6
包む（ラッピング）の日 2.26
伝筆の日 2.10
つなぐ日 4.27
津波防災の日 11.5
つボイノリオ記念日 6.9
つぼ漬の日 2.2
坪庭の日 2.8
妻がうるおう日 3.30
詰め替えの日 6.25
爪休めの日 10.11
艶の日 2.8
吊り橋の日 8.4
出会いの日 3.2
DHAの日 6.22
DMMぱちタウンの日 8.8
Dcollection・黒スキニーの日 9.6
Dな日 4.26
低GI週間 11.1～11.7
低GIの日 11.1
THIS IS USの日 3.6
ディスクジョッキーの日 12.28
ディスコの日 7.22
ディズニーツムツムの日 2.6
ディズニー マリーの日 2.22
データセンターの日 12.1
「適サシ肉」の日 1.15
デコの日 10.5
デコポンの日 3.1
デコレーションケーキの日 7.12
天塩 塩むすびの日 4.6
デジタル放送の日 12.1
手帳の日 12.1
鉄道の日 10.14
鉄の記念日 12.1
てっぱん団らんの日 6.10
テディベアの日 10.27
手と手の日 10.10
デニムの日 10.26
デニャーズの日 2.22
手羽先記念日 6.14
手羽トロの日 6.16
てぶくろの日 10.29
手巻寿司の日 9.9
手巻きロールケーキの日 毎月6日
デルちゃん誕生の日 毎月22日
テルマエ・ロマエ よい風呂の日 4.26
テルミンの日 8.28
テレビ時代劇の日 7.1
テレビ放送記念日 2.1
天下一品の日 10.1
電気記念日 3.25
電気自動車の日 5.20
電動工具の日 10.1
天才の日 10.31
電子コミックの日 8.16
電子書籍の日 2.17
天使のエステの日 10.4

天使のささやきの日 2.17
天使のシャンパンの日 10.4
天使の日 10.4
点字ブロックの日 3.18
DENTALANDの日 6.4
テンテの日 10.10
てんとう虫の日 10.10
転倒予防の日 10.10
天女の日 10.24
天皇誕生日 2.23
電波の日 6.1
天ぷらの日 7.23*（大暑）
ten.めばえの日 1.10
でん六の日 10.6
電話健康相談の日 10.1
ドアリースの日 8.8
トイコーの日 10.15
ドイツパンの日 10.3
トイレクイックルの日 10.19
トイレの日 11.10
トゥインクルレースの日 7.31
トゥー・チェロズの日 1.20
ドゥーワップの日 7.12
糖化の日 毎月10日
童画の日 5.8
東京水道の日 12.1
東京タワー完工の日 12.23
東京都平和の日 3.10
東京二八そばの日 2.8
東京ばな奈の日 8.7
統計の日 10.18
陶彩の日 10.31
冬至 12.22*
糖質ゼロの日 10.4
「堂島ロール」の日 6.16
東条川疏水の日 11.23
等身大フォトの日 10.4
盗難防止の日 10.7
豆乳で作ったヨーグルトの日 7.8
豆乳の日 10.12
糖尿病とこころの日 10.9
等伯忌 2.24
頭髪記念日 10.8
東ハトの日 10.8
陶板名画の日 10.8
頭皮ケアの日 10.1
豆花記念日 10.28
動物虐待防止の日 9.23
透明美肌の日 10.28
東洋羽毛・羽毛ふとんの日 8.10
桐葉菓の日 10.8
童謡の日 7.1
登録販売者の日 10.6
糖をはかる日 10.8
トートバッグの日 10.10
ドール・極撰の日 5.9
ドール・スウィーティオパインの日 8.1
Doleスムージーの日 6.10
ドール・フィリピン産パパイヤの日 8.8
時の記念日 6.10
土偶の日 10.9
「とく子さん」の日 10.9
特撮の日 7.7
徳島県にんじんの日 4.12
徳島県れんこんの日 11.8
とくしまNAKAドローンの日 10.6
ドクター・ショール フットの日 2.10
トクホの日 10.9
床ずれ予防の日 10.20
ところてんの日 6.10
土佐文旦の日 2.13
都市農業の日 11.2
図書館記念日 4.30
土地家屋調査士の日 7.31
とちぎのいちごの日 1.25, 2.25, 3.25
杜仲の日 10.2
ドットライナーの日 10.10
ドットわん・犬の納豆の日 7.10
トッポの日 10.10
ととのえの日 11.11
TOTO（トト）の日 10.10
トナーの日 10.7
トニックの日 10.29
「跳び」の日 10.2
どぶろくの日 10.26
徒歩の日 10.4
トマトアンドオニオンの日 10.10
トマトの日 10.10
都民の日 10.1
ドメインの日 3.15
ドモホルンリンクル「しみキレイ」の日 4.3
ドモホルンリンクル「しわキレイ」の日 4.8
土用丑の日 7月下～8月上*（7月末項）
トライの日 10.1
ドライバーの日 10.18
ドラゴンクエストの日 5.27
トラックの日 10.9
とらふぐ亭の日 2.9
ドラベ症候群の日 6.23
ドラムの日 10.10
どらやきの日 4.4
ドリーム号の日 6.10
ドリカムの日 7.7
トリコの日 10.5
ドリップコーヒーの日 10.22
鳥と人との共生の日 8.10
TORQUEの日 10.9
トレーニングの日 4.1
トレシーの日 10.4
ドレッシングの日 8.24
トレハロースの日 10.8
ドローンパイロットの日 10.8

どろソースの日 10.6
トロの日 毎月16日
とろみ調整食品の日 10.3
トンカツの日 10.1
とんがらし麺の日 10.4
とんがりコーンの日 5.25
とんこつラーメンの日 10.2
問屋の日 10.8

な

内航船の日 7.15
内視鏡の日 7.14
ナイススティックの日 7.13
ナイスバディーの日 7.8
ナイトライダーの日 9.10
ナオトの日 7.10
永くつながる生前整理の日 7.29
ながさき平和の日（長崎市） 8.9
長瀞観光の日 7.16
長野県きのこの日 11.11
長野県ぶどうの日 9.23
長野県りんごの日 11.22
長湯温泉「源泉のかけ流し」記念の日 5.24
奈川・投汁（とうじ）そばの日 10.2
渚の日 7.3
夏越ごはんの日 6.30
名古屋コーチンの日 3.10
那須塩原市牛乳の日 9.2
なすび記念日 4.17
ナツイチの日 7.21
夏チョコの日 7月第3月曜日
夏美容はじめの日 4.18
夏ふーふースープカレーの日 7.22
夏割りの日 7.20
七草 1.7
七転八起の日 7.8
ナナシーの日 7.4
なにやろう？自由研究の日 7.28
菜の日 1.31, 3.31, 5.31,7.31, 8.31, 10.31, 12.31
なはの日 7.8
ナビの日 7.1
ナブコの日 7.25
ナプロアースの日 7.26
鍋と燗の日 11.7*（立冬）
鍋の日（なべのひ） 11.7
ナボナの日 12.18
ナポリタンの日 4.29
生クリームの日 9.6
生サーモンの日 7.30
生酒の日 6.25
生パスタの日 7.8, 毎月7日・8日
生ハムの日 11.11
涙の日 7.3
波の日 7.3
「なわ」の日 7.8
「なんしょん？」の日 7.4
難聴ケアの日 11.3
ナンの日 7.6
難病の日 5.23
似合う色の日 2.16
新潟米の日 10.25
NISAの日 2.13
225の日 2.25
苦汁（にがり）の日 9.10
にかわの日 11.7
ニキビケアの日 7.27
ニキビの日 5.21
肉だんごの日 10.10
ニゴロブナの日 2.5, 2.6, 2.7
錦通り・ニッキーの日 4.21
にじさんじの日 2.3
虹の日 7.16
二世帯住宅の日 2.10
Nissyの日 2.4
ニッパーの日 2.8
ニッポン放送 ワイド FM 93の日 9.30
二百十日 9.1*
二百二十日 9.11*
二部式帯の日 2.24
２分の１成人式の日 2.1
日本遺産の日 2.13
日本記念日協会創立記念日 4.1
日本骨髄増殖性腫瘍の日 9月第2木曜日
日本三景の日 7.21
日本酒の日 10.1
日本巡礼文化の日 4.15
日本製肌着の日 11.17
日本茶の日 10.1
日本中央競馬会発足記念日 9.16
日本手ぬぐいの日 3.21
日本点字制定記念日 11.1
日本刀の日 10.4
日本なまずの日 7.10
日本初の点字新聞「あけぼの」創刊記念日 1.1
日本バドミントン専門店会の日 8.10
にゃんまるの日 2.22
乳がん検診の日 10.1
乳酸菌の日 2.3, 毎月23日
入梅 6.10*
尿もれ克服の日 2.20
２連ヨーグルトの日 2.2
にわとりの日 2.8
庭の日 4.28
人間ドックの日 7.12
忍者の日 2.22
妊娠の日 2.4
認知症予防の日 6.14
にんにくの日 2.29
ぬか床の日 1.20*（大寒）
布おむつの日 6.11
ネイルの日 11.11

ネオロマンスの日 9.23
猫背改善の日 2.22
猫の日 2.22
熱中症対策の日 5.5（立夏）*
ネット銀行の日 10.12
ネット生保の日 5.18
ネットワークの日 3.9
年賀はがき引き受け開始日 12.15
ねんどの日 9.1
年度末 3.31
農協記念日 11.19
農山漁村女性の日 3.10
納本制度の日 5.25
ノーベンバーラブデー 11.30
乃木坂46の日 2.22
野沢菜の日 11.1
のど飴の日 11.15
信長の野望の日 3.30
飲むオリーブオイルの日 10.3
海苔の日 2.6

は

パークの日（駐車場の日） 8.9
ハーゲンダッツの日 8.10
パーシーの日 8.4
パーソナルコーディネーターの日 11.29
パーソナルトレーナーの日 8.10
ハードコアテクノの日 8.5
Heart Safe Cityの日 9.29
ハートトラストの日 8.10
パートナーの日 8.7
ハートの日 8.10
バーバパパの日 4.22
バービーの日 8.2
パーフェクトの日 8.21
ハーブの日 8.2
ハープの日 8.2
パーマの日 8.1
パールミルクティーの日 8.3
ハイエイトチョコの日 8.18
ハイキュー!!の日 8.19
バイキングの日 8.1
バイクエクササイズの日 6.16
俳句記念日 8.19
バイクの日 8.19
ハイサワーの日 8.3
廃車リサイクルの日 8.14
はいチーズ！の日 8.22
ハイチオールの日 8.1
配置薬の日 8.1
ハイチュウの日 8.12
バイトルの日 8.10
ハイドロ銀チタン®の日 2.22
パイナップルの日 8.17
梅肉エキスの日 6.1
ハイビスカスの日 8.1
配布の日 8.12
ハイボールの日 8.10
バイラルの日 11.25
パインアメの日 8.8
バウムクーヘンの日 3.4
「歯が命」の日 8.1
はがねの日 4.1
ハグ〜ンの日 8.9
歯ぐきの日 11.8, 11.9
パグの日 8.9
白馬そばの日 2.8, 2.9, 2.10
白露 9.8*
バケーションレンタルの日 6.15
バケットリストの日 11.3
箱そばの日 8.5
ハコボーイ！の日 8.5
ハジ→の日 8.4
はしご車の日 8.5
箸の日 8.4
橋の日 8.4
はじめようの日 3.21
橋本会計の安心会計の日 7.7
走ろうの日 8.4
パステル和（NAGOMI）アートの日 8.25
バスの日 9.20
パソコンお直しの日 7.4
パソコン検定の日 毎月9日
パソコン資格の日 10.10
裸足（はだし）の記念日 8.14
肌トラブル救急（QQ）の日 9.9
肌には知る権利がある記念日 4.20
秦野名水の日 10.17
働く女性の日 12.22*（冬至）
歯ヂカラ探究月間 9.1 〜 30
八十八夜 5.2*
八丈島から南大東島への上陸記念日 1.23
パチスロの日 8.4
パチスロ・ハナハナの日 8.7
パチ7の日 8.7
爬虫類の日 8.8
ぱちんこの日 8.8
初午いなりの日 2.11
発炎筒の日 8.10
二十日正月 1.20
発芽大豆の日 11.20
はっかない恋デー 10.20
発芽野菜の日 毎月20日
バック・トゥ・ザ・リサイクルの日 10.21
初恋の日 10.30
発酵食品の日 8.8
発酵の日 8.5

八丁味噌の日 8.3
「はっと」の日 8.10
服部植物研究所・コケの日 8.10
初荷 1.2
葉っぱの日 8.8
はっぴいおかん・大阪いちじくの日 1.19
ハッピーサマーバレンタインデー 8.14
ハッピーサンシャインデー 8.30
はっぴの日 8.1
発泡スチロールの日 7月第3月曜日
初夢の日 1.2
？（ハテナ）の日 8.7
HADOの日 8.10
鳩の日 8.10
はとむぎの日 8.10
パトレイバーの日 8.10
花泡香の日 8.7
花贈り男子の日 3.14
花冠記念日 4月第1土曜日
花慶の日 8.7
話せるほけんの日 11.3
バナナの日 8.7
鼻の日 8.7
花火人の日 8.7
花文化の日 8.7
はなまるうどんの日 8.7
花やしきの日 8.7
歯並びの日 8.8
パニーニの日 8.22
バニラヨーグルトの日 8.24
ばねの日 8.10
ハハとコドモの日 8.5
ハハとチチに感謝する日 8.8
母の日 5月第2日曜日
パパの日 8.8
パパフロの日 8.26
パピコの日 8.5
パフェの日 6.28
パブスタの日 8.8
ハブの日 8.2
バブの日 8.2
歯ブラシ交換デー 毎月8日
歯ブラシの日 8.24
バブルランの日 8.26
刃物の日 11.8
はもの日 8.3
ハヤシの日 9.8
はやぶさの日 6.13
はらこめしの日 10.8
パラスポーツの日 8.25
ハラスメントフリーの日 8.2
パラソーラの日 8.4
はり（鍼）・きゅう（灸）・マッサージの日 8.9
針供養 2.8
バリ取りの日 8.10
バリ舞踊の日 6.1
ぱりんこの日 8.5
バルーンの日 8.6
春のちらし寿司の日 3.3
春巻きの日 4.6
バレンタインデー 2.14
ハロウィン 10.31
ハロウィン月間はじまりの日 10.1
パワプロの日 8.26
半襟の日 1.15
ハンカチーフの日 11.3
パンケーキの日 毎月10日
半夏生 7.2*
ハンコの日 8.5
パン粉の日 8.5
はんざき祭りの日 8.8
晩餐館焼肉のたれの日 6.12
阪神タイガース記念日 11.2
はんだ付けの日 7.25
ハンドクリームの日 11.10
ハンドケアの日 10.11
手（ハンド）の日 8.10
ハンドバッグの日 10.8, 10.9
ハンドメイドの日 2月第4日曜日，10月第4日曜日
パンの記念日 4.12
パンの日 毎月12日
ハンバーガーの日 7.20
ハンバーグの日 8.9
パンプスの日 2.10
帆布の日 8.2
はんぺんの日 12.22*（冬至）
パンわーるどの日 11.6
ピアノ調律の日 4.4
PRの日 10.12
ピークシフトデー 4.10
ビーズの日 8.2
ビースリーの日 毎月3日
ヒーターの日 11.10
ビーチサンダルの日 8.3
ビーチの日 7.31
ビートルズの日 6.29
ビーフンの日 8.18
B. LEAGUEの日 9.22
ビールサーバーの日 3.8
ヒーローの日 1.16
ピカジョの日 3.14
ひかわ銅剣の日 7.12
ビキニ・デー 3.1
Piknikの日 毎月29日
美熊くん誕生日 3.3
ひざイキイキの日 2.22
ひざ関節の日 2.25
ピザの日 11.20
美術を楽しむ日 10.2
美人証明の日 12.2
ビスケットの日 2.28
常陸牛の日 3.5
ビタミンCケアの日 2.4
左利きグッズの日 2.10
びっくりぱちんこの日 7.7

ビックリマンの日 4.1
ひつじの日 6.6
ひっつみの日 12.3
ビデオの日 11.3
人と犬・愛犬笑顔の日 11.10
人と色の日・自分色記念日 10.16
ひとみの日 1.3
ひな人形飾りつけの日 2.19*（雨水）
ひな祭り 3.3
美白デー 3.14
美白の女神の日 8.9
日比谷サローの日 3.6
ビフィズス菌の日 12.2
皮膚の日 11.12
ひもの の日 1.10
119番の日 11.9
118番の日 1.18
百十郎の日 1.10
110番の日 1.10
100の日 4.10
日やけ止めの日 3.20
ビヤホールの日 8.4
美容記念日 1.25
美容鍼灸の日 4.8
美容脱毛の日 10.10
ひらく、いい鼻の日 1.18
ヒルズダイエットの日 12.3
ひろさきふじの日 10.1
ピンクデー 4.4
ピンクリボンの日 10.1
直売所（ファーマーズマーケット）の日 10.2
ファイトの日 5.10
ファイバードラムの日 9.8
ファシリティドッグの日 7.1
ファッションお直しの日 7.4
ファミ通の日 9.1
ファミリーカラオケの日 9月第2土曜日
ファミリートークの日 10.9
ファミリーファーストの日 3.1
VRの日 2.2
VSOP運動の日 毎月第2土曜日
フィットネスの日 9.22
封筒の日 2.10
フードドライブの日 1.15
フードの日 2.10
フードバンクの日 11.23
夫婦円満の日 2.20
夫婦で妊活の日 2.23
夫婦の日 2.2
フォークソングの日 4.9
フォーサイトの日 4.3
フォーの日 4.4
フォトの日 4.10
フォニックスの日 4.29
フォントの日 4.10
深川！マイ・米・デー 11.1
ふきとりの日 2.10
笛吹市桃源郷の日 4.10
吹き戻しの日 6.6
副業（複業）の日 2.9
福寿の日 2.9, 2.10
福神漬の日 7.29
福の日 12.29
ふくの日 毎月29日
袋物の日 5月第2日曜日
富士急の日 2.29
富士山の日 2.23
武士の日 6.4
不二家パイの日 3.14
襖の日 10.10
二重（ふたえ）の日 2.10
豚丼の日 2.10
双葉・二葉の日 2.8
豚饅の日 11.11
プチクマの日 6.24
プチプチの日 8.8
フットケアの日 2.10
フットサルの日 5.5
筆アートの日 2.10
不動産鑑定評価の日 4.1
太物の日 2.10
ふとんの日 10.10
ふとんをクリーニングする日 2.10
船穂スイートピー記念日 1.27
ブナピーの日 7.10
麩の日 2.2
ふふふの日 2.22
不眠の日 2.3, 毎月23日
冬にんじんの日 11.24
冬の恋人の日 2.27
ぷよの日 2.4
フライドチキンの日 11.21
ブラジャーの日 2.12
プラズマクラスターの日 11.11
プラズマレーザーの日 4.3
プラチナエイジの日 7.5
ブラックモンブランの日 5.7
フランスパンの日 11.28
フリーランスの日 12.16
ふりかけの日 5.6
プリキュアの日 2.1
プリザーブドフラワーの日 10.8
ブリスの日 9.27
ブリの日 12.20
プリの日 3.21
プリン体と戦う記念日 4.7
プリンの日 毎月25日
フルーツアートの日 2.10
フルーツカービングの日 6.21
フルートの日 2.10
ブルーベリーの日 8.8
プルーンの日 毎月26日
ブルボン・プチの日 毎月24日

フレイルの日 2.1
ブレーキパットの日 8.10
プレママの日 12.3
プレミンの日 10.10
フレンチ・クレープデー 2.2
フレンドリーデー 4.14
風呂カビ予防の日 5.26
ブログの日 2.6
ふろしきの日 2.23
プロフェッショナルの日 2.6
プロポーズの日 6月第1日曜日
プロ野球誕生の日 12.26
フロリダグレープフルーツの日 2.26
文化財防火デー 1.26
文化の日 11.3
文化放送の日 11.3, 11.4
文具はさみの日 8.3
豊後高田市移住の日 1.10
豊後高田市恋叶ロードの日 2.13
豊後高田市全力発展の日 8.10
豊後高田昭和の町の日 4.29
分散投資の日 11.23
文鳥の日 10.24
ふんどしの日 2.14
ペア活の日 11.2
ペアリングの日 8.8
ベイクチーズタルトの日 11.1
平成はじまりの日 1.8
平和記念日（広島市） 8.6
ベーグルの日 8.8
ベースの日 11.11
碧南人参の日 1.23
別所線の日 5.25
ペットたちに「感謝」する日 11.22
ペットの健康診断の日 10.13
ベッドの日（good sleep day） 9.3
ヘッドホンの日 2.22
Pepper誕生日 6.5
ベビーカーにやさしいまちづくりの日 11.12
ベビーシャワーの日 6.6
ベビースターの日 8.2
ベビーチーズの日 6月第1日曜日
ベビーデイ 6月第1日曜日
ベビーリーフ記念日 4.8
ペヤングソースやきそばの日 3.13
HEALTHYA・日本製腹巻の日 11.7
ベルトの日 12.10
弁護士費用保険の日 5.15
弁理士の日 7.1
ポイ活の日 7.1
ポイントカードの日 10.1
貿易記念日 6.28
鳳凰くんの誕生日 4.7
防災とボランティアの日 1.17
防災の日 9.1
望菜の日 9.1
防災用品点検の日 3.1, 6.1, 9.1, 12.1
ホウ酸処理の日 8.3
芒種 6.6*
放送記念日 3.22
ほうとうの日 4.10
防犯カメラの日 7.8
防犯の日 毎月18日
法律扶助の日 1.24
ボウリングの日 6.22
ホームインスペクションの日 3.14
ホームセキュリティの日 1.5
ホームパイの日 8.1
簿記の日 2.10
北斗の拳の日 9.13
ポケトークの日 10.9
Pokémon Day 2.27
保険クリニックの日 9.29
ホゴネコの日 5.25
保湿クリームの日 9.16
ほじょ犬の日 5.22
ポスチャーウォーキングの日 6.15
ポスティングの日 11.10
ホスピタリティ・デー 3.24
ボタンの日 11.22
補聴器の日 6.6
北海道ばれいしょの日 8.4
ポッキー＆プリッツの日 11.11
ホットケーキの日 1.25
ホッピーの日 7.15
ポップコーンの日 9.9
北方領土の日 2.7
補綴（ほてつ）の日 4.12
ポテトサラダの日 10.10
ポニーテールの日 7.7
ほめ育の日 10.19
褒め言葉カードの日 1.14
ホヤの日 4.8
ポリンキーの日 3.3
ほるもんの日 11.3
ホワイト企業普及の日 11.10
ホワイトティースデー 8.21
ホワイト・デー 3.14
盆 7月15日
盆送り火 7.16
ボンカレーの日 2.12
ポンコツの日 6.3
本の日 11.1
本みりんの日 11.30
盆迎え火 7.13
翻訳の日 9.30
ほんわかの日（家族だんらんの日） 6.6

ま

マーガリンの日 10.24
麻雀の日 8.1
マーマレードの日 5.14
マイコファジストの日 5.15
まいどなの日 4.17
マウスの誕生日 12.9
まがたまの日 6.9, 9.6
マカロニサラダの日 1.11
マカロンの日 10.9
巻寿司の日 2.3*, 5.4*, 8.6* 11.6*
まくらの日 1.6
まけんグミの日 9.28
まごの日 10月第3日曜日
マシュー・マコノ日 11.22
マシュマロの日 4.6
まずい棒の日 10.1
マスカラの日 9.8
マダムシンコの日 12.14
街コンの日 2.2
町家の日 3.8
まつ育の日 12.19
まつげ美人の日 11.11
マッコリの日 10月最終木曜日
松阪牛の日 毎月19日
松崎しげるの日 9.6
マッシュルームの日 8.11
抹茶新茶の日 5.22
松本山賊焼の日 3.9
マテ茶の日 9.1
窓ガラスの日 10.10
マドレーヌの日 7月第3月曜日
マナーインストラクターの日 10.7
マナーの日 10.30
招き猫の日 9.29
豆の日 10.13
眉の日 3.15
マヨサラダの日 3.1
マヨネーズの日 3.1
マリルージュの日 毎月21日
丸亀市×サン・セバスティアン市「チャコリの日」 4.9
マルちゃん正麺の日 11.7
マルちゃん焼そばの日 8.8
マルヨのほたるいかの日 3.10, 4.3
真ん中の日 7.2
見合いの日 3.10
meethの日 3.2
ミードの日 3.10
未唯mieの日 3.1
ミールオンデマンドの給食サービスの日 3.16, 9.4
ミールタイムの日 3.6
水なすの日 5.20
ミス日本の日 4.22
みずの日 4.3
水の日 8.1
水虫治療の日 6.4
みそおでんの日 10.5
三十路の日 1月第3日曜日
みたらしだんごの日 毎月3日・4日・5日
道の駅の日 4.22
道の日 8.10
ミックスジュースの日 3.9
ミックの日 3.19
三ツ矢サイダーの日 3.28
三ツ矢の日 3.28
三矢の日 3.8
みどりの日 5.4
ミドルの日 3.16
水俣病啓発の日 5.1
南アフリカワインの日 2.2
ミニーマウスの日 3.2
ミニストップの日 3.2
みのり財布まつりの日 11月第2日曜日
箕輪町安全安心の日 5.12
未病の日 3.20
耳かきの日 3.3
耳の日 3.3
mimi no hi（ミミの日） 3.3
脈の日 3.9
宮古港海戦の日 5.6
みやざきマンゴーの日 5.25
宮島水族館の日 8.1
雅の日 3.8
ミュージカル『キャッツ』の日 11.11
ミュージックの日 3.19
みよた壱満開の日 3.3
未来の日 5.5
未来郵便の日 3.1
未来を強くする日 3.24
ミリオンゴッドの日 5.10
mil-kinの日 3.6
ミルクキャラメルの日 6.10
ミルトンの日 3.10
Miru（見る）の日 3.6
ミロの日 3.6
miwaの日 3.8
眠育の日 3.19
みんつくの日 3.29
ミントの日 3.10
みんなで考えるSDGsの日 3.17
みんなで土砂災害の減災を願う日 7.7
みんなでニッコリみんなで健康長寿の日 3.25
みんなの親孝行の日 8.5
みんなの保育の日 4.19
民放テレビスタートの日 8.28
民放の日（放送広告の日） 4.21
ムーニーちゃんのお誕生日 7.7
昔 ピュアな乙女達の同窓

会の日 3.21*（春分）
麦とろの日 6.16
無垢の日 6.9
ムシキングの日 6.4
虫ケア用品の日 6.4
虫の日 6.4
虫歯予防デー 6.4
蒸しパンの日 6.4
蒸し豆の日 6.4
無人航空機記念日 12.10
むずむず脚症候群の日 6.2
ムダ毛なしの日 6.7
むち打ち治療の日 6.7
無添加住宅の日 6.10
無添加の日 6.10
無電柱化の日 11.10
無糖茶飲料の日 6.10
ムヒの日 6.1
名玄のセルフうどんの日 10.8
明治ブルガリアヨーグルトの日 12.17
明治プロビオヨーグルトR-1の日 12.1
メイストーム・デー 5.13
メイトーの日 5.10
メーデー 5.1
メープルもみじの日 5.26
メガネの日 10.1
メディア・リテラシーの日 6.27
メディカルスパトロンの日 10.6
メディキュットの日 9.10
メリーのサマーバレンタインデー 7.7
メロンの日 毎月6日
MIBの日 5.18
メンズメイクアップの日 5.5
明太子の日 12.12
メンチカツの日 3.7
めんの日 11.11, 毎月11日
メンマの日 2.1
毛布の日 11.20
網膜の日 9.23
萌の日 10.10
モールアートの日 11.11
文字・活字文化の日 10.27
もつ鍋の日 11.7
もつ焼の日 7.13
桃の節句 3.3
モラエス忌 7.1
モリシの日 6.14
森永・天使の日 10.4
「森のたまご」の日 毎月第3木曜日
モンストの日 4.10, 4.20, 4.30
モンチッチの日 1.26

や

焼うどんの日 10.14
焼おにぎりの日 10.8
焼き鳥の日 8.10
焼肉開きの日 3月第4土曜日
焼きふぐの日 8.29
野球の日 8.9
約束の日 8.18
夜光貝の日 8.5
野菜の日 8.31
八ヶ岳の日 11.8
奴（やっこ）の日 8.5
やっぱり家の日 8.1
屋根の日 8.8
ヤバイ夫婦の日 8.22
山形さくらんぼの日 6.6
山ごはんの日 8.5
山佐スロワールドの日 8.3
山田邦子の日 9.25
やまなし桃の日 7.19
山の日 6月第1日曜日
山の日 8.11
ヤマヨシの日 8.4
ヤムヤムズの日 8.6
八幡浜ちゃんぽん記念日 3.28
やわもちアイスの日 10.10
有機農業の日 12.8
勇者の日 11.11
郵政記念日 4.20
夕陽の日 9.23*（秋分）
UFOキャッチャー®の日 6.24
雪見だいふくの日 11.18
ゆず記念日「いい風味の日」 11.23
湯たんぽの日 11.7*（立冬）
ゆとりうむの日 7月第3火曜日
uni（ユニ）の日 10.1
UDF（ユニバーサルデザインフード）の日 7.11
ユニベアシティの日 1.21
輸入洋酒の日 4.3
夢ケーキの日 8.8
夢の日 6.10
夢をかなえる日 10.6
ゆり根の日 11.21
よいお肌の日 4.18
良いきゅうりの日 4.19
よい酵母の日 4.15
良いコラーゲンの日 4.15
よいトマトの日 4.10
酔い止めの日 4.10
よいPマンの日 4.9
養育費を知る日 4.19
ようかんの日 10.8
葉酸の日 4.3
養子の日 4.4
揚州商人スーラータンメンの日 9.14
洋食の日 8.8
洋食器の日 7.12
腰痛ゼロの日 4.20
養老渓谷の日 4.6
ヨーグルトの日 5.15
ヨード卵の日 4.10
よごそうデー 4.5

横丁の日 4.5
よさこい祭りの日 8.10
予祝の日 4.9
四つ葉の日 4.28
夜なきうどんの日 11.7*（立冬）
夜泣き改善の日 4.7
予防医学デー 11.5
予防接種記念日 2.14
予防争族（相続）を考える日 11.15
読み聞かせの日 4.3
4Cの日 8.8
40祭の日 11.4
四輪駆動の日 4.4

ら

ラーメンの日 7.11
ライスパワーNo.11の日 11.11
ライソゾーム病の日 9.22
ライトニング・マックィーンデイ 9.5
Life2.0の日 毎月2日
ラク家事の日 11.23
ラジオ体操の日 11.1
らっきょうの日 6.6
ラブラブサンドの日 毎月22日
LOVOTの日 8.8
ランジェリー文化の日 11.25
ランドセルの日 3.21
リーブ21・シャンプーの日 4.2
リーブ21・発毛の日 8.20
理学療法の日 7.17
リジョブの日（いい縁につながる日） 11.2
リゼクリニックの日 10.16
リゾートウェディングの日 8.1
リゾ婚の日 8.1
立夏 5.5*
立秋 8.7*
立春 2.4*
立冬 11.7*
立冬はとんかつの日 11.7*（立冬）
リニモの日 3.6
リフトアップケアの日 12.1
リプトンの日 5.10
リフレの日 2.20
リボンシトロンの日 6.10
リボンナポリンの日 5.23
琉球王国建国記念の日 2.1
琉球もろみ酢の日 9.3
両親の日 9.30
緑茶の日 5.2*（八十八夜）
緑内障を考える日 6.7
リラクゼーションの日 10.30
リンパの日 6.30
瑠璃カレーの日 8.20
冷蔵庫の日 6.21*（夏至）
冷凍めんの日 10.10
令和はじまりの日 5.1
RAINBOW RIBBON DAY 8.7
歴史シミュレーションゲームの日 10.26
歴史シミュレーションゲーム『三國志』の日 12.10
レクリエーション介護士の日 9.15
レゴの日 5.5
レディース・ユニフォームの日 2.4
レトルトカレーの日 2.12
レモンサワーの日 3.8
レンジフードの日 2.10
レンタルユニフォームの日 8.24
ろうごの日 6.5
朗読の日 6.19
ローカロリーな食生活の日 6.6
ローションパックの日 6.8
ローストビーフの日 6.10
ローズの日 6.2
ロートの日 6.10
ロープの日 6.2
ローメン記念日 6.4
ロールアイスクリームの日 6.1
ロールケーキの日 6.6
ロールちゃんの日 毎月11日
ログ活の日 6.6
ログホームの日 6.9
ロゴマークの日 6.5
ロコモコ開きの日 7.11
ロコモ予防の日 6.5
路地の日 6.2
ロスゼロの日 4.14
ロゼット「セラミド」の日 2.1
「ロッキー」の日 11.21
ロックアイスの日 6.9
ロックの日 6.9
ロディの日 2.14
露天風呂の日 6.26
ロトくじを楽しむ日 6.10
ロハスの日 6.8
ロボット掃除機『ルンバ』の日 6.8
ロマンスナイトの日 9.10
ロマンスの日 6.19
ロムの日 6.6
ロンパースベア1歳の誕生日の日 11.1

わ

ワーク・ライフ・バランスの日 11.23
YEGの日 11.11
ワイパーの日 6.6

和菓子の日 6.16
我が家のカギを見直すロックの日 6.9
ワクチンの日 7.6
和紅茶の日 11.10
和光堂牛乳屋さんの日 9.28
和光堂ベビーフードの日 9.10
「和食」の日 11.24
和太鼓の日 10.10
WATALISの日 5.15
和ちょこの日 2.8
WHOPPERの日 4.1
ワッフルの日 12.1
和の日 10.1
和服の日 10.29
わらべうた保育の日 12.3
ワンカップの日 10.10
わんこそば記念日 2.11
ワンテンの日 1.10
１ドア２ロックの日 1.26
ONE PIECEの日 7.22
わんわんギフトの日 11.11
ワンワン服の日 11.29

日本記念日協会の記念日登録制度について

一般社団法人日本記念日協会では記念日文化の発展を願い、従来の記念日はもちろん、新たに誕生した記念日、これから制定される記念日の登録制度を設けています。

団体、企業、個人で独自の記念日を「日本記念日協会」に登録したいとお考えの方は、記念日の名称・日付・由来・目的などの必要事項を「記念日登録申請書」にお書き込みのうえ、日本記念日協会までお申し込みください。

日本記念日協会の記念日登録審査会で日付・由来などを審査し、登録認定の合否を決定させていただきます。

●日本記念日協会の記念日登録制度に登録認定された場合

(1) 日本記念日協会の公式ホームページに協会認定記念日として、名称・日付・由来・リンク先などが掲載されます。

(2) 日本記念日協会の公式機関紙「月刊・記念日情報」に掲載されます。

(3) 登録された記念日をオフィシャルに使用する際、イベントの告知などにおいて「日本記念日協会登録済」と謳うことができます。

(4) 登録された記念日を証明する「記念日登録証」をお送りします。

このほか、新聞・テレビ・雑誌・インターネット・ラジオなどのマス・メディアに対するアプローチも含め、実践的なPR活動において大いに役立つと思われます。

●記念日登録料について

日本記念日協会では、公式ホームページに表示される回数などを考慮して、登録条件ごとに下記のように登録料を設定しています。登録審査会で合格となるまでは審査費などの費用はかかりません。いずれも「記念日登録証」(ガラス額入り) 代込みの料金です。(登録料は変更されることがあります)

登録条件	登録料(税別)
ひとつの記念日を１年に１日登録	15万円
同じ記念日を１年に２日登録	25万円
同じ記念日を１年に３日登録	30万円

以下、同じ記念日の日数が12日までは１日増えるごとに５万円の加算となります。同一記念日が年に13日以上のとき(○○月間など)は電話でご相談ください。

㈱なお、審査合格後にお振り込みいただいた登録料は返却いたしません。
また、登録後に申請団体、企業などがその活動を休止したとき、あるいは記念日文化を侵害する行為・事象があったと日本記念日協会が判断したときは、登録が抹消されることがあります。

●「記念日登録申請書」「周年記念登録申請書」のご請求、お問い合わせ

〒385-0004 長野県佐久市安原1505-11
一般社団法人日本記念日協会(代表理事・加瀬清志)
TEL＆FAX 0267-68-2465
公式ホームページ　https://www.kinenbi.gr.jp/

※「記念日登録申請書」は上記公式ホームページでもダウンロードできます。また、日付ごとの協会認定記念日もご覧いただけますので、記念日登録をご検討の方はぜひご参照ください。

※日本記念日協会では企業・団体などの創業、創立、設立、開設した年月日、人物・商品・サービスなどが誕生、発売された年月日、自治体・学校などが制定、開校された年月日など、さまざまなものの始まりを記録し、その歴史を記憶する「周年記念登録」制度も実施しています。「周年記念登録」についても上記にお問合せください。

一般社団法人日本記念日協会認定

記念日登録申請書

（西暦）　　　　年　　月　　日

フリガナ 申請者名 （企業名・団体名）			
担当者名			
フリガナ 申請者住所	〒		
申請者連絡先	TEL	FAX	
	E-mail		
ウェブサイト	http://		
登録希望 記念日名	フリガナ 和文	記念日の日付	
	英文		
記念日の 由来・目的			
記念日の イベント企画・ 予定・実施など			
（代理店のある場合） （代理店名）			
担当者名			
代理店住所	〒		
代理店連絡先	TEL	FAX	
	E-mail		
備　考			

一般社団法人日本記念日協会　TEL/FAX（0267）68-2465

編者紹介

一般社団法人日本記念日協会

記念日についての研究、情報収集、広報活動などを行い、社会に対して文化的、産業的貢献を目指している団体。主な活動は「月刊・記念日情報」の発行、記念日の登録制度、周年記念の登録制度、記念日の市場調査、記念日に関するコンサルティングなど。1991年設立。
日本記念日協会URL https://www.kinenbi.gr.jp/

著者紹介

加瀬清志（かせ きよし）

一般社団法人日本記念日協会代表理事。1953年生まれ。長野県佐久市在住。1991年の協会設立以前から放送作家として記念日を研究。協会設立後はその運営、記念日データの管理責任者。記念日をテーマとした講演活動、企業や自治体の活性化のアドバイザーなども務める。主な著書に『ビジネス記念日データブック』『365日・今日は何の日？ 記念日ハンドブック』（以上、日本経済新聞社）、『すてき記念日・アニバーサリーに食べたい39のケーキ物語』『記念日に飾りたいすてきな花束』（以上、あすか書房）、『日本三大ブック』（共著、講談社）など。プロデュース作品に『パパラギ』（立風書房）など。

すぐに役立つ 366日記念日事典［第4版］下巻

2009年4月22日 第1版第1刷発行
2013年12月20日 改訂増補版第1刷発行
2016年8月20日 第3版第1刷発行
2020年7月30日 第4版第1刷発行

編者 日本記念日協会
著者 加瀬清志
発行者 矢部敬一
発行所 株式会社創元社
https://www.sogensha.co.jp/
本社 〒541-0047 大阪市中央区淡路町4-3-6
Tel.06-6231-9010 Fax.06-6233-3111
東京支店 〒101-0051 東京都千代田区神田神保町1-2 田辺ビル
Tel.03-6811-0662
印刷所 株式会社太洋社

ISBN978-4-422-02115-7 C0000